Iris Hellmich

DER SCHWÄRZESTE ALLER TAGE
Emder erinnern sich an den schlimmsten Bombenangriff
am 6. September 1944

Impressum:

Bildmaterial: Stadtarchiv Emden/Hellmich /
Fotos aus privaten Fotoalben
Redaktion: Iris Hellmich
Layout: Marcel Müller
Lektorat: Reginald Frerichs
Technik: Dennis Freese
Druck: Müller Ditzen GmbH
© Neuauflage 2019, Iris Hellmich (Emder Zeitung)

Zur Person

Iris Hellmich

Geboren 1956 als Butenostfriesin wegen der Berufstätigkeit des Vaters in Gelsenkirchen, dann aufgewachsen in Emden.

Schule: Gymnasium für Mädchen, Fachschule für Chemie

Studium und Beruf: Chemie/Naturwissenschaften in Göttingen und Auckland/Neuseeland, Auckland Technical Institute, St. Peter's College.

1990 Rückkehr nach Emden, wo sie sich an die Emder Zeitung wandte und vorschlug, auch Wissenschaftsseiten einzurichten. Chefredakteur Herbert Kolbe stimmte zu, und so wurden Kontakte zur Fachhochschule Ostfriesland aufgebaut.

Ein Volontariat folgte von 1996 bis 1998.

Seit 1994 betreut sie unter anderem Serien der Emder Zeitung, speziell im Wochenmagazin.

Inhaltsverzeichnis

Vorwort 6
Zum Geleit 10
Der schwärzeste aller Tage - Emder erinnern sich an den schlimmsten
Bombenangriff am 6. September 1944 12
Dr. Hanne Beisser 16
Renko Menke 18
Bernhard Brahms 20
Anna Ibeling 22
Herbert Grahs 23
Helgard Schellstede 24
Reela Dürigen 25
Ingrid Mennenga 26
Heinrich Bömeke 28
Gerhard Klaassen 29
Franz Vogeler 31
Ruth Gadow 35
Friedrich „Fritz" Voß 38
Elske Visser 39
Maria de Jonge 43
Botho Edo Meerten Minolts 45
Stephan-Gerhard Koziolek 52
Johannes Barghoorn 54
Dr. Theodor Brunzema 58
Dr. Günter Duggen 66
Renate Geerdes 72
Ludwig Hummerich 74
Justus Junker 88
Johanne Kampen 90
Martha Krebs 98
Elfriede Limbach 104
Hinrich Lüppen 112
Coba Nauschütt 118

Über Karl Neemann	124
Bodo Olthoff	128
Maria Schwarze	134
Reinhard Siemers	138
Edgar Susemiehl	144
Hinderk Valentin	154
Johanne Wengel	166
Frerich Schüler	170
Inge Woydt	176
Gerhard Klaassen	184
Elisabeth Oortgiese	194
Christine Eilers	202
Judith Rosner - Teil 1	212
Judith Rosner - Teil 2	222
Margarete Janßen - Teil 1	230
Margarete Janßen - Teil 2	242
Prof. Dr. Andreas Visser	256
Karl de Haan	292

Vorwort

Zeitzeugenberichte halten die Geschichte lebendig - mehr noch als nüchterne, sachliche Daten und Fakten. Es sind die Eindrücke der Erinnerung, die in den Menschen fest verankert sind. Was sie mit ihren Augen gesehen, am eigenen Leibe gefühlt und ertragen, die Luft, die sie eingeatmet haben - all diese Empfindungen sind im Laufe der Jahrzehnte zusammengeschmolzen zu einem Konglomerat, das durch die erzählten Geschichten in die Gegenwart transportiert wird und unbedingt aufgezeichnet werden muss. Diese Notwendigkeit mit Nachhaltigkeit hat der frühere Chefredakteur der Emder Zeitung Herbert Kolbe erkannt, als wir vor mehr als 25 Jahren die Serie „Emder erzählen" in vielen Sitzungen „ausbrüteten". Noch kurz vor seinem Tod 2014 sagte Herbert Kolbe, die Serie sei eine seiner besten Ideen. Wie recht er hatte, zeigt die Leserresonanz und das Mitwirken der Emder, die einen Beitrag dazu leisten möchten, dass das Vergessen nicht eintritt.

In dem vorliegenden Buch sind einige Beiträge der Serie zusammengefasst, die sich mit dem großen Bombenangriff vom 6. September 1944 als Folge der aggressiven deutschen Politik befassen. Damals wurde die Stadt Emden größtenteils zerstört. Bis zum heutigen Tage erzählen Emder mit Tränen in den Augen von diesen schrecklichen Stunden, die sich wie ein Krebsgeschwür in ihre Seelen eingefressen haben.

Der für den Frieden im Widerstand gegen den Nationalsozialismus kämpfende Theologe Dietrich Bonhoeffer wurde im April 1945 hingerichtet. Er sagte einmal: „Die Ehrfurcht vor der Vergangenheit und die Verantwortung gegenüber der Zukunft geben fürs Leben die richtige Haltung." Ehrfurcht vor der Vergangenheit haben auch viele Emder, die über den Angriff am 6. September 1944 berichten. Sie möchten mit ihren Erzählungen über das Geschehene die Friedensbestrebung der nach ihnen geborenen Generationen ansprechen. Geschichtserzählungen haben folglich pädagogischen Wert. In der Erziehung wird die Anlage für Respekt vor dem anderen und zur Friedfertigkeit geschaffen. Die Erinnerung an den 6. September 1944 ist gewissermaßen ein erhobener Zeigefinger, der heute auf jeden von uns gerichtet ist.

Die fast vollständige Zerstörung der Stadt Emden ging schnell. Die Folgen zeigen bis heute Wirkung. Die älteren Emder wissen es noch ganz genau: Einige hätten für alle Zeiten sogar auf ihren geliebten Ostfriesentee verzichtet, wenn nur ihr Rathaus stehen geblieben wäre. Und was der Verzicht auf Tee für einen leibhaftigen Ostfriesen bedeutet, können nur die Einheimischen nachempfinden. Noch heute sind die Emder, die den schicksalhaften Tag damals erlebten, sichtbar bewegt, wenn sie über ihre Eindrücke beim Anblick des zerstörten Rathauses berichten.

Der 6. September 1944 ist der finsterste Tag in der Geschichte der Emder - im wahrsten Wortsinn. Als sich die Stadt unter einer dichten Rauchwolke verdunkelte, ahnten viele, dass nichts mehr so sein würde wie zuvor. Wer von außerhalb zurück in die Stadt kam, erkannte seine früher vertraute Heimat nicht wieder. Viele suchten sogar die Straße, in der sie jahrelang gewohnt hatten, und beschrieben die „Hölle", in der sie sich nach ihrer Rückkehr von außerhalb oder nach dem Verlassen der Bunker wiederfanden.

Mehrere Emder Bürger, die jene Zeit durchgestanden haben, erzählten für die Serie „Emder erzählen" im Wochenmagazin der Emder Zeitung ihre Geschichte vom 6. September 1944, wie sie diesen Tag und die Tage danach erlebten. Für alle war es ein traumatisches Ereignis, doch alle Berichte basieren auf subjektiven Eindrücken und Beobachtungen und sind somit völlig unterschiedlich.

In dem vorliegenden Band sind einige Folgen aus etwa 25 Jahren „Emder erzählen" zusammengefasst. Jedes Jahr um die Zeit des 6. September kreisen die Gedanken um diesen Jahrestag und lösen starke Emotionen aus. So ist fast jedes Jahr zu diesem Thema berichtet worden.

Heute ist es 75 Jahre her, seit Emden zum größten Teil im Bombenhagel zerstört wurde, und es gibt immer weniger Zeitzeugen - „Emder Erzähler" -, die nachfolgenden, jüngeren Generationen ihre mit eigenen Augen gesehenen Eindrücke, die Auswirkung der unvergesslichen Anblicke, Beobachtungen, Gerüche und Gefühle der damaligen Trostlosigkeit, zum Teil Hoffnungs- und Ratlosigkeit überliefern können.

Iris Hellmich, im September 2019

Rathaus von 1576
das am 6. September 1944 von Bomben zerstört wurde

Zum Geleit

Der 6. September 1944 ist einer der schicksalsträchtigsten Tage der Emder Geschichte. An diesem Tag erlebten die Menschen zu Beginn einen wunderbaren Sommertag, der von der Not und Angst im Krieg ablenkte. Aber der Krieg schlief nicht. Um die Abendbrotzeit schlug er erbarmungslos zu. Kurz vor 18.00 Uhr ertönte der Luftalarm und die Emderinnen und Emder hasteten zu ihren Bunkern. Diese bildeten den einzigen und wichtigsten Schutz und hatten schon viele Menschenleben gerettet. Von 18.27 Uhr bis 18.42 Uhr luden 141 schwere Bomber der Royal Canadian Airforce ihre todbringende Last über Emden ab.

Als die Menschen wieder aus den Bunkern herauskommen konnten, bot sich ihnen ein grausiges Bild. Die Emder Altstadt, ihre Heimat, war verwüstet und überall loderten Brände. Vom Rathaus, dem ehrwürdigen Gebäude, erbaut in den 1570er Jahren, war nur noch ein Torso übriggeblieben. Die stolzen Bürgerhäuser, erbaut im niederländischen Renaissancestil, standen nicht mehr.
Die nüchterne Zahlenbilanz des Angriffs: 46 Tote, 109 Verletzte, 21.000 Obdachlose.

Der Zweite Weltkrieg traf spätestens ab dem Sommer 1944 das deutsche Reichsgebiet mit voller Wucht. Vom Juni 1944 bis zum Mai 1945 fielen mehr Soldaten und Zivilisten dem Krieg zum Opfer als im Zeitraum vom 1. September 1939 bis Dezember 1943. In den letzten neun Monaten des Krieges entfaltete sich die totalitäre Herrschaft des NS-Regimes in ihrer ausgeprägtesten Form. Alle Ressourcen sollten im Sinne des „Totalen Krieges" ausgeschöpft werden. Doch der Krieg war verloren und wurde durch die letzten Anstrengungen des Reiches nur verlängert.

Auch nach 75 Jahren darf die Erinnerung an den 6. September 1944 nicht verblassen. Es gilt immer noch, die Aufarbeitung fortzusetzen

und die daraus entstehenden Schlussfolgerungen umzusetzen. Dies umso mehr, als die Zahl der lebenden Zeitzeugen immer weniger wird.
Allein schon aus diesem Grunde erfüllt die Dokumentation von Iris Hellmich eine wichtige Funktion.

Die zentrale Schlussfolgerung heißt: Nie wieder darf von deutschem Boden ein Krieg ausgehen und nie wieder sollen Verbrechen, wie sie das NS-Regime beging, zugelassen werden.

Ich wünsche dem Buch von Iris Hellmich eine weite Verbreitung.

B. Bornemann
Oberbürgermeister

DER SCHWÄRZESTE ALLER TAGE
Emder erinnern sich an den schlimmsten Bombenangriff am 6. September 1944

Bereits am 27. August 1944 hatte es einen Luftangriff auf Emden gegeben, der massive Zerstörungen zur Folge hatte, doch am Mittwoch, 6. September 1944 gegen 18.20 Uhr änderte sich für die Emder Bevölkerung alles. Plötzlich gab es Voralarm. Alle Emder, die in den Straßen unterwegs waren, begaben sich zügig in die Luftschutzbunker. Andere verließen ihre Häuser und rannten in den nächstgelegenen Bunker. Die Motoren der Bomber waren schon von Weitem zu hören. Diese Geräusche kannten die Bürger bereits, doch dieses Mal war es anders. Es musste ein starker Verband von Bombern im Anflug sein. So jedenfalls beschreiben Zeitzeugen diese Momente. Das Brummen und das Dröhnen der Motoren der nahenden Flugzeuge wurde von Sekunde zu Sekunde lauter und ohrenbetäubender. Im Bunker am Gelben Mühlenzwinger saß wie so manches Mal Pastor Brunzema, der immer die Kinder, unter anderem die Schulkinder der Wallschule, unterhielt, wenn sie während des Unterrichts die Schule bei Alarm hatten verlassen müssen.

Der Pastor lenkte die Kinder von der Ernsthaftigkeit der Situation ab, indem er ihnen Geschichten erzählte. Es waren Geschichten mit positiven Inhalten, damit die Kinder an etwas Schönes denken konnten. Zeitzeugen erinnern sich, dass er zum Beispiel die Geschichte „Der kleine Muck" oder „Märchen aus Tausend und einer Nacht" erzählte. Den Eltern, die somit Entlastung hatten, war diese Märchenstunde mit dem Pastor, die sich meistens im sechsten oder siebten Stock des Bunkers zutrug, nur recht.

In den Bunkern suchten nicht nur Emder Zuflucht, sondern auch Zwangsarbeiter. Diese trugen meistens Jacken mit einem Schriftzug „Ost". Sie durften nicht in die obere Etage des Bunkers, sondern wurden lediglich im Eingangsbereich geduldet.

Kurz nachdem das Dröhnen der herannahenden Bomber erstmals zu vernehmen war, hagelten an jenem 6. September 1944 Bomben auf die Stadt. Die Bunker in Emden wackelten. Die Menschen darin gerieten in Panik, besonders als - wie einige Bürger erlebt hatten - plötzlich das Licht ausging. Mütter weinten, Kinder schrien, einige schluchzten still vor sich hin oder beteten. Als ein Notstromaggregat angeschaltet wurde, beruhigten sie sich wieder einigermaßen.

Während einer kurzen Pause kam die Hoffnung auf, dass es nun vorbei sein würde mit der Bombardierung. Doch unmittelbar darauf trommelten erneut die Bomben auf die Stadt hernieder, und zwar heftiger als zuvor.
Mit einem Mal herrschte Stille. Es war eine beängstigende Stille. Nur noch vereinzelte Schüsse der Flakbatterien waren in der Ferne zu hören. Die Luft in dem Wall-Bunker wurde trotz des Frischluft-Ventilators zunehmend schlechter. Trotzdem musste der Ventilator abgeschaltet werden, als Rauchgase in den Bunker strömten. Als nach einiger Zeit nichts weiter draußen zu passieren schien, öffneten Männer am Eingang die Bunkertür. Sie trauten ihren Augen nicht. Ein Feuersturm hatte die Stadt fest im Griff. Viele Häuser standen in Flammen. Trotzdem hatten viele Leute das große Bedürfnis, hinauszugehen und Luft zu schnappen. Alle sorgten sich um ihre Angehörigen, die nicht mit ihnen zusammen im Bunker waren. Verzweiflung trieb sie an, nach ihren Verwandten zu suchen. Trümmerhaufen lagen dort, wo noch am Vortag Straßen verliefen. Bürger, die ihre Angehörigen wiederfanden, freuten sich überschwänglich. Man lag sich weinend in den Armen. Wer es, zum Beispiel in den Randbezirken der Stadt, erst zu spät in den Bunker geschafft und gerade noch überlebt hatte, erlitt meist schwere Phosphorverbrennungen.

Unter den schrecklichen Eindrücken irrten die Menschen durch das, was von ihrer Stadt übrig geblieben war, und standen fassungslos vor Ruinen. Die Altstadt und der Stadtkern waren besonders stark getroffen. Es dauerte Tage, bis sämtliche Feuer und Glutnester gelöscht waren. In einigen Kellern lagerten bereits Kohlen und Brikett für den bevorstehenden Winter. Auch diese Vorräte sorgten dafür, dass das Feuer immer neue Nahrung erhielt. Die Menschen standen vor den Überresten ihrer Häuser und weinten.

Doch die Emder waren nicht alleine mit ihrem Elend. Aus allen Teilen Ostfrieslands kamen Helfer, um die Versorgung mit Nahrungsmitteln und an allem, woran es jetzt mangelte, zu gewährleisten. Wer keine Bleibe mehr hatte, zog zu Verwandten außerhalb der Stadt oder wurde evakuiert. Die anderen Städte und Dörfer in Ostfriesland waren weitgehend verschont geblieben. Wer keine andere Möglichkeit hatte, blieb zunächst im Bunker wohnen. Diese Menschen wurden mit Desinfektionsmitteln versorgt, um Ansteckung und Seuchen zu verhindern. Im Badbereich der Allgemeinen Ortskrankenkasse gab es die Möglichkeit zur ausgiebigen Körperpflege …

Es gibt zahlreiche Erinnerungen an diesen schwärzesten aller Tage, den Emden jemals erlebt hat. Augenzeugen erinnern sich in der Serie der Emder Zeitung „Emder erzählen", in der bereits seit über 25 Jahren von den Vorkommnissen an jenem 6. September 1944 die Rede ist. Im Folgenden sind einige Auszüge dokumentiert:

Luftbild - Aufnahme während der Bombardierung Emdens 1944: Delft und Innenstadt

„Nur der Tretbohrer wurde aus den Ruinen gerettet"

Dr. Hanne Beisser,
„geborene Conradi, Jahrgang 1908"
blickt auf ein langes Berufsleben
als Zahnärztin zurück.
Sie erinnert sich am 28. November 1998
an Folgendes:

„... Später studierte ich Zahnmedizin und wurde Zahnärztin - genau wie mein Mann. Hier im Haus richteten wir unsere Zahnarztpraxis ein. Während des Krieges wurde mein Mann kriegsdienstverpflichtet und bekam den Auftrag, in Pewsum den Zahnarzt Dr. Lucassen zu vertreten, der schon im Ersten Weltkrieg als Offizier gedient hatte und jetzt eingezogen worden war.

Jeden Mittwoch fuhren wir mit der Kleinbahn von Emden nach Pewsum, um die Landbevölkerung zu behandeln. Vordem waren die Menschen aus der Krummhörn mit Zahnbeschwerden nach Emden gefahren, doch sie weigerten sich, weiterhin hierher zu kommen, weil sie aufgrund der häufigen Fliegeralarme oft im Bunker landeten statt auf dem Behandlungsstuhl.

Am 6. September 1944 kamen wir gegen 18 Uhr von Pewsum zurück. Gerade hatten wir unsere Taschen ausgepackt, als die Sirenen losheulten. Sofort eilten wir in den Bunker. Bei jenem Angriff blieben von unserem Haus lediglich die Außenwände verschont. Alles Hab und Gut war nur noch ein Haufen Schutt und Asche. In den Trümmern unseres Hauses fanden wir später nur ein einziges Stück, das gerettet werden konnte und noch heute im Besitz unserer Familie ist: unsere Tretbohrmaschine. Mit diesem durch ein Fußpedal angetriebene Gerät haben mein Mann und ich so manchen kariösen Zahn ausgebohrt. Der Tretbohrer, der ganz und gar aus Metall besteht, wurde später wieder aufpoliert und hat sich sozusagen zu einem Museumsstück unserer Familie entwickelt. Mein Sohn, der auch Zahnarzt wurde, hatte später die Bohrmaschine in seinem Wartezimmer. Und heute steht sie im Wartezimmer der Zahnarztpraxis meines Enkelsohnes.

Weil wir in unserem Haus weder leben noch arbeiten konnten, übernahmen mein Mann und ich die Praxis von Dr. Lucassen in Pewsum ganz und gar. Schon am folgenden Tag fuhren wir mit dem Fahrrad nach Pewsum …"

Ruinen nach der Bombardierung: Rückseite Neutorstraße vom Rathausplatz aus gesehen, links Eingang in den Stadtgarten

Renko Menke,
„Jahrgang 1937"
hat als Kind den Krieg und die
Nachkriegszeit erlebt.
Er erinnert sich am 05. Juni 1999
an Folgendes:

Meinem Vater wurde durch den Angriff am 6. September wie auch unserer schönen Stadt das Leben ausgehaucht! Nur wegen zweier Zufälle hat mein Vater, Marten Menke, sein Leben verloren: Er arbeitete bei den Nordseewerken und war von Zeit zu Zeit als Flakwehrmann im Einsatz. Das bedeutete, dass mein Vater zwar Zivilist war, doch er zog - wenn es sein musste - eine Uniform an. Wegen eines Urlaubs in Zell am See Ende August 1944, den ich als Siebenjähriger mit meinen Eltern und anderen Nordseewerker-Familien verbrachte, hatte sich der vierzehntägige Arbeitsrhythmus meines Vaters verschoben, sodass er am 6. September auf die Nordseewerke musste.

Nach Dienstschluss kurz nach 18 Uhr fuhr mein Vater mit Kollegen per Fahrrad in Richtung unseres Hauses in Port Arthur. Gelegentlich stieg er vom Fahrrad ab, um am Wegesrand Grünzeug für die Kaninchen zu pflücken. Als mein Vater gerade in der Werftstraße war, gab es Alarm. Sofort wollte er umkehren, um sich an eines der drei Flakgeschütze bei den Nordseewerken zu setzen. Seine Kollegen wollten ihn davon abbringen: „Sieh zu, dass Du in den Bunker kommst!", sagten sie zu ihm. Doch mein Vater war ein pflichtbewusster Mann und ließ sich nicht daran hindern zurückzufahren. Er war eine Seele von Mensch und nahm seine Aufgaben sehr ernst. Diese Konsequenz an jenem verhängnisvollen Tag bedeutete seinen Tod, denn eine Bombe ging direkt in das Flakgeschütz, an dem er saß. Mein Vater wurde nur 37 Jahre alt.

Das Haus in der Graf-Enno-Straße, in dem wir eine Wohnung von 25 Quadratmetern hatten, blieb zwar stehen, aber der Familie war der Ernährer genommen - wie bei so vielen Familien damals in Deutschland. Wir hatten 400 Quadratmeter Gartenland; das musste meine Mutter jetzt alleine bewirtschaften. Das Brennholz - Kohlen gab es schon lange nicht mehr - hackte ein französischer Kriegsgefangener. Kaninchen waren unsere Fleischlieferanten. …

Ehemalige Wolthuser Landstraße, Blick auf Hotel Prinz Heinrich

Bernhard Brahms
„Jahrgang 1929"

hat seiner Heimatstadt 56 Jahre nach der Zerstörung Emdens am 6. September 1944 zum 6. September 2000 ein Glockenspiel geschenkt, das seither im Turm des Rathauses mehrmals täglich erklingt.

An jenem verhängnisvollen 6. September 1944 war er gerade mit einem Freund mit dem Paddelboot unterwegs. Als sie auf der Rücktour im Bereich der Kesselschleuse angekommen waren, hörten sie den Voralarm. Beim Ruderverein gingen sie an Land und Bernhard Brahms rannte zu seinem Elternhaus in der Zeppelinstraße, wo er die gepackten Notfallkoffer abholte. Dann eilte er in den Bunker an der Wolthuser Straße. Wie andere Bunker wackelte auch dieser Bunker und löste bei vielen der hier Eingeschlossenen Angst aus.

Irgendwann in diesen fürchterlichen Stunden kam ein Mann in den Raum, in dem sich Bernhard Brahms befand, und schluchzte unter Tränen, er habe erfahren, dass das Rathaus zerstört sei.
Diese Nachricht war für den jungen Bernhard Brahms und für alle anderen ein Schock, denn die Emder hingen sehr an ihrem Rathaus. Nach dem Verlassen des Bunkers fanden Bernhard Brahms und seine Zwillingsschwester Ilse erleichtert ihr Elternhaus vor. Ihre Katze erwartete sie auf dem Fensterbrett sitzend. Als Bernhard Brahms dann das zerstörte Rathaus sah und sein Vater ihm erzählt hatte, dass nie Geld zur Finanzierung eines Glockenspiels zur Verfügung gestanden hatte, fasste er den Ent-

schluss, seiner Heimatstadt ein Glockenspiel zu schenken, falls es denn irgendwann ein neues Rathaus geben sollte und er eines Tages in der Lage sei, ein Glockenspiel für dieses neue Rathaus zu finanzieren.

Jahre später - Bernhard Brahms wurde unter anderem Industriekaufmann und arbeitete auf den Nordseewerken - setzte er seinen Entschluss, dem neu gebauten Rathaus ein Glockenspiel zu widmen, in die Tat um. Als am 6. September 2000 das Glockenspiel eingeweiht wurde, war in einer Glocke Bernhard Brahms' goldene Taufmünze von 1872, die seine Mutter Wilhelmine, genannt „Mimi" während der Bombennacht in der Bunkerbank verwahrt hatte, eingearbeitet. Die Ehefrau des Emder Oberbürgermeisters, Doris Brinkmann, hatte sie während des Bronzegießens im flüssigen Metall versenkt. Eine der 23 Glocken, die täglich über Emdens Innenstadt erklingen, trägt den Namen Mimi.

In der 671. Folge der Serie „Emder erzählen" unter der Überschrift „Kurzer Prozess", die am 28. August 2010 erschien, berichtete Bernhard Brahms zum 66. Jahrestag des für Emden fatalen 6. September 1944:

„… Ich wohnte früher mit meinen Eltern und fünf meiner Geschwister in der Zeppelinstraße. Mein ältester Bruder war in Russland eingezogen. Unser Haus war glücklicherweise vom Bombenkrieg unversehrt geblieben. Doch wir verbrachten viele Stunden, viele Nächte im Bunker Wolthusen. Auch bei dem großen Angriff auf Emden am 6. September 1944 war ich im Bunker.

Es krachte und knallte von überall her, der Betonklotz wackelte und sprang derartig auf und nieder, dass keiner glaubte, da noch lebend herauszukommen. Und wenn selbst ich als Kind mir schon beinahe wünschte, es möchte doch schnell gehen und ein großer Brocken auf mich herabfallen und auf der Stelle töten, so kann man sehen, wie unsere Seelen verletzt wurden in dieser Zeit.

Dabei war mir schon früher klar geworden, dass irgendetwas nicht stimmen konnte mit diesem System, das so rücksichtslos mit Menschen umging.

Ich war Augenzeuge, als die Synagoge der Emder Juden brannte. So, wie man als neugieriges Kind immer vor Ort ist, wenn etwas Ungewöhnliches geschieht, waren wir hingelaufen, um den Brand zu sehen ….

… In Demut und Dankbarkeit, dass ich den Krieg heil überstehen durfte, unsere Stadt aus Trümmern wieder auferstanden ist und in der Hoffnung, dass in Emden der Respekt der Menschen untereinander niemals wieder leidet wie in jener düsteren Zeit, fühle ich mich geehrt, dass in meiner Heimatstadt seit nunmehr zehn Jahren das Glockenspiel vom Rathausturm mehrmals täglich erklingt. Dieses Geschenk soll auch ein Zeichen eines neuen Bewusstseins sein, dass so etwas, wie es damals geschehen ist, nie wieder passieren darf.

„Die Zeit - im Spiegel Emder Gedichte"
Anna Ibeling
„Jahrgang 1928"

berichtete am 4. Januar 2003 über ihre Urgroßmutter Annette Johanne Ludwig, die im Jahre 1883 einen Gedichtband verfasste. In der Erzählung von Anna Ibeling heißt es unter anderem:
„… Als meine Urgroßmutter das folgende Gedicht schrieb, konnte sie natürlich nicht wissen, was am 6. September 1944 passieren würde:

‚Wir Emder sind wie allbekannt
Stets stolz auf unser Vaterland.
Das muss ein jeder glauben.
Denn unser Rathaus hoch und stolz
Von Stein gebaut und nicht aus Holz
Das kann uns niemand rauben …'"

„Ich dachte an die vielen Menschen, die nun kein Heim mehr hatten"

Herbert Grahs
„Jahrgang 1922"

berichtete in der 416. Folge der am 6. September 2003 erschienenen Folge der Serie „Emder erzählen" über seinen allerersten Einsatz als Feuerwehrmann beim Brand der Borssumer Hochbaracke am Freitag, 25. November 1955, als 16 Familien ihr Heim verloren. Seine Frau Anna hatte vor der Heirat mit ihren Eltern nach dem 6. September 1944 in der Borssumer Baracke gewohnt. In der Erzählung heißt es:

„Ihre Wohnung in der Rademacherstraße verloren sie durch Bomben und bekamen eine neue Bleibe in der Burgstraße. Doch als sie erst 13 Tage dort gewohnt hatten, wurden sie am 6. September 1944 wieder obdachlos. Auch die Wohnungen, in denen die beiden Schwestern von Annas Mutter mit ihren Familien gewohnt hatten, wurden am 6. September 1944 zerstört. Alles, was sie retten konnten, packten sie auf einen Handwagen und machten sich auf den Weg nach Borssum, um in die gerade fertig gestellte Hochbaracke einzuziehen. Somit waren sie quasi die ersten Bewohner in der Hochbaracke. Und im September 1946 nach unserer Hochzeit gesellte ich mich hinzu …."

"Edelhölzer waren das Fachgebiet meines Mannes"

Helgard Schellstede
"Jahrgang 1921"

berichtete am 21. Juli 2007 über die Holzhandlung an der Osterbutvenne am Falderndelft. Unter der Überschrift „Edelhölzer waren das Fachgebiet meines Mannes" geht es um die Holzhandlung, die ihr Schwiegervater, Gerhard Schellstede, 1903 von dem Holzkaufmann van Ameren gekauft und die sie mit ihrem Mann Erich weitergeführt hatte. Im Jahre 2007 verließ die Witwe das Grundstück. Hallen und Wohngebäude wurden abgerissen und auf dem Grundstück wollte eine Firma Eigentumswohnungen entstehen lassen. Über die schwirige Zeit im Krieg berichtet Helgard Schellstede:

„… Der Betrieb befand sich damals wie auch bis in die Gegenwart - mit Unterbrechungen - in der Straße Osterbutvenne am Falderndelft.

Nach dem verheerenden Bombenangriff am 6. September 1944, bei dem die Stadt Emden zum großen Teil zerstört wurde, lag auch die Holzhandlung Schellstede in Trümmern. Sowohl die Halle als auch das Wohnhaus meiner Schwiegereltern, ein kleiner Garten mit dem Teehaus, auf dessen Veranda sie nach vielen Arbeitsstunden entspannten - alles, was sie sich mühevoll aufgebaut und mit viel Liebe errichtet hatte, existierte von einem auf den anderen Tag nicht mehr ….

… Einige Jahre nach dem Krieg machte sich mein Mann Erich daran, das Unternehmen Schellstede als Erbe seiner Eltern wieder aufzubauen. Er hatte den dringenden Wunsch und ergriff schließlich die Initiative, die Firma Schellstede wiederherzustellen …."

„Wir waren neugierig und abenteuerlustig"

Reela Dürigen
„geborene Winterberg, Jahrgang 1928"

berichtete in der am 24. Mai 2008 erschienenen 597. Folge der Serie „Emder erzählen", wie sie 1948 am Kaiserin-Auguste-Viktoria-Lyzeeum ihr Abitur ablegte:

„… Am 6. September 1944 wurde Emden weitgehend zerstört und der Schulbetrieb eingestellt. Viele Monate ging es darum, diese schlimme Zeit zu überleben und nach Kriegsende mit der neuen Situation fertigzuwerden - bis dann im Sommer 1945 der Unterricht im Amtsgericht aufgenommen werden konnte. Ich weiß gar nicht, wie es den Lehrern eigentlich damals ergangen ist. Darüber haben wir nie nachgedacht. Und heute können wir sie leider nicht mehr fragen …"

Das Schulgebäude der Kaiserin-Auguste-Viktoria-Schule war durch Bomben zerstört worden. Nach der Bombardierung Emdens war die Klasse von Reela Dürigen im Sitzungssaal im zweiten Stock des Amtsgerichtes untergebracht. Dort auf der gegenüberliegenden Straßenseite fand der Unterricht die letzten drei Schuljahre statt. Das Amtsgerichtsgebäude war allerdings auch durch Bomben beschädigt worden, doch es war noch zu nutzen. Im Sitzungssaal fehlten die Fensterscheiben und wurden provisorisch abgedichtet. Die Schülerinnen brachten von zu Hause Brikettstücke, Holz oder ein paar Kohlen für den eisernen Ofen mit, um den Winter 1944/45 einigermaßen zu überstehen.

„Schiffe werden immer gebraucht ..."

Ingrid Mennenga
„geborene Penon, Jahrgang 1928"

Die gebürtige Emderin arbeitete von 1943 bis 1958 auf der Emder Werft Schulte & Bruns am I. Hafeneinschnitt. In der 631. Folge der Serie „Emder erzählen", die am 6. Juni 2009 erschien, erinnert sie sich an turbulente Zeiten um den 6. September 1944:

„... Im Jahre 1943, also zum Beginn meiner Lehrzeit, wurde die Werft von dem Ingenieur Fritz Stern geleitet. Weitere Ingenieure damals waren Gerhard Schlömer, Heinrich Lüken und Minold Minolts. Das Vorzimmer des Chefs unterstand Herrn Herbert Kannegieter, das Magazin Herrn Jürgen Meyer. Die Finanzen und Löhne lagen in Händen von Herrn Bonno Bolinius und Herrn Friedrich Müller, dem Man der späteren Bürgermeisterin Gretchen Müller. Die Müllers wohnten damals in der Wohnung unter uns in der Lilienstraße 4.

In der Kriegszeit wurden einige Schiffsneubauten erstellt, Logger zu Vorpostenbooten umgebaut und Reparaturen ausgeführt. Die Beschaffung von Material gestaltete sich durch Anträge von Bezugsrechten, Dringlichkeitsbescheinigungen, Reparaturbedarfserklärungen, Fliegerschäden-Bescheinigungen und vielem mehr äußerst schwierig.

Die Werft war in Teilbereichen durch Bomben in Mitleidenschaft gezogen, das Schwimmdock durch Treffer in zwei Teile zerbrochen, und viel Glas wurde zerstört. Trotzdem ging die Arbeit diszipliniert und möglichst unvermindert weiter. Im Pförtnerhaus gab es einen Apparat des Flugwachsystems, „Fluko", der alle anfliegenden feindlichen Flugzeuge meldete und notierte. Sobald es feindliche Flugzeuge vor der niederländischen Insel Texel zu vermelden gab, packten wir unsere Schreibmaschinen in provisorisch befestigte Räume - zum Beispiel unter Treppen - und stürmten bei dem ersten Alarmton los. Ich rannte meistens nach Transvaal, um dort im Bunker bei meinen Eltern und Geschwistern zu sein.

In jenem Bunker befand ich mich auch, als am 6. September 1944 unsere Wohnung in der Dollartstraße durch Brandbomben völlig zerstört wurde. Unsere Mutter stand später weinend vor dem abgebrannten Haus und ich sagte zu ihr, ebenfalls fassungslos, die tröstend gemeinten, aber dennoch irgendwie inhaltlosen Worte: „Das bekommen wir alles wieder." Wir fanden dann Unterschlupf bei den Eltern meiner Freundin Martha Dose in der Godfried-Bueren-Straße. Dort schliefen wir vorübergehend im Stall in Luftschutzbetten. Später wohnten wir in Wolthusen in einer eigenen Wohnung.

An jenem 6. September 1944 bekam auch das Geschäftshaus der Firma Schulte & Bruns einen Bombenvolltreffer ab, was einen Totalverlust zur Folge hatte. Erst 1948 konnte ein neues Geschäftshaus gebaut werden, das Geschäftshaus in der Ringstraße.
Auf der Werft Schulte & Bruns arbeitete ich ununterbrochen weiter. Es gab Stapelläufe, Reparaturen überwiegend an Marineschiffen und vieles mehr. Der Vorsitzende der Arbeitsfront-Gefolgschaft war insofern optimistisch, als er sich bei einer Betriebsversammlung in den Satz steigerte: ‚Wenn wir erst die Fahne an den siegreichen Mast heften...'..."

„Wachsen oder weichen"

Heinrich Bömeke
„Jahrgang 1935"

Der in einer Gärtnerfamilie aufgewachsene Heinrich Bömeke, berichtete in der am 18. Juli 2009 erschienenen 634. Folge der Serie „Emder erzählen" aus dem Familienbetrieb:

„… Den schwersten Bombenangriff jedoch, der am 6. September 1944 Emden größtenteils zerstörte, beobachtete ich mit meinem Vater gemeinsam von Harsweg aus. Zu jener Zeit bewirtschafteten wir dort ein Grundstück zwecks Gemüseanbau. Nach einem Vollalarm sahen wir schwere britische Bomberverbände aus Nordwest direkt auf Emden zufliegen. Dann sahen wir Brand- und Sprengbomben vom Himmel fallen. Unsere Artillerie hatte keine Chance.

Nach dem Ende des Bombenhagels - es müssen Tage vergangen sein - fuhren wir mit dem Fahrrad zum Hinter Tief, wo wir unser Haus in Schutt und Asche zerbombt vorfanden. Auch die Nachbarhäuser waren zerstört. Meine Mutter war mit meinem Bruder und meiner Schwester in den Bunker in der Boltentorstraße geflüchtet. Sie und meine Geschwister trafen wir unversehrt dort im Bunker an. Als wir dort ankamen, gab es auch für meinen Vater und mich etwas zu essen. …"

„Als Stadtstromer in Emden unterwegs"

Gerhard Klaassen
„Jahrgang 1929"

Der Emder hat in seinen Erzählungen viel zur Vervollständigung des Bildes vom alten Emden beigetragen. Seine Eltern, Gertje und Diedrich Klaassen, führten in der Großen Straße ein Fischgeschäft. In der 659. Folge, die am 1. Mai 2010 unter der Überschrift „Als Stadtstromer in Emden unterwegs" erschien, berichtet er unter anderem über die Bombardierung am 6. September 1944, die auch den Familienbetrieb der Klaassens getroffen hat: „… Mein Vater wurde freigestellt, um den von den hiesigen Bauern erzeugten Kohl zu vermarkten. Er galt als ernährungswichtiger Betrieb und bekam Anweisung der Bezirksabgabestelle, wann und wohin zu verladen war. Am 6. September 1944 erlitt unser Haus einen Bombentreffer und war nicht mehr bewohnbar.

Kurz darauf strumpelten wir durch die Trümmer zu dem Haus Ecke Neptunstraße/Emsstraße, wo wir bei dem Witwer ‚Opa Santjer' einen Teil seiner Wohnung beziehen sollten. Er war ein alter, kauziger, aber sehr netter ehemaliger Seelotse mit gewöhnungsbedürftigen Eigenarten. Zum Beispiel ging er immer angezogen ins Bett, für den Fall, er müsse schnell in den Bunker flüchten. Ich musste ihn immer wecken.

Opa Santjer war ein eifriger „Roggenmehl-Flupp"-Esser, und wenn er am Tisch saß, führte er oft Selbstgespräche, in denen er mit jenen haderte, die ihm das Leben schwer machten. Zum Beispiel ging er hart ins Gericht mit Hermann Göring: „Du mit dien grode Hals" hörte man Opa Santjer zum Beispiel schimpfen, wenn man in die Küche kam. Und immer ging er mit Handstock über der Schulter zum Emsmauerstraßenbunker, nachdem er nachts von mir geweckt worden war. Am Griff des Handstocks hing der Koffer mit dem Kopfkissen. Das war quasi sein Markenzeichen.

Mein Freund Günther Janssen und ich fanden in den Trümmern der Daneker'schen Sauerkrautfabrik zwei junge, lebende Kaninchen. Jeder nahm eines mit nach Hause. Ich bat Opa Santjer, einen kleinen Stall im Hof freizumachen, um das Kaninchen darin unterzubringen. Er sagte: „Wat wullt du denn mit de Kanin?", machte aber doch einen Stall frei von gesammelten Hölzern und was er sonst aus den Trümmern ergattert hatte. Ansich wollte er kein Kaninchen haben, doch dann tat es ihm leid, sodass er sogar noch ein zweites dazu haben wollte. Er sagte: „So 'n Kanin is ja 'n Wunner van de Welt." Mein Vater und ich fragten: „Wieso dat, Opa?" Er antwortete: „Ja! De suppt neet un pisst doch. Man dat grotse Wunner is een Duv (Taube). De suppt, man de pisst neet. Man de grotste Wunner van de Welt dat is 'n Esel. De hett' n rund Gatt un maakt achtkantige Kötels."

Wir sind nach Kriegsende in unsere Baracke umgezogen und ließen Opa Santjer die Kaninchen da. Leider wurden sie ihm zwei Wochen vor Weihnachten gestohlen …."

„Ein Heim für die Jugend entsteht."

Franz Vogeler
„Jahrgang 1934"

Der Sohn einer Emderin aus einer uralten ostfriesischen Familie beschreibt als langjähriges SPD- und Gewerkschaftsmitglied am 19. Juni 2010 unter anderem den Bau des Vereinsheimes „Falkenhorst" und die Ereignisse vor und nach dem 6. September 1944:

„... Geboren wurde ich am 7. November 1934 in einen Arbeiterhaushalt in der Arbeiterwohngegend auf Friesland in der Juiststraße 3. Die SPD holte in diesem Stadtteil bei der Kommunalwahl in Emden 1991 noch 88 Prozent der abgegebenen Stimmen. In der gesamten Stadt hatte sie fast zwei Drittel Mehrheit. Mein Vater war von Beruf Schlosser und Schmied und insgesamt sechseinhalb Jahre arbeitslos. Das Schicksal der Arbeitslosigkeit teilte er mit vielen anderen in der damaligen Zeit. Meine Mutter, Marianne Vogeler, geb. Jochim, war Emderin und stammte aus einer uralten ostfriesischen Familie. Sie arbeitete als Netzstrickerin in der Emder Heringsfischerei. Mein Vater, Oskar Vogeler, stammt aus Völlen im Kreis Leer. Im Alter von vier Jahren kam er nach Emden. Sein Vater wiederum, mein Großvater väterlicherseits, Friedrich Wilhelm Louis Vogeler, war alles andere als ein Sozialdemokrat, denn er arbeitete als königlich preußischer Lokomotivführer.

Dennoch: Nachdem am 4. Februar 1919 die Truppen der Division Gerstenberg die Bremer Räterepublik angegriffen haben, weigerte sich mein Großvater, bei einem Anlass einen Verwandten, der Offizier der Gerstenberger war, zu empfangen. Er wollte ihn nicht sehen, denn wie er sagte, wollten die Gerstenberger die Weimarer Republik kaputt machen.

Zeitweise war meine Mutter, eine Sozialdemokratin durch und durch, die zwar nicht in der Partei aber Mitglied des Betriebsrates war, wegen angeblichen Aufrufes zum Streik vorübergehend entlassen. Nach meiner Geburt betreute mich meine Großmutter, doch als sie 1936 starb, gab meine Mutter ihre Tätigkeit in der Heringsfischerei auf, denn mein Vater fand wieder Arbeit beim Gas- und E-Werk in Emden als Kassenbote.

Diese Grundvoraussetzungen und die Umgebung, in der wir aufwuchsen, wirkte sich auf das Denken von uns Kindern aus. Während meine Mutter seit ihrem 14. Lebensjahr arbeitete und die Familie unterstützte, waren ihre drei Geschwister in der Arbeiterjugend und im Arbeiterturnverein.

Reemke Jochim, ein Onkel von mir und Ehemann der früheren Emder Bürgermeisterin Luise Jochim, war - wie ich später - Dreher und Maschinenschlosser. Er besuchte 1931 die Akademie der SPD in Gera in Thüringen. Später war Reemke Jochim bis 1933 als Redner für die SPD tätig. Außerdem vertrat er Arbeitslose - er selbst war arbeitslos - für den Allgemeinen Deutschen Gewerkschaftsbund (ADGB) gegen eine geringe Entschädigung vor Gericht und gegenüber dem Arbeitsamt. 1932/33 floh Reemke Jochim nach mehreren Gefängnisaufenthalten, die ihm seine sozialdemokratische Gesinnung eingebrockt hatte, nach Holland.

Während des Krieges verbrachten wir viele Stunden im Bunker, sodass die Schulausbildung sehr ins Hintertreffen geriet. Die Behauptung, keiner hätte etwas von den Nazi-Verbrechen gewusst, tat meine Mutter immer als falsch ab. Die Kommunisten in unserer Wohnstraße, der Graf-Johann-Straße, kamen nach der Machtergreifung 1933 ins Konzentrationslager und haben, wenn sie denn zurückkamen, nie mehr ein politisches Wort öffentlich gesagt. Ebenso konnte nach Aussagen meiner Mutter die Vernichtung der Juden nicht übersehen werden.1943 war der zweite Bruder meiner Mutter (er fiel 1945 in Breslau) bei uns zu Besuch. In meiner Gegenwart erzählte er meiner Mutter, wenn der Endsieg erst errungen sei, würde alles besser werden. Meine Mutter erwiderte, dass es nicht mehr lange dauern würde, bis die Russen sie jagen würden und dass sie nicht zum Stillstand kämen. Mein Onkel antwortete, dass sie lieber den Mund halten solle, sonst käme sie noch ins Gefängnis. Meine Mutter, die hochpolitisch dachte, sagte zu mir gewandt, dass wir keine Anhänger von Adolf Hitler seien. Mir wäre nie in den Sinn gekommen, die Ansicht meiner Mutter öffentlich zu verbreiten. Mein Vater nahm keine Stellung. Er kümmerte sich um seine Arbeit und seinen Schrebergarten.

Während des Krieges wurden wir mehrfach ausgebombt, fanden aber immer wieder eine Wohnung, allerdings nicht mehr nach dem 6. September 1944. Wir zogen zu einem Bauern nach Upleward. Doch hier empfand ich die Solidarität unter den Menschen nicht so groß wie in der Stadt. Man wollte uns zum Beispiel Freibankfleisch geben, das die Bauern für ihre russischen, polnischen und rumänischen Zwangsarbeiter bekommen hatten. Nach Kriegsende bezogen wir nach mehreren Umzügen nach dem Ausbau eines alten Hotels, des Lloyd-Hotel in der Hansastraße, eine größere Wohnung. Um einigermaßen über die Runden zu kommen, arbeitete meine Mutter als Putzfrau.
Nach dem Verlassen der Volksschule 1950 musste ich auf Drängen meiner Mutter eine Prüfung bei der Handelsschule machen. Ich wollte ein Handwerk erlernen. Mit 22 begann ich einen Abendlehrgang Industriemeister für Maschinenbau.

Mit den Falken habe ich viele interessante Fahrten unternommen, unter anderem nach Lüttich im Juli 1954 zu einem internationalen Treffen der sozialistischen Jugend. In jener Zeit hatte ich mich schon von meinen langen Haaren getrennt. Häufig fuhren wir auch nach Tannenhausen oder in den Auricher Wald. Mit dabei waren oft Freerk

Tobias, Horst Rogga, Anton Eilers, Dietrich Peters, Wilt Wilts und auch mein Bruder Oskar Vogeler.
Die Einladung zur Einweihungsfeier des Jugendheims im 90 Quadratmeter großen Saal war zunächst im Druck auf den 6. September 1952, 16 Uhr, datiert, dann jedoch um eine Woche verschoben. Vermutlich weil der 6. September in Emden dem Gedenken an die Zerstörung Emdens 1944 vorbehalten ist. Als Vertreter des erkrankten niedersächsischen Kultusministers Richard Voigt kam Regierungsdirektor Afken zur Einweihung des Falkenhorstes.

Am Abend dieses 13. September startete um 20.45 Uhr vom Jugendheim ein Fackelzug bestehend aus vielen Emdern und angereisten Jugendlichen aus ganz Ostfriesland Richtung Innenstadt. Im Innern des Falkenhorstes dekorierten maritime Gemälde des Emder Malers Willy Rochler die Wände. Weiterhin fertigten der Kunstschmied Berents und der Bildhauer Fritz Liebsch unter anderem Figuren und Deckenleuchter. Es war damals eine Zeit voller Umbrüche und revolutionärer Ideen, in der die Jugendlichen von ihren Eltern Alibis für die Zeit im Dritten Reich forderten und gleichzeitig neue, bessere Wege beschreiten wollten …"

„Unfeine Post zum Geburtstag"

Ruth Gadow
„geborene Scheibe, Jahrgang 1932"

beobachtete von Greetsiel, wo sie zu jener Zeit mit ihrer Familie im Zollhaus wohnte, den Bombenangriff auf Emden am 6. September 1944. Sie erinnert sich am 14. August 2010 unter anderem an Folgendes:

„… Obwohl wir im Krieg waren, hatten wir immer genug zu essen. Im Garten des Zollhauses wuchsen die schönsten Obstbäume. Auch hielten wir ein Schwein, Schafe, Hühner und Kaninchen. Auch gingen wir, was sich heute kaum ein Kind vorstellen kann, Ähren sammeln. Mit meinen Schwestern Sigrid, die 1934 wie ich in Freiberg auf die Welt kam und heute mit ihrer Familie die Gemüsegroßhandlung Bleeker führt, sowie Waltraud, die 1942 im Zollhaus in Greetsiel geboren wurde, ging ich über die Äcker, nachdem die Bauern abgeerntet hatten. In unseren Schürzen sammelten wir Körner, die von den Bauern zurückgelassen worden sind. Diese Ähren und Körner haben wir entweder zu Hause selbst verarbeitet oder in der Mühle in Greetsiel gegen Mehl eingetauscht.

An ein besonders einschneidendes Erlebnis kann ich mich noch erinnern: Es war der 6. September 1944, also heute vor fast genau 66 Jahren. Als wir noch in Greetsiel im Zollhaus wohnten, machten uns Anwohner auf eine Erscheinung aufmerksam, die ich bis an mein

Lebensende nicht vergessen werde. Fast das gesamte Dorf rannte zur Mühle und stand versammelt und wie angewurzelt dort. Alle sahen in der Ferne das brennende Emden. Der Himmel über der Stadt war rot erleuchtet. Niemand sprach ein Wort. Alle starrten entsetzt auf das Grauenvolle, das sich vor ihren Augen abspielte. In Emden kannte ich zu jener Zeit nur die Müllers, ein älteres Ehepaar aus der Ringstraße. Wie wir später erfuhren, ist ihnen bei diesem Angriff am 6. September 1944 nichts passiert.

Unser Dorf Greetsiel blieb bei diesem schrecklichen Bombenangriff weitestgehend verschont. Doch in der Nachbarschaft vom Zollhaus, in dem wir wohnten, kam eine Bombe runter, die unmittelbar in Bredemeiers Land traf. Dieser Höllenlärm, der dabei entstand, versetzte uns in einen solchen Schrecken, dass ich in Sekundenschnelle und in höchster Panik die Treppe hinunter sauste. Unweit von unserem Zollhaus war plötzlich ein riesengroßes Loch. Zum Glück ist uns nichts passiert, doch in der Wand steckten mehrere Bombensplitter …

… In jenen Jahren habe ich täglich gesehen, was der Bombenangriff am 6. September 1944, den ich von Greetsiel mit Schrecken beobachten musste, angerichtet hatte. Wenn ich für die Wöhrmanns in der Großen Straße einkaufen sollte, sah ich schon beim Verlassen der Haustür den Wasserturm, weil keine Häuser mehr standen, und ich konnte querfeldein durch die Trümmerlandschaft laufen. Wenn ich heute durch die Große Straße gehe, denke ich oft daran, wie es früher dort ausgesehen hat. Auch träume ich davon, wie ich zum Beispiel die Larrelter Straße entlang gehe und wie es dort früher war. Mein Mann Günter hat als Steinsetzer unter anderem auch die Larrelter Straße mit gebaut. Jahre später wurden die von ihm gelegten Steine allerdings wegen der Straßenerneuerung wieder entfernt und die Oberfläche geteert.
Am Delft, wo er auch arbeitete, fiel früher die Straße recht schräg ab, sodass gelegentlich Autos oder Pferdefuhrwerke bei Glatteis im Delft landeten. Nach unserer Heirat wohnten wir Am Alten Markt Nr. 1

unmittelbar an der Ecke zur Großen Straße. In diesem Straßengebiet hat mein Mann auch viele Pflasterarbeiten durchgeführt. Zum Beispiel war er an den Pflasterarbeiten der Großen Straße, der Neutorstraße und auch in der Neuen Heimat beteiligt …

… Je älter man wird, umso mehr gehen die Gedanken in die Vergangenheit, die uns bis heute mehr oder weniger bewusst prägt. Es war auf jeden Fall für uns und alle Menschen großartig anzusehen, wie unsere Stadt und unsere Region nach dem verheerenden Krieg sich neu entwickelte und dass wir alle mithelfen konnten, aus Trümmern ein schönes Stadtbild wachsen zu lassen."

„Nur noch ein allerletztes Mal"

Friedrich „Fritz" Voß
„Jahrgang 1922"

Am 12. März 2011 berichtete er 88-jährig in der 686. Folge der Serie „Emder erzählen" von den Nordseewerken. Bei der Marine dienend, kam er unter anderem auch nach Stettin, wo er 1942 seine zukünftige Frau Dora kennenlernte. 1944 heirateten sie. Für seine Frau begann der Start ins Eheleben nach dem Umzug nach Emden mit einem Schrecken.

Friedrich Voß berichtete: „Als ich wenige Wochen nach der Hochzeit von Stettin wieder an Bord musste, holte meine Schwester Auguste, die heute Oltmanns heißt, meine Frau aus deren Heimat Stettin zu uns nach Hilmarsum. Wir wollten hier unsere Zukunft aufbauen. Doch statt eines wundervollen Ostfrieslands lernte meine Frau ihre neue Umgebung als Trümmerfeld kennen. Und der 6. September 1944, dieser dunkle Tag in unserer Geschichte, stand unmittelbar bevor. Zu diesem Zeitpunkt war unsere Tochter Gisela schon auf der Welt und meine Frau erlebte den 6. September mit dem Baby und meiner Familie im Keller meines Elternhauses …

„Man teilte das gemeinsame Schicksal"

Elske Visser
„geborene Richter, Jahrgang 1940"

hatte ein Treffen ehemaliger Geschäftsleute aus der Straße Zwischen beiden Sielen initiiert. Viele ansässige Familien waren geprägt von der Zerstörung im Krieg, insbesondere jene des 6. September 1944. In der 697. Folge der Serie „Emder erzählen" am 16. Juli 2011 heißt es unter anderem:

„Oft gehen die Gedanken zurück an frühere Zeiten, in denen die Inhaber der Einzelhandelsfachgeschäfte und deren Ehepartner und Kinder wie eine einzige große Familie in der Straße Zwischen beiden Sielen zusammenlebten.

Vor einigen Tagen habe ich mich mit damaligen Nachbarn, beziehungsweise deren Angehörigen wieder getroffen und wir sind gemeinsam in die Vergangenheit eingetaucht. Alle denken noch heute mit Wehmut an diese Phase ihres Lebens, in der mit Herzblut und viel Schweiß im Emder Stadtkern gebaut und gearbeitet wurde und die bis heute prägend ist. …

… Unsere Runde neulich bestehend aus Grete Janssen, Hanna Davids, Erna Wübbena, Bert-Rütger Boekstegen, Helmut Müller und mir, die wir alle aufgrund unserer Familienbetriebe Bezug zur Straße Zwischen beiden Sielen haben, war relativ klein, weil nicht alle kommen konnten oder viele auch schon verstorben sind. Doch die Zusammengehörigkeit ist nach wie vor gegeben.

Wir lebten damals wie eine große Familie zusammen. Man half sich gegenseitig, die Kinder spielten zusammen und jeder kannte jeden. Es herrschte Eintracht unter den Bewohnern unserer Straße. Man teilte das gemeinsame Schicksal, denn unsere Familien hatten im Krieg alles verloren und die meisten standen vor den Trümmern ihrer Existenz. Hier in der Straße Zwischen beiden Sielen wollten wir einen neuen Start wagen. Um 1950/51 begannen wir ganz von vorne. Unter Entbehrungen krempelten unsere Eltern die Ärmel hoch und schafften unter größten Anstrengungen eine Einkaufsmeile, die schließlich bei den Emdern hohes Ansehen genoss. Ungefähr 50 Jahre später mussten viele aus Altersgründen ihre Geschäfte schließen oder verkaufen und das Gesicht der Straße änderte sich grundlegend …

… Interessant sind auch die Geschäftsanzeigen, die früher in der Zeitung veröffentlicht wurden. Da steht zum Beispiel unter der Überschrift „Nichts war uns geblieben, doch wir bauten wieder auf", dass die Löwenapotheke, deren Geschichte bis ins Jahr 1598 zurückgeht und seit 1919 im Besitz der Familie Mälzer ist, am 6. September 1944 restlos zerstört und 1940 bis 1949 wiederaufgebaut wurde. Bebildert ist die Anzeige mit Ansichten verschiedener Epochen. Der Zerstörungsmacht aller Kriege zum Trotz zeigt diese Anzeige den Überlebenswillen eines Traditionsbetriebes.

In einer Anzeige des Herrenbekleidungsgeschäftes Brahms wird auf die Gründung des Hauses 1919 am Neuen Markt hingewiesen, und das Schuhhaus Wibben wirbt als „ältestes Schuhhaus am Platze", das im Krieg zwei Mal der totalen Vernichtung zum Opfer fiel, mit „Mercedes"-Schuhen. Sie sind „ein Zeichen des Vertrauens meiner werten Kundschaft". Der Wiederaufbau am alten Platz wurde 1949 beendet. Auch 1949 wirbt das 1864 gegründete Geschäft B. Davids, Haus für Bürobedarf/Druckerei, nach seinem Neubau Zwischen beiden Sielen 6. Auch dieses Geschäft hat sich aus den Trümmern des 6. September 1944 entwickelt.

Die „Emder Truhe" startet in die Nachkriegsära mit folgender Anzeige: „Seit dem 1. Dezember 1947 kaufen Sie bei uns kunstgewerbliche Geschenke in erlesener Auswahl". Und Frieda Wendlins „Haus der Hüte" sieht sich seit über 30 Jahren im Dienste der Hut-Mode. Die Gründung der Firma erfolgte 1924 in der Mühlenstraße und wurde 1926 in eigene Geschäftsräume in der Straße Zwischen beiden Sielen verlegt. Auch dieses Geschäft wurde am 6. September 1944 völlig vernichtet. Nach mehreren Umzügen kam es im August 1950 zurück in die Straße Zwischen beiden Sielen in einen Neubau. Ahlrich Mustert wirbt mit „Tradition verpflichtet" und proklamiert in der Rhein Ems-Zeitung vom 6. September 1954, also exakt zehn Jahre nach der totalen Zerstörung der Stadt, „seit 1877 im Dienst am Kunden…. Einst und Jetzt im Wandel der Zeit".

Nach zweimaligem Totalschaden konnte Schuh Ota am 1. Juli im Neubau Zwischen beiden Sielen wieder seine Türen für die Kundschaft öffnen. Am 15. November 1931 hatte der Betrieb in Emden angefangen. Die alten Conrads, die das Geschäft führten, kümmerten sich vorbildlich um ihre Kunden. Auch die drei Filialen des Lebensmittelgeschäftes Kessener wurden im Krieg fast dem Erdboden gleichgemacht. Moderne Läden öffneten Anfang der 1950er Jahre Zwischen beiden Sielen, in der Auricher Straße und in der Neutorstraße.

Das Handarbeitsgeschäft, „die gute Handarbeitsstube Regina", war nach dem Krieg zunächst Am Delft ansässig, verlegte die Verkaufsräume 1951 in den Neubau Zwischen beiden Sielen und verkündet froh in der Zeitung: „Viele Emder sowie Einwohner aus den Nachbargebieten dürfen wir in der verhältnismäßig kurzen Zeit unseres Hierseins zu unserer Stammkundschaft zählen".

Das Lebensmittelgeschäft „Thams & Garfs" hatte sich zunächst nach der totalen Zerstörung des Hauses Zwischen beiden Sielen 2, wo es 40 Jahre ansässig war, in einem kleinen Laden in der Großen Straße etabliert. Das war am 6. Mai 1949, doch kurz darauf konnte der Betrieb in moderne, große Räume des Hauses Zwischen beiden Sielen 5 verlegt werden.

Müllers Drogerie zog 1950 in die Straße Zwischen beiden Sielen. Das alte Patrizierhaus in dieser Straße, in der die Drogerie vorher angesiedelt war, wurde in der Bombennacht am 31. März 1941 zerstört. In der Auricher Straße und in Borssum waren zuvor Ausweichgeschäfte entstanden.

1952 konnte die Firma „D. Symens, Korbwaren, Kinderwagen, Spielwaren" am alten Platz einen Neubau beziehen. Der Betrieb hatte 45 Jahre bestanden, als am 6. September 1944 das Haus Zwischen beiden Sielen zerstört wurde.

Das „Feinkosthaus W. Geisker", Zwischen beiden Sielen 17, eröffnete im November 1951 und wirbt in der Zeitung: „...Wir sind heute in der Lage, unserer Kundschaft - auch dank Ihrer Treue - eine sehr reichhaltige Auswahl an Käse, Wurst- und Aufschnittwaren sowie Feinkostartikeln zu günstigen Preisen zu bieten. In Zukunft werden wir auch alles tun, um unser Geschäft weiter vorwärts zu bringen, damit man bei uns noch besser und billiger einkaufen kann."

Das Fahrradgeschäft von Seyfried existierte seit 1886, als es, wie viele andere Häuser Zwischen beiden Sielen, am 6. September 1944 den Bomben zum Opfer fiel. Ende 1953 konnte der Betrieb im Neubau Zwischen beiden Sielen wieder aufgenommen werden. Bei Seyfried habe ich mein erstes NSU-Klapprad gekauft und bin auf Borkum damit herumgefahren.

Und auch wir konnten unser Juweliergeschäft „Franz Richter" nach dem Krieg wieder einrichten. Zwischen beiden Sielen 6/7 lautete fortan unsere Adresse.

Es herrschte eine große Verbundenheit und Eintracht unter den Familien Zwischen beiden Sielen. Wir hatten alle etwas Gemeinsames:
Den meisten war im Krieg die oft über viele Generationen erarbeitete Existenz zerstört worden. Nur mit der Hilfe der anderen konnte der Wiederaufbau vollzogen werden. Das schweißt zusammen. Es ging in unserer Straße immer sehr familiär zu. Die Chefs waren morgens die Ersten im Geschäft. Die Angestellten erhielten eine autoritäre, aber väterliche Zuwendung…"

„Späte Neujahrsgrüße"

Maria de Jonge
„geborene Hillebrandt, Jahrgang 1915"

erinnerte in der am 7. Januar 2012 erschienenen 718. Folge an das im Krieg zerstörte Telegrafenamt in der Osterstraße. Ihr Ehemann, Albert de Jonge, durchlief eine Ausbildung zum 1. Telegrapheninspektor. Er war bekannt mit Rudolf Minolts, der 1932 eine Zeichnung vom Emder Telegrafenamt, einen aufklappbaren Neujahrsgruß, angefertigt hatte. Diese Zeichnung entdeckte fand Maria de Jonge beim Aufräumen ihrer Unterlagen Jahrzehnte später wieder und damit kamen Erinnerungen an lange zurückliegende Zeiten:

„… Das Telegrafenamt in der Großen Osterstraße wurde in der Nacht zum 1. April 1941 durch Bomben erheblich zerstört. Am 6. September 1944 bekam es abermals Treffer. Erst später wurde an derselben Stelle das Gebäude wieder aufgebaut."

Das in der Nacht zum 1. April 1941 durch Bomben zerstörte Telegrafenamt in der Osterstraße.
Am 6. September 1944 schlugen erneut Bomben ein.

"Stammsitz der Familie in Trümmern"

Botho Edo Meerten Minolts
„Jahrgang 1940"

hat ein 60 Jahre altes Schreiben, aus dem die Besitzübertragung des Grundstücks seiner Großeltern an die Stadt Emden hervorgeht. Das Familienheim, das auf diesem Grundstück in der Kleinen Deichstraße 1 stand, wurde am 6. September 1944 total zerstört. Lediglich einige friesische Relikte, die in dem Haus verarbeitet waren, konnten nach dem Krieg geborgen werden. Am 14. April 2012 berichtet er:

„Dank der Hartnäckigkeit und Ausdauer meines Vaters bin ich heute im Besitz einiger historischer Fliesen, die andernfalls womöglich im Schutt der zerbombten Stadt Emden untergegangen wären.

Meine Großeltern wohnten in der Kleinen Deichstraße. Dort war das Stammhaus unserer Familie Minolts im Kern von Alt-Emden. Der Abschnitt der Straße, in dem das Haus stand, heißt heute Klunderburgstraße. Mein Großvater, Meerten Minolts, war von Beruf Malermeister. Er hatte ein Grundstück in der Kleinen Deichstraße gekauft und um 1900 für sich und seine Frau Eskea Minolts, geborene Janssen und die Kinder des Paares, zu denen mein Vater gehörte, ein Haus auf diesem Stück Land gebaut. Dieses Haus wurde - wie fast der gesamte Kern der Emder Altstadt - bei dem großen Bombenangriff am 6. September 1944 total zerstört. Mein Großvater starb am 10. Februar

1950, in der Annahme, dass alles, was er geschaffen hat, unwiederbringlich verloren sei. Dass einige Fliesen erhalten bleiben konnten, über die ich mich bis heute freue, konnte er nicht wissen.

Mein Großvater hatte von einer Firma 2000 bis 3000 Delfter Kacheln in sein Haus einbauen lassen. Er muss ein großer Freund dieser Art von Schmuck gewesen sein. In den meisten Zimmern gab es Fensterbänke oder Wanddekorationen aus Fliesen mit friesischen Motiven wie Windmühlen, Schiffen oder Fischerkaten. Das Haus hatte einen etwa quadratischen Grundriss von rund acht mal acht Metern - also circa 64 Quadratmeter. Einen Garten gab es nicht. Das gesamte Haus war in die Höhe gebaut und nicht so sehr in die Breite. In der Altstadt standen ja die Häuser dicht an dicht.

Als am 6. September 1944 Emden größtenteils zerstört wurde, fiel auch der Stammsitz unserer Familie in Trümmer. Die Kacheln an den Wänden, die in Muschelkalk eingebettet waren, sind von der Brandhitze heruntergefallen. Viele sind dabei kaputtgegangen.

Nach dem Krieg hat mein Vater in den Trümmern seines Elternhauses gewühlt und nach Überbleibseln aus dem Familienbesitz gesucht. Außer Kacheln hat er nichts Brauchbares mehr gefunden. Aber von den tausenden Fliesen hat er mit seinen bloßen Händen unter großen Anstrengungen etwa 400 Stück aus dem Schutt bergen können. In Emden hat sich ja in den ersten Jahren nach dem Krieg so gut wie nichts getan. Bis in die 1950er Jahre lagen die Trümmer in der Innenstadt fast unberührt liegen.

Im Zimmer von Oberbürgermeister Hans Susemihl im Rathaus wurde 1952 zwischen der Stadt Emden, vertreten durch Oberbürgermeister Hans Susemihl, und meiner Großmutter, Eskea Minolts, ein Kaufvertrag abgeschlossen. Das Grundstück in der Kleinen Deichstraße ging somit für 1526 Mark in den Besitz der Stadt Emden über. Diese Summe hat meine Oma dafür bekommen.

Meine Großmutter hatte das Grundstück, auf dem einst das Familienheim der Minolts gestanden hatte, von ihrem verstorbenen Mann geerbt. In einem notariellen Schreiben vom 19. April 1952 heißt es: „… Ich, die Witwe Eskea Minolts, geb. Janssen bewillige, dass die Stadt Emden als Eigentümer dieses Grundbesitzes in das Grundbuch eingetragen werde. Ich, der Oberbürgermeister Hans Susemihl, beantrage namens der Stadt Emden auf deren Kosten die Eigentumsänderung im Grundbuche einzutragen …"

Damals galt, dass Bürger, die ihr Grundstück der Stadt veräußerten, Anrecht auf eine Mietwohnung hatten. Dieses Angebot nahmen etliche Grundstücksbesitzer, deren Häuser im Krieg vernichtet worden waren, gerne an, denn bei dem Grad der Zerstörung damals gab es nur noch wenige bezugsfähige Wohnungen in Emden. Meine Oma bekam im Zuge dieser Regelung eine Mietwohnung in der Klunderburgstraße 1. Sie zog dort aber nicht selbst ein, sondern ihre Tochter, Gesine Franke, geborene Minolts, mit ihrer Familie. Meine Oma zog mit ihrem Sohn, meinem Onkel Meerten, zum Schnedermannplatz. Mein Großvater hat nicht mehr erlebt, wie sein Sohn, mein Vater Boote Minolts, in den 1950er Jahren, als die Emder sich an den Wiederaufbau ihrer Stadt machten, in den Trümmern seines Elternhauses gewühlt und 400 nahezu unversehrte Kacheln herausgeholt hat. Diese geretteten Kacheln brachte mein Vater zunächst in seiner Mietwohnung in der Ernst-Moritz-Arndt-Straße 36 unter, beziehungsweise in dem Keller des Mehrfamilienhauses.

Mein Vater hatte Gefallen an typisch friesischen Gegenständen. Aus diesem Grund hatte er auch in den Trümmern gesucht. Der Kunstschmied Jan Berents aus der Boltentorstraße 11, der Holzschnitzer und Drechsler Arnold Beirich, der Holzbildhauer Berthold Scharf, der Steinbildhauer Berthold Scharf junior sowie mein Vater Boote Minolts, der Kupferschmied war, gehörten als einzige Emder als Mitglieder der Arbeitsgemeinschaft „Ostfriesisches Kunsthandwerk" an. Ich habe eine 1949 erschienene Broschüre, in der alle 45 Mitglieder dieser

Arbeitsgemeinschaft als Kunsthandwerker aus dem ostfriesischen Raum vorgestellt wurden - unter ihnen die erwähnten.

Doch Jan Berents und mein Vater waren die einzigen Emder, die aus Metallen Kunstgegenstände fertigten, die auch im täglichen Gebrauch zum Einsatz kamen, wie zum Beispiel Teestövchen und andere schöne Dinge, die in einen ostfriesischen Haushalt gehören. Beim Treiben und Ziselieren, einer alten Bearbeitungsmethode von Metallen, wird das Metallstück mit Hammer und anderen Werkzeugen gedrückt, gestanzt und entsprechend verformt, sodass Muster entstehen. Diese Arbeitsmethode beherrschte mein Vater, der hauptberuflich als Kupferschmied auf der Staatswerft arbeitete.

Dort hat er zudem während seiner Arbeitszeit und neben seiner regulären Arbeit jeweils ein Teestövchen aus Kupfer und eines aus Messing anfertigen müssen. Diese Teestövchen dienten als Abschiedsgeschenke, wenn zum Beispiel ein wichtiger Mitarbeiter in den Ruhestand ging. Auch hat mein Vater einige seiner Stücke bei dem Kunsthandwerkgeschäft „Emder Truhe" Zwischen beiden Sielen in Kommission gegeben.

Manchmal bin ich auch mit ihm zusammen nach Norderney gefahren, wo mein Vater ein Geschäft kannte, in dem seine Stövchen verkauft wurden. Dieser Nebenverdienst lohnte sich und brachte gutes Geld. Für ein Teestövchen aus Messing bekam mein Vater 80 Mark, für eines aus Kupfer sogar 100 Mark. Diese echte ostfriesische Handarbeit ließen die Leute sich etwas kosten.

Ich selbst bin nicht in die handwerkliche Richtung gegangen. Ich war 42 Jahre bei Thyssen „Funktionsleiter Marinelogistik". Seine Modelle, Werkzeuge und Muster, die mein Vater mir überlassen hat, habe ich vor kurzem an einen Bekannten, Karl Groen, einen ehemaligen Kupferschmied auf der Werft, weitergegeben. Er ist jetzt Rentner und hat die Muße, Zeit und das Können, um nach diesen Anleitungen zu arbeiten. Es gibt schließlich heutzutage nicht mehr viele Handwerker, die alte, ostfriesische Traditionen bezüglich metallverarbeitender Herstellungstechniken beherrschen.

Mein Vater hat sich einige Techniken angeeignet, um typisch ostfriesische Gebrauchsgegenstände aus Metall zu fertigen. Einige von diesen Dingen werden heute nicht mehr benutzt, weil sich die Traditionen geändert haben. Zum Beispiel habe ich einen von ihm gearbeiteten sogenannten „Doofpott". Es ist ein Behälter aus Kupfer, in den glühende Holzkohlen gelegt werden. Bei luftdichtem Verschluss kann man die Glut der Kohlen zum Ersticken bringen, sodass die Kohlen zu einem späteren Zeitpunkt bei Bedarf wieder entzündet werden können. Auf diese Weise ging man früher sparsam mit Heizmaterial um.

Eine Kupferwärmflasche meines Vaters trägt die Gravur: „Kopp kolt, Fauten warm, makt de beste Doktor arm".

Für uns Teetrinker hat mein Vater einen Samowar hergestellt, der allerdings eher als Schmuckstück den Raum dekoriert. Der Wasserkessel aus Kupfer ist an der Seite mit einem Hahn ausgestattet, unter den die Teetasse gestellt wird.

Die Arbeitsgemeinschaft „Ostfriesisches Kunsthandwerk" der „Ostfriesischen Landschaft", die es früher gab und die heute nicht mehr existiert, hat es sich zur Aufgabe gemacht, das Schaffen der Menschen in unserer Region unter einem Dach zu vereinen. Jede Landschaft hat eine gewisse Kultur, die aus der geographischen Lage und der in dieser Gegend lebenden Menschen mit all ihrer Kreativität erwachsen ist. Wenn man alleine das Brauchtum des Teetrinkens bei uns betrachtet, ist das eine Entwicklung, die typisch ist für Ostfriesland und sich nirgendwo sonst auf der Welt auf exakt diese Weise hätte entwickeln können. Wenn man bedenkt, als im 17. Jahrhundert erste Schiffe Tee von Ostindien nach Europa - zunächst in die Niederlande - brachten und wenig später auch die Ostfriesen durch die Nähe zu den Holländern in den Genuss des neuartigen Getränkes kamen. Im Laufe der

Jahrhunderte gewöhnten sich die Menschen derart an den täglichen Teegenuss, dass sie während knapper Zeiten im Krieg sogar fantasievolle Ideen entwickelten, um an ihren Tee zu kommen. Tauschgeschäfte blühten. Und auch die Versorgung mit Teegeschirr nahm ihren Lauf. Für die Zeremonie des Teetrinkens braucht man mehrere Utensilien, damit die Teekultur richtig gelebt werden kann, zum Beispiel mit typischen Mustern verzierte Porzellantassen, aus denen der Tee besonders gut schmeckt, Dosen zur Aufbewahrung von Tee, Teekannen, Sahnelöffel und -schälchen, Kluntjezangen, Siebe und vieles mehr.

Unter anderem wurden auch Teestövchen entwickelt, um den Tee über einer Kerzenflamme warmzuhalten. Alleine zum Erleben der Teekultur sind verschiedene Berufe in Ostfriesland nötig, um alle Gegenstände herzustellen, die man für die Teezeremonie braucht.

Zu der Arbeitsgemeinschaft „Ostfriesisches Kunsthandwerk" gehörten Handwerker verschiedener Berufe. Kupferschmied war mein Vater, Kunstschmied war der Emder Jan Berents und andere ostfriesische Einheimische mit folgenden Berufen gehörten ebenfalls in diese Arbeitsgemeinschaft: Bürstenmacher, Stricker, Keramiker, Goldschmied, Tischler, Strickmeister, Weber, Töpfer oder Strohflechter.

Mein Vater und Jan Berents waren mit einer besonderen Aufgabe betraut. Sie wurden vom „Ostfriesischen Kunsthandwerk" beauftragt, den Ostfriesensalon auf dem Massengutfrachter „Melanie Schulte" einzurichten. Jan Berents sollte als Kunstschmied entsprechende Arbeiten an Bord erledigen. Mein Vater als Kupferschmied fertigte Teestövchen, Flaschenuntersetzer und andere Gegenstände aus Metall, die typisch für ostfriesische Kultur und Lebensweise sind. Als Dank für seine Kupferarbeiten an Bord des Schiffes hat mein Vater zwei Gemälde bekommen - eines mit einer Ansicht von der Pelzerstraße von Georg Warring; das andere Bild des Malers Wilhelm Schmidt zeigt eine Ansicht vom Delft mit Emder Rathaus. Die Bilder waren gleichzeitig ein Dankeschön für die Zusammenarbeit bei „Ostfriesisches Kunsthandwerk". Alle zwei Jahre hat mein Vater während der Ausstellung bei der Ostfrieslandschau am Stand von „Ostfriesisches Kunsthandwerk" seine Arbeitsweisen vorgeführt und vor den Augen der Besucher etwas hergestellt.

Das Schiff „Melanie Schulte", dessen Stapellauf am 9. September 1952 auf den Nordseewerken schon in den Augen vieler Seeleute unter keinem guten Vorzeichen stand, weil es auf der Ablaufbahn stecken geblieben war, verschwand spurlos, nachdem es Narvik am 17. Dezember desselben Jahres mit einer Ladung von mehreren tausend Tonnen Eisenerz an Bord verlassen hatte. Von dem Schiff und den 35 Mann Besatzung hat man nie wieder etwas gesehen. Lediglich wurden Wochen später ein paar Planken und ein Rettungsring mit der Aufschrift „Melanie Schulte" angespült. Die Einrichtungsgegenstände des Ostfriesensalons, die mein Vater und Jan Berents mühevoll gearbeitet haben, liegen wohl noch irgendwo auf dem Grund des Nordatlantischen Ozeans.

„Anders als die anderen"

Stephan-Gerhard Koziolek
„Jahrgang 1968"
Über seinen Verwandten Siegfried Wichmann, ein Emder Original, berichtete der Direktor der „Naturforschenden Gesellschaft zu Emden von 1814". Siegfried wurde am 23. April 1894 in Emden geboren. Koziolek erinnert sich am 12. April 2014 an Folgendes:

„… Nach dem großen Bombenangriff am 6. September 1944, bei dem große Gebiete der Stadt Emden zerstört wurden, unter anderem auch das Haus in der Burgstraße, in dem die Wichmanns zu der Zeit wohnten, holte Margarethe (eine von Siegfrieds Schwestern) ihre Eltern zu sich nach Schleswig Holstein und brachte sie im Gemeindehaus unter. Sie kehrten nicht wieder nach Emden zurück und blieben bis zu ihrem Tod in Schleswig Holstein. Margarethe hatte im fortgeschrittenen Alter einen 21 Jahre älteren Mann, den Physiko-Chemiker Dr. Richard Pleus geheiratet.

Auch für Siegfried ging nach dem 6. September 1944 die Zeit in Emden zu Ende. Er zog nach Norden in ein Altenheim. In Emden war ja die Altstadt ausgebombt. Das Haus der Wichmanns war zerstört. Alles war weg, sodass sie hier nicht mehr leben konnten. Und die Geschwister hatten kaum Platz für sich selbst, sodass Siegfried nicht bei ihnen unterkommen konnte. Nach der Zerstörung der Stadt mussten alle eng zusammenrücken. Dini hatte vier Kinder, Henny war ausgebombt. Von den Geschwistern hätte ihn niemand aufnehmen können und zudem war das Essen knapp. Also musste Siegfried anderweitig unterkommen und so kam er nach Norden …."

Siegfried Wiechmann

Mittwoch, der sechste September 1944

Johannes Barghoorn,
„Jahrgang 1927"
war ein 17-jähriger Emder Junge,
als seine Heimatstadt bei
dem schwersten Bombenangriff
an jenem unheilvollen Sommertag
zerstört wurde.

„Es war ein ganz normaler Sommertag im sechsten Kriegsjahr, und ich hatte bereits den Krieg mit allen seinen Schrecken kennengelernt. Zuletzt war ich vom 15. März 1943 bis zum 31. August 1944 bei der Marineflak-Batterie Constantia eingesetzt, und ich hatte drei Wochen Urlaub, bis ich erneut wieder, diesmal zum Frontdienst, eingezogen wurde.

Mit zwei Freunden hatte ich mich in den Wallanlagen getroffen, als um 18.20 Uhr Fliegeralarm gegeben wurde.
Alarm war damals ein alltägliches Ereignis. Und zu dieser Tageszeit vermuteten wir keinerlei Gefahr und hielten es daher auch nicht für nötig, in den Bunker zu gehen. Doch es sollte ganz anders kommen!

In der Zeit während des Einsatzes in der Flak-Batterie hatten wir so manchen Angriff auf Emden hautnah unter freiem Himmel miterlebt und wussten sofort, was uns bevorstand. Am Himmel sahen wir die ersten Bomberverbände anfliegen, die Luft dröhnte vom Motorengeräusch, und wir versuchten verzweifelt, in den nächsten Bunker, nämlich den grünen Wallbunker am Ende der Bollwerk-Straße, zu gelangen. Aber dort waren die Stahltüren bereits geschlossen und nur durch energisches Klopfen fanden wir noch Einlass.

Draußen begann ein wahres Inferno, der Bunker schwankte, das Licht verlosch, alle kauerten sich ängstlich zusammen, und wir ahnten, dass es dieses Mal die Stadt besonders hart treffen würde. Nach unendlich dünkender Zeit trat Stille ein und es gelang uns, trotz energischen Protestes des Bunkerwartes, den Bunker zu verlassen. Draußen war es, obwohl es ein früher Septemberabend war, durch die riesigen Rauchwolken fast dunkel, und es tobte von allen Seiten ein immer stärker werdender Sturm, hervorgerufen von den Luftmassen, die von der Stadtmitte her durch die Hitze senkrecht aufstiegen. Durch diesen Kamineffekt strömte von allen Seiten Frischluft herbei und fachte den Brand immer mehr an.

Meine ersten Gedanken waren vor allen Dingen: Haben meine Eltern noch früh genug den Bunker erreicht, denn sie waren um diese Zeit noch in unserem Geschäft tätig gewesen, und leben sie noch? Und hat unser Haus den Angriff überstanden?

Der erste Weg sollte mich vom Wall her durch die Bollwerkstraße zu unserem Haus führen. Aber dort hinzukommen war fast unmöglich, die Straßen waren voller Schutt und fast unpassierbar. Und beim Paulinenstift, das damals Polizeistation war, kam ich nicht weiter. Die Flammen der brennenden Häuser schlugen über die Straße und versperrten mir den Weg. Zwei Polizeibeamte versuchten mit einer kleinen Motorspritze den Brand des Paulinenstiftes zu löschen (was ihnen ja auch gelang). Aber ich wusste, dass hinter der Flammenwand Vorgärten waren, die mir ein Weiterkommen ermöglichen würden. Also bat ich die Polizisten, mich nass zu spritzen, zog mir die Jacke über den Kopf, und rannte durch die Feuerwand. Aber als ich unser Haus erreichte, war die Enttäuschung groß. Unser Haus war eine einzige Feuerhölle, nichts war mehr zu retten.

Also nun als nächstes zum Lookvenne-Bunker, in dem meine Eltern sein mussten, so sie ihn noch rechtzeitig erreichen konnten. Aber ein Weiterkommen in Richtung Innenstadt war unmöglich, eine einzige Feuerhölle versperrte mir den Weg. Also zurück und versuchen, über die Straße Zwischen beiden Bleichen in die Stadt zu kommen - aber bereits bei der Hohenzollernbrücke war wiederum Schluss. Der nächste Versuch war die Wilhelm-Straße, die heutige verlängerte Neutorstraße. Dort standen etliche Feuerwehrwagen, die aus den umliegenden Ortschaften herbeigeeilt waren, um zu helfen. Aber ein Herankommen an die Brandherde war für sie von dieser Seite unmöglich, und die Leute standen untätig herum, ein Löschen wäre ohnehin mangels Wasser gar nicht möglich gewesen.

Also wieder zurück, und über den Wall und durch die Ringstraße in die Große Straße. Von dort über das Gartengrundstück der „Kunst", (in dem damals das Hafentor stand) über einen Zaun kletternd an die Rückseite des Lookvenne-Bunkers.

Der Bunker war verschlossen, und auf mein Klopfen hin wurde mir zwar die Tür geöffnet, aber nur ganz kurz. Alle Belüftungsklappen waren des Rauches wegen hermetisch geschlossen worden. Es war stockdunkel. Kerzen durften wegen des Sauerstoffmangels nicht angezündet werden. Es herrschte eine bedrückende Stimmung. Ich fragte mich in der Dunkelheit durch, und - welche Erleichterung - meine Eltern lebten!

Die Nacht verbrachten wir im Bunker - wo auch sonst! Unser Wohnhaus existierte nicht mehr, das Geschäft war zerstört, wir hatten in Emden keine Bleibe mehr.

Aber unser Vater hatte in weiser Voraussicht außerhalb Emdens, in Ihrhove, zwei Dachzimmer gemietet. Dorthin hatte er alle entbehrlichen Möbel, Bettzeug, einen Küchenherd sowie alle Wertsachen gebracht. Viele Emder hatten ähnlich gehandelt, weil bei dem zunehmenden Bombenkrieg die Aussicht, sein Heim zu verlieren, immer größer wurde.

Und so konnten wir uns am nächsten Morgen in den Zug setzen, und, immer in Angst vor Tieffliegern, unsere Mini-Wohnung in Ihrhove beziehen. Zwar klein, aber wir hatten ein Dach über dem Kopf und brauchten nicht, wie so viele Emder, wochenlang in den Bunkern oder anderen Notquartieren zu hausen.

„Die Stadt sieht wie Pompeji aus"

Dr. Theodor Brunzema
„Jahrgang 1932"
arbeitete seit 1962 als praktischer Arzt
in Emden. Er ist noch heute im Besitz
eines Briefes, den sein zwei Jahre älterer
Bruder Daniel acht Tage nach dem Bombenangriff am 6. September 1944
von Ihrhove an seine Schwester Emma
geschrieben hat. Er erinnert sich
am 24. Januar 2015 an Folgendes:

„Wir wohnten mit unserer großen Familie in unserem Elternhaus an der Ecke Thedastraße 2/ Zwischen beiden Bleichen 5. Wir waren acht Geschwister: Wilhelm (Jahrgang 1924), Emma (Jahrgang 1925), Johannes (Jahrgang 1926), Gerhard (Jahrgang 1927), Daniel (Jahrgang 1930), Friedrich (Jahrgang 1935), Meta (Jahrgang 1941), und ich wurde 1932 geboren. Unsere Eltern, Dr. med. Friedrich Brunzema (1892-1983) und Emma Brunzema, geborene Barth (1903-1980), besaßen das besagte Haus, in dem auch die Praxis unseres Vaters untergebracht war. Das Haus existiert noch heute, ist aber nicht mehr im Familienbesitz. Meine 1997 geborene Enkelin, Janka Kluge, die Tochter von meinem jüngsten Sohn Claus, hat ein wunderschönes Bild von dem Haus gemalt, als sie 13 oder 14 Jahre alt war. Dieses Bild hängt heute eingerahmt in unserem Wohnzimmer.
Die Arztpraxis meines Vaters war anfangs - seit September 1920 - in der Großen Straße Nr. 17, später in der Gräfin-Theda-Straße 2. Wir Kinder sollten nicht in die Hitler-Jugend, was meinem Vater ziemliche Probleme bescherte, denn man wollte ihm sogar das Sorgerecht entziehen. Zum Beispiel hatte am 18. November 1938 ein sogenannter Jugendwart bei meinem Vater angerufen und wollte ihn darauf aufmerksam machen, dass für ihn bedenkliche Folgen resultieren könnten, weil er als Vater, der seine Kinder nicht in die Hitler-Jugend schickt, gegen den nationalsozialistischen Staat handeln würde. Es folgten tatsächlich monatelange Sitzungen, Gerichtsbriefwechsel und viele Unannehmlichkeiten mehr. Schließlich wurde meinem Vater ein Missbrauch des Sorgerechtes vom Amtsgericht bescheinigt und das Sorgerecht eingeschränkt mit der Folge, dass seine Kinder in die Hitler Jugend sollten, doch am Ende konnte dies doch noch umgangen werden.

Beim Bombenangriff am 6. September 1944 war ich im AOK-Bunker Zwischen beiden Bleichen. Knapp ein Jahr zuvor, am 11. Dezember 1943, als die Große Kirche zerstört wurde, hatte ich im Stadtgartenbunker Zuflucht gesucht.

Mein Bruder Daniel schrieb noch unter dem Eindruck des Bombenangriffs am 6. September 1944 aus Ihrhove, wohin er inzwischen aus dem zerstörten Emden ausgewichen war, einen Brief an unsere damals 19-jährige Schwester Emma. Sie war in Detmold bei der Schwesternschaft, weil unser Vater sie vor dem Arbeitsdienst bei den Nationalsozialisten schützen wollte. Der Brief von Daniel an Emma hat folgenden Wortlaut:

Ihrhove, den 14. September 1944

Liebe Emma!
Heute will ich Dir einen kurzen Bericht über den Angriff am 6. 9. 44 zuschicken: am 6.9.44 erhielt Emden den schwersten aller Angriffe. Es war am Nachmittag, der Himmel war leicht bewölkt, als die Sirenen heulten. Es war 10 Minuten nach 6 Uhr. Wir gingen nichtsahnend in den Bunker. Aber schon bald sollten wir merken, daß die Flieger auf Emden zuflogen, denn der Drahtfunk im Bunker gab durch: „Feindliche Bomberverbände im Anflug auf Emden. Es kann mit einem Angriff gerechnet werden. Alle Bunkertüren sind zu schließen!"

Um 5 Minuten vor halb 7 Uhr fielen die ersten Bomben. Eine kleine Erschütterung ging durch den Bunker. Gleich danach aber fing der Bunker tüchtig an zu schaukeln. Plötzlich gab es eine große Erschütterung. Die Bunkertüren wurden vom Luftdruck aufgerissen. Die Leute liefen erregt nach dem Seitengang. Ein Mann hielt sich die Bunkertür zu. 25 Minuten fielen ununterbrochen die Bomben. Einigen Leuten wurde schlecht. Dann wurde noch etwas geschossen, aber das Bombardement hatte aufgehört. Wir blieben noch eine Zeitlang im Bunker. Dann gingen Wilhelm Ferlemann (Anmerkung der Red.: ein Vetter) und ich nach draußen.

Draußen wehte ein ziemlich heftiger Wind. Der ganze Himmel war ganz rot, doch man konnte fast nicht atmen von dem Rauch. Wir gingen schnell nach Hause, wo Papa schon zwei Brände gelöscht hatte und noch beim dritten beschäftigt war. Wir brachten schnell einige Eimer voll Wasser auf den Boden, - nämlich dort brannte es noch,- und konnten auch diesen Brand bald löschen. Mauchers (Anmerkung der Red.: ein Nachbar in der Thedastraße) Haus stand in lichterlohen Flammen und der Wind blies die Funken gerade gegen unser Haus. Die ganze Thedastraße brannte außer unserem Haus. Auch in der Edzardstraße und Zwischen beiden Bleichen hatte der Tommy große Arbeit geleistet. Fast in allen Teilen Emdens brannte es. Auch das Apollotheater stand in Flammen. Da unser Haus jeden Augenblick an zu brennen fangen konnte, brachten wir allerlei Wäsche in den Bunker. Aber unser Haus ist auch nicht unbeschädigt. Wir haben alle Fenster raus. Fast alle Türen sind beschädigt. Auf dem Boden ist eine Wand umgefallen. Die Wand von Theodors nach Frickes Zimmer kann man so umstoßen. In der Wand zwischen Röntgenzimmer und Wartezimmer ist ein großes Loch. In der Nacht kam die Feuerwehr. Sie löschte die Brände sehr schnell. Wir mußten die Nacht im Bunker schlafen. Am Donnerstag den 7. sind Theodor, Friedrich, Meta, Wilhelm Ferlemann und ich mit dem 1 Uhr 15 Zug weggefahren. Montag den 11. 9. 44 bin ich noch einmal in Emden gewesen. Die Stadt sieht wie Pompeji aus. Ein ausgebranntes Haus neben dem andern. Aber auch alle Teile der Stadt sind betroffen. Doch wir wollen hoffen, daß Emden noch einmal wieder aufgebaut wird.

Nun will ich schließen

Viele Grüße

Dein Daniel

Daniel wurde später Architekt (Dr. Ing.). Er starb 2009. Unsere Schwester Emma heiratete Theodor Immer, den Sohn des Emder Pastors Hermann Immer. Emma starb im Jahre 2012. Von uns insgesamt acht Geschwistern leben heute nur noch Friedrich, Meta und ich."

I. Thorhove den 14.9.44.

Liebe Emma!

Heute will ich dir einen kurzen Bericht über die Angriff am 6.9.44. zuschicken: Am 6.9.44. erhielt Emden den schwersten aller Angriffe. Es war am Nachmittag, der Himmel war leicht bewölkt, als die Sirenen heulten. Es war 10 Minuten nach 6 Uhr. Wir gingen mehrsahnend in den Bunker. Aber schon bald sollten wir merken, daß die Flieger auf Emden anflogen, denn der Drahtfunk im Bunker gab durch: „Feindliche Bomberverbände im Anflug auf Emden. Es kann mit einem Angriff gerechnet werden. Alle Bunkertüren sind zu schließen!" Um 5 Minuten vor halb 7 Uhr fielen die ersten Bomben. Eine leise kleine Erschütterung ging durch den Bunker. Bl gleich danach aber fing der Bunker tüchtig an zu schaukeln. Plötzlich gab es eine große Erschütterung. Die Bunkertüren wurden vom Luftdruck aufgerissen. Die Leute liefen erregt nach dem Seitengang. und Ein Mann hielt die Bunkertür zu. 25 Minuten fielen ununterbrochen die Bomben. Einige Leute wurden schlecht. Dann wurde noch etwas geschossen, aber das Bombardemang hatte aufgehört. Wir blieben noch eine Zeitlang im Bunker. Dann gingen Wilhelm Eerlemann und ich nach draußen.

Die erste Seite des Briefes von Daniel Brunzema an seine Schwester Emma, datiert am 14. September 1944.

Dr. Theodor Brunzema mit dem von Enkelin Janka gemalten Bild des früheren Familienheimes der Brunzemas an der Ecke Theda-Straße/Zwischen beiden Bleichen.

Beim Essen in ihrer Küche: Die Brunzema-Kinder gegen Ende der 1930er Jahre. Vorne mit überkreuzten Hosenträgern ist Theodor, ganz rechts (mit Zöpfen) die älteste Schwester Emma. Als vierte von links ist das Hausmädchen der Brunzemas inmitten der Kinderschar zu sehen.

Die Brunzema-Kinder vor ihrem Familienheim in der Gräfin-Theda-Straße 2 kurz vor Kriegsbeginn im Juni 1939: Friedrich, Theodor, Daniel, Gerhard, Johannes, Emma und Wilhelm Brunzema (von links). Meta war zum Zeitpunkt der Aufnahme noch nicht geboren.

Die Röte am Himmel über Emden

Dr. Günter Duggen
„Jahrgang 1927"
hat viele Vorkommnisse aus der Zeit
des Zweiten Weltkrieges nie vergessen.
Insbesondere denkt er in diesen
Tagen daran, was in Emden
am 6. September 1944 in Emden los war.
Zu jener Zeit war er allerdings gerade
nicht in Emden.

Es genügten sechs Jahre, bis alles vernichtet war. Alle Arbeit war dahin. Da fragt man schon nach dem Sinn. Es gibt für mich nichts Sinnloseres als einen Krieg.

Am 6. September 1944 wurde unsere Heimatstadt, die mittelgroße Seehafenstadt Emden, im Rahmen des Krieges von feindlichen Bombenverbänden fast total zerstört. Emden lag in Trümmern. Dank der vielen Bunker in unserer Stadt hielt sich die Zahl der Toten in Grenzen. Doch schrecklich war es allemal.

Zwar war Emden schon des Öfteren im Laufe des Krieges von Bomben getroffen worden, doch der 6. September 1944 war der absolute Höhepunkt. Die Flugzeuge der Alliierten warfen innerhalb einer halben Stunde etwa 1500 Sprengbomben, 10 000 Brandbomben und 30 000 Phosphorbomben über dieser Stadt ab. So ist es dokumentiert.

Noch heute frage ich mich: warum?

Was hatten Emder Bürger getan, was hatten sie verbrochen, was sie von den anderen Deutschen unterschied. Die Antwort steht noch heute frei im Raum. Emden, das einstige „Venedig des Nordens", war ein einziges Trümmerfeld. Diese Erinnerung darf niemals untergehen; wir sollten daran denken. Eine Wiederholung darf es niemals geben! „Wenn auch nur ein feindliches Flugzeug unser Reichsgebiet überfliegt, will ich Meier heißen." Das sagte der damalige Chef der deutschen Luftwaffe, der Oberkommandierende Hermann Göring, zu Anfang des Krieges in einer Rundfunkrede. Später wurde er Reichsmarschall und die feindlichen Flugzeuge betrachteten Deutschland als Manövergelände.

Ich habe in meinen Alben noch etliche Fotos, die die Zerstörung in unserer Stadt im August/September 1944 dokumentieren. Insbesondere der 6. September 1944 sitzt jenen, die diese Zeit bewusst erlebt haben, noch heute in den Knochen.

Wenn ich mir die Bilder ansehe, kommt alles wieder an die Oberfläche, was damals geschah. Als schreckliches Mahnmal kann man den Anblick der Ruine der Martin-Luther-Kirche bezeichnen, aus deren Trümmern nach der Bombardierung 1944 die Inschrift im Mauerwerk zu lesen ist: „Und Friede auf Erden"... Dieses Bild ist wohl vielen Emdern bekannt.

Zwischen beiden Sielen in Richtung Neutorstraße

Nach einem Aufenthalt in der Kinderlandverschickung war ich 1944 im Arbeitsdienst in Schweinebrück bei Zetel ungefähr 25 Kilometer südwestlich von Wilhelmshaven. Dort musste ich mithelfen, die Autobahn Wilhelmshaven-Oldenburg zu bauen. Ich war als Lokführer einer kleinen Lok im Einsatz und habe die Steine herangefahren. Freiwillig habe ich diesen Dienst ganz und gar nicht gemacht, doch ich konnte mich dem nicht entziehen. Von Juli 1944 bis Ende September 1944 war ich im Arbeitsdienst. Ich hatte die Kaiser-Friedrich-Schule in der Bollwerkstraße besucht. Unsere Schule wurde auch im Krieg zerstört. Einer nach dem anderen von uns Schülern wurde eingezogen.

Da ich mit meinen damals 1,71 Metern zum Durchschnitt hinsichtlich der Körpergröße gehörte - das heißt, ich gehörte nicht zu den Größten - musste ich nicht zur Waffen-SS. Da wurden nur Größere genommen. Also zwang man mich zum Arbeitsdienst.

Als am 6. September 1944 unsere Wohnung in der Schweckendieckstraße zerstört wurde, durfte ich kurz darauf nach Hause nach Emden, um meinen Eltern zu helfen. Ich bekam frei, um die Familie bei den Aufräumarbeiten zu unterstützen. Unsere Wohnung war zum Glück nicht schwer getroffen worden, sodass meine Eltern weiter dort wohnen konnten. Später richtete ich mir meine Zahnarztpraxis am Schweckendieckplatz ein. Es war sehr schön dort im Zentrum in der Nähe der Schiffe. Am Eisenbahndock hatte ich als Kind oft gespielt und die Badeanstalt am Eisenbahndock gegenüber dem heutigen Hafenhaus besucht. Auch von dieser Region der Stadt habe ich Fotos aus dem Krieg.

Nach der Zerstörung unserer Schule im Krieg siedelten wir zum Unterricht in Räumlichkeiten am Brauersgraben und zum Kaiserin- Auguste-Viktoria-Lyzeeum, dem früheren Emder Mädchengymnasium.

Der ganze Irrsinn des Krieges hat viele Schicksale beeinflusst und das Gesicht unserer Stadt verändert. Halten wir uns in der Zukunft an die Schlussworte von Friedrich von Schiller, der im „Lied von der Glocke" dichtet:

„Freude dieser Stadt bedeute,
Friede sei ihr erst Geläute."

Emdens Oberbürgermeister Georg Frickenstein, der am 10. Juni 1945 vor den Trümmern unseres Rathauses eine Rede hielt, sagte am Schluss: „Gott gebe unserem Werk seinen Segen, dass neues Leben aus den Ruinen unserer lieben Heimatstadt Emden erblühen möge."
Der 6. September 1944 ist ein fatales Datum in der Geschichte unserer Stadt. Als ich in Schweinebrück war, sah ich an diesem schönen Sommertag in der Ferne alles brennen. Der Himmel war blutrot. Die Röte über Emden, die sich für mich sichtbar hinter dem Horizont in Richtung meiner Heimatstadt ausdehnte, gehörte wohl mit zu dem Farbengemisch, das wir, die wir dieses Himmelsschauspiel beobachteten, von dort sahen. Doch was in dem Moment meiner Heimatstadt widerfahren ist, wusste ich zu jenem Zeitpunkt noch nicht.

Oberbürgermeister Georg Frickenstein
(geb. 1890, gest. 1946)

Lebenslanges Trachten nach Demokratie und Respekt

Renate Geerdes
„Jahrgang 1931"

war Schulrätin, wie ihr Vater, der 1892 in Leer geborene Friedrich Geerdes. Die sozialdemokratisch geprägte Familie war mit der Schriftstellerin Wilhelmine Siefkes und anderen ostfriesischen SPD-Mitgliedern befreundet. Als Friedrich Geerdes eine Lehrerstelle in Widdelswehr ausfüllte, kam die Familie auch mit Emdern zusammen, die sich im Widerstand gegen die nationalsozialistische Entwicklung auflehnten. In jener Zeit in Widdelswehr wurde Renate Geerdes Zeugin des großen Bombenangriffs am 6. September 1944. Sie erinnert sich am 10. August 2013 an Folgendes:

„… Von Widdelswehr haben wir den Angriff auf die Stadt Emden am 6. September 1944 miterlebt. Bevor wir in den Bunker flüchten konnten, sahen wir, was sich in Emden anbahnte. Ein gewaltiger heller Streifen erstreckte sich über den ganzen Himmel. Später wurde mir Folgendes erzählt: Als viele Menschen beieinanderstanden und mit Schrecken die gespenstische Szene der Feuersbrunst über Emden beobachteten, sagte meine Mutter ironisch in Anspielung auf eine Zeile in einem Nazi-Lied: „Adolf Hitler hat uns zum Lichte geführt." Ihre Bemerkung blieb ohne Folgen.

Als es Voralarm gegeben hatte, wollte ich gerade mit einer Freundin Brombeeren pflücken gehen. Da kamen schon die ersten Flieger. Wir schafften es nicht mehr nach Hause, um gemeinsam mit der Familie Schutz zu suchen. Stattdessen flüchteten wir uns in einen Erdbunker, in dem sich schreckliche Szenen abspielten. Das Licht ging plötzlich aus, und die Frauen fingen an, laut zu beten. Als wir den Bunker wieder verlassen konnten, bin ich so schnell nach Hause gelaufen, wie ich es zuvor noch bei keinem Reichsjugend-Wettkampf geschafft hatte. Meine Eltern hatten sich während des Angriffs in einen Erdbunker bei der Schule verkrochen. …"

„Emden ist nicht mehr!"

Ludwig Hummerich
„Jahrgang 1929"
Seine Familie hatte aus einer kleinen Tischlerei ein Familienunternehmen entwickelt. Bei dem Bombenangriff am 6. September 1944 wurde der Betrieb in der Großen Straße vernichtet.

„Am 6. September 1944 wurde die Stadt Emden von den Engländern bombardiert und zu 95 Prozent vernichtet. Es war im Grunde genommen ein Tag wie jeder andere. Aus meiner Erinnerung heraus möchte ich versuchen, die Geschichte dieses Tages zu erzählen:

Am späten Nachmittag war ich als 14-jähriger Hitler-Junge in der Gräfin-Anna-Straße bei der Geschäftsstelle der HJ - ich war, weiß Gott, nicht gerne ein Hitlerjunge. Doch damals war ich in der Bandspielschar und musste aus diesem Grunde die Geschäftsstelle aufsuchen. Ich befand mich auf dem Weg nach Haus, als es plötzlich Voralarm gab.

Voralarm ist der Signalton, bei dem das Auf und Ab der Sirene in langen Schwingen erfolgt, während es bei Vollalarm in kurzen Schwingen geht. Ich bin dann im Dauerlauf nach Hause, um mein Briefmarkenalbum zu holen, um dieses in der Bunkertruhe zu deponieren. Jeder Emder hatte im Bunker eine Kabine, mit anderen zusammen. Die Kabinen waren verschieden groß und in diesen gab es Banktruhen, in denen sich die wichtigsten Gegenstände wie Silber und Schmuck und was man noch an persönlichen Sachen hatte, befand, falls das eigene Haus ausbrannte.

Mein Großvater, der Tischlermeister Ludwig Hummerich, hatte im Jahre 1892 eine kleine Tischlerei in der Großen Straße in Emden eröffnet. 1936 war mein Vater, Hermann Hummerich und Sohn des Inhabers, als Meister zusammen mit seinem Bruder Heinrich und seiner Schwester Minna in die Firma als Gesellschafter eingetreten.

Wie gesagt, war an jenem 6. September 1944 Voralarm. Meine Mutter und meine Schwester waren schon auf dem Weg zum Bunker, dem heutigen Museumsbunker. Ich bin dann im Dauerlauf in den Bunker gerannt. Man musste sich beeilen, denn nach einer gewissen Zeit - etwa einer Viertelstunde nach Vollalarm, und auf jeden Fall wenn die Bomben zu hören waren oder die angreifenden Flugzeuge - wurden die Türen des Bunkers geschlossen. Diejenigen, die dann noch draußen waren, wurden nicht mehr hereingelassen, was sicherlich wohl richtig war zum Schutz der Menschen, die schon im Bunker waren.

Mein Vater war nicht mit uns zusammen im Bunker. Er gehörte zum SHD, dem Sicherheits- und Hilfsdienst. Das war eine Einheit wie beim Technischen Hilfswerk. Er befand sich während des Angriffs in einem Keller am Delft mit sehr vielen Älteren. Er selbst war schon in dem Alter, wo er nicht mehr Soldat zu sein brauchte, aber er musste sich dieser Hilfseinheit zur Verfügung stellen.

Nachdem ich gerade im Bunker war, ging es auch schon los. Man hörte Flakgeschütze detonieren. Aber dann fielen Bomben. Man merkte es an der Erschütterung des Bunkers. Der schwere Bunker schien sich durch die Erschütterungen zu bewegen. Es mussten nicht nur eine Bombe, sondern sehr viele Bomben gefallen sein. Das Getöse, dieses Schaukeln des Bunkers, war sehr stark und erschreckend.

Dieser Angriff fand circa gegen 18 Uhr statt. Man kann sich gar nicht vorstellen, dass sich in solch einem Bunker 500 bis 600 Menschen befanden. Das Geschrei der Kinder, das Weinen der Menschen, alles das war ganz unwirklich. Man kann nicht beschreiben, welche Gefühle einen in diesem Moment überkamen: Angst, Panik, Entsetzen und Sorge um den Vater.

Das Schlimmste war, dass dann auch noch der Strom ausfiel und wir unsere Kerzen als Notbeleuchtung anzünden mussten. Dem Bunker konnte nichts so leicht etwas anhaben. Er war massiv gebaut. Die Decke des Bunkers war zweieinhalb Meter stark, aus Beton und die Außenwände 1,20 Meter dick. Aber es stellte sich heraus, dass wir nach kurzer Zeit Schwierigkeiten mit dem Sauerstoff bekamen. Die Kerzen gingen aus. Ein sicheres Zeichen für Sauerstoffmangel.
Einige Menschen versuchten nach einer halben bis dreiviertel Stunde - der Angriff hatte sich in relativ kurzer Zeit abgespielt - die Türen des

Bunkers zu öffnen, was aber unmöglich war, weil sehr viel Rauch von außen in den Bunker eintrat. Man wusste daher, dass es draußen stark brannte.

In jeder Zelle des Bunkers befanden sich Rauchabzugsklappen, die zur Frischluftzufuhr dienten. Sie waren im Durchmesser zehn Zentimeter groß und waren mit einem Metallhebel zu verschließen. Immer dann, wenn wir die Rauchabzugsklappen öffnen wollten, drang Rauch in das Innere des Bunkers. Wir hatten also keine Möglichkeit, irgendeine Klappe zu öffnen. Erst am nächsten Morgen um sechs Uhr gelang es den ersten, nach draußen zu gehen.

Ich kann gar nicht beschreiben, was das für beängstigende Gefühle waren, in der Zeit als wir im Bunker eingeschlossen waren. Man wusste, dass draußen alles brannte. Man wusste, dass Sprengbomben gefallen waren. Man kannte auch aus den Nachrichten die Taktik der Engländer, die nach den Sprengbomben Brandbomben warfen.

Aber das Bild, das sich uns dann darbot, als wir den Bunker am nächsten Morgen verließen, war einfach unbeschreiblich und ich werde diesen Anblick mein Lebtag nicht mehr vergessen. Wir sahen nur noch vereinzelt Brände, aber ganz Emden war eine einzige Ruinenlandschaft.

Mein Großvater, der in der Nähe des Bunkers Häuser besaß, ging mit mir nach draußen, weinte bitterlich und sagte: „Dat is dat nu wedder alwest. Nu hewick nix mer!" („Das war's nun schon wieder. Nun habe ich nichts mehr!")

Kurz darauf stürzten wie auf Kommando unter einem heftigen Sturm viele der Ruinen zusammen, sodass die Straßen total verschüttet wurden und wir keinerlei Orientierung mehr hatten.

Später hörten wir, dass die Wilhelmshavener Feuerwehr, die 80 Kilometer von Emden entfernt ist, uns gerettet hatte, indem sie zur Hilfe kam und die Brände rund um den Bunker löschten. Dieser war ja dicht mit Häusern umbaut und hatte dadurch während der Brände unter extrem starker Rauchentwicklung gestanden. Auch war es die Stadt Wilhelmshaven und wohl auch die Organisation der Partei, die uns dann anschließend versorgte.

Als ich mit meinem Großvater nach draußen gegangen war, waren wir sehr in Sorge um meinen Vater, der sich bei dem Angriff in einem Keller aufgehalten hatte. Aber mein Vater war einer der ersten, der über die Trümmer zu uns fand - rußverschmiert und mit Tränen in den Augen. Er musste sich die Augen auswaschen lassen, weil er nichts mehr sehen konnte vor lauter Qualm und Ruß. Er weinte und sagte: „Emden ist nicht mehr!"

Später erfuhren wir aus den Nachrichten, dass es sich um einen englischen Großangriff direkt auf Emden gehandelt hatte. Da eine Vielzahl englischer Maschinen ihre gesamte Bombenlast über Emden abgeworfen hatte, kann man sich vorstellen, dass von unserer Stadt nicht viel übrig geblieben war.

Wir mussten dann etwa acht Wochen im Bunker wohnen. Wie die meisten Emder hatten wir keine Bleibe. Wo sollten wir denn auch hin? Es gab ja nur noch circa fünf Prozent bewohnbare Häuser in der Umgebung. Diese Zeit im Bunker werde ich nie vergessen. Wir Kinder und Jugendlichen machten schnell wieder Blödsinn und setzten uns über die schrecklichen Zustände hinweg, aber unsere Eltern haben sehr gelitten. Vor dem Nichts zu stehen, nicht zu wissen, wie es weitergeht, war ein hartes Los für sie.

Auch unsere Verwandten hatten ihr Hab und Gut verloren, bis auf eine Schwester meines Vaters, ihrem Mann und ihren drei Töchtern, die uns dann aufnehmen mussten. Sie besaßen noch ihr Haus. Aber wie das oft unter Verwandten so ist, hatten sie kein Mitleid mit uns und haben uns nicht freiwillig bei sich aufgenommen. Erst als sie unter

Druck gesetzt wurden, wie alle in der Umgebung, die noch ein Haus besaßen, erinnerten sie sich an uns und nahmen uns auf.

Die Zeit bei unseren Verwandten kann ich ebenfalls nicht vergessen. Sie besaßen einen großen Garten in der Königsberger Straße mit vielen Apfelbäumen. Der ganze Keller lag voller Äpfel. Aber nur die drei Töchter bekamen von diesen Äpfeln zu essen. Meine Schwester und ich mussten zuschauen. Man kann nicht begreifen, wie so etwas möglich ist. Wir hatten keinen Streit mit dieser Familie. Sie hatten vermutlich Angst, dass die Zeiten noch lange schlecht bleiben würden und sparten diese Äpfel für ihre eigene Familie auf. Für uns war klar, dass wir uns bei diesen Verwandten nicht länger aufhalten wollten und konnten.

Voller Bewunderung muss ich an meinen Vater zurückdenken. Er hatte es damals zustande gebracht, in der Nachbarschaft, der Tilsiter Straße, eine Wohnung in Beschlag zu nehmen. Vor dem Krieg hatte man dort begonnen, einige Blocks zu bauen. Es waren Rohbauten, auf denen lediglich Dachpfannen lagen. Fenster und Türen gab es keine.

Mein Vater und ich haben dann aus ausgebrannten und zerbombten Wohnungen Fenster und Türen ausgebaut, um diese in unsere neue Bleibe einzubauen. Außerdem organisierten wir Glasscheiben für die Fenster und alte Möbel aus der Umgebung. So hatten wir eine eigene bescheidene Unterkunft, in der wir einigermaßen wohnen konnten.

Kurze Zeit später bekamen meine Eltern Schwierigkeiten mit dem Besitzer dieser Wohnblocks. Wir hatten nicht gewusst, dass diese Blocks der „FlugCo", einer militärischen Flug-Nachrichtenabteilung, gehörten. Mein Vater und meine Mutter hatten damals Großes geleistet, um sich gegen einen gewissen Oberst Clemens durchzusetzen, damit wir dort wohnen bleiben konnten. Insgesamt blieben wir dort zwei Jahre.

Mit der Zeit bekamen wir bessere Fenster und Türen und ein Fußboden wurde eingezogen, sodass es nicht mehr nur ein Provisorium war, sondern eine vernünftige Bleibe. Alles hatten wir durch den Angriff verloren. Wir hatten keine Werkstatt und kein Möbelhaus, rein gar nichts mehr. Es war alles weg. Auch Geschäfte gab es ja nicht mehr. Erst nach Wochen wurden mit Hilfe von Kränen und Baggern die Straßen wieder freigeschaufelt.

Auf dem Neuen Markt wurden Behelfsheime aus Fertigbetonsteinen errichtet, damit dort eingekauft werden konnte. Wir hatten übrigens das besondere Pech, dass gerade auf der Großen Straße, wo wir ein Eckgrundstück besaßen, der ganze Schutt auf unserem Grundstück gesammelt wurde.

Nach dem Krieg wurde durch Initiative einiger Emder Bürger in unserem Bunker ein Museum eingerichtet. Dort standen einige Aufnahmen von Amateurfotografen aber auch einige Bilder von SS-Fotografen, die damals nach der Bombardierung Aufnahmen gemacht hatten. Daher kennt man das ganze Ausmaß dieses Angriffs am 6. September 1944.

Nach der Währungsreform wurde unser Familienbetrieb von den Gesellschaftern wieder aufgebaut. Im Jahre 1947 trat ich in den Betrieb ein. Drei Jahre später - 1950 - starb mein Großvater, der Gründer der Firma.

Als ich 1974 der alleinige Inhaber der Firma war, wurde das Geschäft in der Großen Straße geschlossen und ein neues Firmengebäude mit dem kompletten Firmensitz in die Ubierstraße verlegt. 1984 trat mein Sohn, mit Namen ebenfalls Ludwig Hummerich, in die Geschäftsführung mit ein und führte mit mir gemeinsam das Unternehmen. 1989 wurde unser Betrieb abermals vernichtet. Ein Großbrand zerstörte das komplette Firmengebäude. Doch mit harter Arbeit und ehrgeizigem Einsatz konnten wir bereits im Folgejahr - 1990 - unser neugebautes Möbelhaus eröffnen."

Blick von der Brückstraße auf den Bogen des zerstörten Rathauses. Im linken Drittel des Bildes ist ein Teil der Großen Kirche zu sehen. Die Brückstraße, die unmittelbar nach der Zerstörung unter Trümmern begraben lag, ist bereits geräumt.

Von der Faldernstraße fotografiert: In der Mitte ist der Bunker, in dem Ludwig Hummerich während der Bombardierung am 6. September 1944 Zuflucht suchte. Links ist der Turm der Großen Kirche.

Trümmerlandschaft nach dem 6. September 1944. Die Mauern links im Bild könnten Überreste der Klunderburg sein.

Blick über das zerstörte Emden nach dem 6. September 1944. Links im Hintergrund ist der Bunker in der Mühlenstraße zu sehen, im rechten Bilddrittel hinten schwach der Wasserturm am Bahnhof Emden-Süd.

Blick auf die Große Kirche.

Trümmer so weit das Auge reicht.

„Emden ist nicht mehr." Zwischen Fotograf und Bunker am Bahnhof sind nur noch kaputte Häuser. Links von dem Bunker ist schwach der Wasserturm am Bahnhof Emden-West zu erkennen.

Alle Fotos aus dem Archiv von Ludwig Hummerich wurden zwei bis drei Wochen nach dem 6. September 1944 aufgenommen.

Die Lust an der Eisenbahn und die Last der deutschen Geschichte

Justus Junker
„Jahrgang 1913"
war über 40 Jahre lang auf einer Lokomotive, erst als Heizer und später Lokführer - und das mit großer Leidenschaft. Aber als solcher wurde er auch mit dem dunkelsten Kapitel deutscher Geschichte konfrontiert. Er erinnert sich am 12. Oktober 1996 an Folgendes:

… Bei dem Großangriff auf Emden am 6. September 1944 kam ich gerade von Münster. Nachmittags um fünf war es, als ich in Emden am Bahnhof eintraf. Sofort wurde mir gesagt, dass ich ohne Umwege in den nächsten Bunker gehen sollte. So konnte ich nicht einmal zu meiner Frau und meinem Kind, die zu der Zeit schon beide in Friesland im Bunker waren. Nach dem Angriff, als ich wieder draußen war, lag alles in Schutt und Asche. Unser Haus in der Lienbahnstraße stand allerdings noch. Mein Schwiegervater hatte nicht solches Glück. Sein Haus in der Petkumer Straße war ein einziger Trümmerhaufen. Oben auf diesen Trümmern sah ich ihn stehen, als ich in die Straße kam. Er weinte bitterlich.

„Wir können auf vieles verzichten -
wenn bloß Frieden bleibt!"

Johanne Kampen

„geborene Baumfalk, Jahrgang 1915"
ist während der Gedenkfeierlichkeiten
an den schwersten Bombenangriff auf
Emden an ihre eigenen Erlebnisse erinnert
worden. Der dunkelste Tag in der
Geschichte der Stadt am 6. September
1944 wirkt in ihr bis heute nach.
Sie erinnert sich am 18. September 2010
an Folgendes:

Diesen Tag werde ich in meinem ganzen Leben nicht vergessen. Es waren die schrecklichsten Gefühle, weil ich regelrecht überrascht wurde und viele Stunden nicht wusste, ob meine Schwiegermutter mit meinem kleinen Sohn noch rechtzeitig in den Bunker gekommen ist. Nur einige hundert Meter entfernt in einem Bunker am anderen Ende der Stadt und in absoluter Ungewissheit wartete ich sehnlichst darauf, wieder in die Freiheit zu dürfen, um meine Lieben zu suchen …

Geboren und aufgewachsen bin ich in Warsingsfehn. Mein Vater arbeitete als Zimmermann und hatte nebenbei etwas Land, Kühe, Schweine und zwei Schafe, die uns mit Wolle für Winterpullover eindeckten. Alles in allem ging es uns nicht schlecht. Meine Eltern arbeiteten hart, um die Versorgung der Familie zu gewährleisten. In den Wintermonaten hatten wir auch immer genug Gemüse und „Tuffels" im Keller. Als junges Mädchen habe ich in verschiedenen Haushalten gearbeitet; zuletzt bis zu meiner Heirat bei Architekt Walter Heim in der Auricher Straße.

Mein acht Jahre älterer Mann Hermann, Jahrgang 1908, wurde gleich zu Beginn des Krieges eingezogen. Er hatte keine Ahnung vom Soldatenleben und musste zuerst nach Oldenburg zur Ausbildung. Und auch ich wurde eingezogen, obwohl ich einen kleinen Sohn hatte, doch man meinte, dass meine Schwiegermutter ja auf das Kind aufpassen könne. Wir wohnten mit ihr zusammen in einem Abschnitt der Wolthuser Straße, der jetzt Uphuser Straße heißt, unmittelbar gegenüber der Wolthuser Schule. Meine Schwiegermutter war Kriegerwitwe aus dem Ersten Weltkrieg. Ich verstand mich außerordentlich gut mit ihr.

Eines Tages im Sommer 1941 kam dann vom Arbeitsamt ein Brief ins Haus geflattert, in dem stand, ich solle mich beim Südbahnhof vorstellen. Ich sagte, dass mein Sohn noch nicht einmal ein Jahr alt sei und mich brauche. Doch das kümmerte die Mitarbeiter im Arbeitsamt nicht. Sie setzten voraus, dass meine Schwiegermutter für mich einspringen würde. So kam es dann auch.

Man schickte mich vom Arbeitsamt mit einem Zettel in der Hand direkt zum Bahnhof Emden-Süd. Dort saßen drei alte Herren, die aussahen wie jenseits von gut und böse, und meinten, ich solle Schaffnerin werden. Ich erklärte, dass ich keine Vorbildung habe und fragte: „Wie soll das denn gehen?" Doch einer der Herren antwortete: „Macht nichts. Kommen Sie morgen um acht Uhr wieder - aber ohne Hut." An diesen letzten Zusatz „aber ohne Hut" kann ich mich noch genau erinnern. Es muss Ende Juli gewesen sein und ich trug einen Sommerhut aus Stroh. Der muss dem Herrn wohl nicht gefallen haben. Ich kam dann zum Zugführer und zum Schaffner in die Lehre. Bei der Bahn blieb ich insgesamt zehn Jahre, bis zum März 1951. Kurz nachdem ich am Südbahnhof angefangen hatte, begannen die Nachtflieger unsere Ruhe zu stören, doch von der völligen Zerstörung unserer Stadt waren wir noch einige Jahre entfernt.

Eines Tages fragte mich eine Kollegin, die an der Bahnhofskasse saß, wo ich täglich vorbei kam: „Sie machen Ihre Arbeit so akkurat, wollen Sie nicht künftig an der Kasse arbeiten?" Doch mein Chef war damit nicht einverstanden und sagte streng: „Sie bleiben hier!" Doch schließlich kam ich ins Personalbüro und musste in der Lohnabteilung die Abrechnungen machen. Diese Arbeit kam mir sehr entgegen, denn ich musste nicht mehr mit der Bahn als Schaffnerin kreuz und quer durch die Lande fahren, sondern konnte nachts zu Hause bei meinem Kind sein.

Dann kam der 6. September 1944. Meine Kollegen hatten mir eine Holzkiste gezimmert, in die ich immer meine Bürosachen sortierte. Diese Kiste wollte ich wie jeden Abend in den Keller des Gebäudes am Südbahnhof tragen. Es war kurz nach Feierabend gegen 17 Uhr. Das schöne Wetter an diesem Tag ließ nicht erahnen, dass uns in kürzester Zeit der schlimmste Angriff bevorstehen würde, den die Stadt jemals erlebt hat. Als ich mit meiner Kiste bei den Mädchen von der Telefonzentrale vorbeikam, sagten sie zu mir: „Du kannst jetzt nicht mehr nach Hause. Sie sind schon im Anflug."

Vom Voralarm bis zum Alarm vergingen nur noch drei Minuten.
Mit einem Mal schoss es mir durch den Kopf: Wo mochten meine Schwiegermutter und mein kleiner Sohn Bernd in diesem Moment sein? Bernd war erst vier Jahre alt und ich vermisste ihn immer, wenn ich arbeiten ging.
In unserem Wohngebiet war der Bunker an der Wolthuser Straße der nächstliegende.

Hier suchte die Erzählerin häufig während der Bombenangriffe mit ihrer Familie Zuflucht: der Bunker Wolthusen

Ich hoffte inständig, dass Oma und Kind dort heil angekommen sind. Doch ich konnte zu diesem Zeitpunkt nicht mehr durch die Straßen vom Südbahnhof nach Wolthusen laufen, um sie zu suchen. Ich hätte durch die Neue Straße, die heutige Friedrich-Ebert-Straße, und am Ende durch die damals noch unbefestigte Wolthuser Straße gehen müssen. Das hätte ich nicht mehr geschafft. Mich erfasste eine unglaubliche Angst und Sorge, während ich mit den anderen in den nächstgelegenen Bunker am Südbahnhof ging. Un immer weer heb ick docht, ob Oma un Bernd in't Wolthuser Bunker wassen?

Der Weg von unserem Haus bis zum Wolthuser Bunker über unbefestigte Fußwege ist manchmal nicht einfach zum Passieren gewesen, besonders, wenn man es eilig hatte und mit der Sportkarre, in der wir Bernd transportierten. Auf der Straße hoch zu Ohlings Platz am Wolthuser Marktplatz standen oft Soldaten, die die ganze Gegend einnebelten, um die feindlichen Flieger abzulenken, meistens allerdings noch bevor die letzten Leute im Bunker waren. Diese stechenden Gase taten beim Einatmen weh, sodass ich Bernd immer ein Tuch vor Mund und Nase hielt, wenn wir spät dran waren und in den Bunker rennen mussten.
Doch an diesem besagten 6. September saß ich im Bunker am Südbahnhof fest und kam fast um vor Sorge um die beiden.

Als wir endlich nach Stunden/Tagen, die kein Ende zu nehmen schienen, aus dem Bunker raus durften, nachdem Soldaten überall Bescheid gesagt hatten: „Es ist vorbei", wollte ich so schnell es geht über den Wall und die Kesselschleuse in Richtung Wolthusen nach Hause laufen. Doch einige Soldaten hielten mich auf und sagten, ich könne diesen Weg nicht nehmen, weil dort überall Brandbomben lägen. Also schlug ich den Weg in die Neue Straße ein und lief so schnell ich konnte zunächst zum Wolthuser Bunker.

Mir fiel ein riesengroßer Stein vom Herzen, als ich meine Schwiegermutter mit dem kleinen Bernd dort sitzen sah. Die Leute im Wolthuser Bunker hatten keine Sirenen gehört, die Entwarnung gaben, denn durch die Bomben, die unsere Stadt in Schutt und Asche gelegt hatten, waren auch etliche Sirenen zerstört worden. Vor lauter Angst, dass noch weitere Angriffe folgen könnten, dass die Flieger wieder kommen, harrten sie vorsichtshalber im Bunker aus. Alle fürchteten sich, nach Hause zu gehen. Der Hafen blieb weitgehend verschont, wie ich später hörte, während die Stadtmitte, unser schönes Rathaus und die Wohngebiete größtenteils zerstört wurden. Wolthusen hatte nicht so viel abbekommen.

Weil Bernd hungrig war, wollte ich zu unserem Haus gehen und Butterbrote holen. Also machte ich mich vom Bunker auf den Weg und rechnete damit, nur noch Trümmer vorzufinden. Bei einem früheren Angriff waren Ziegel vom Dach geflogen und auch Scheiben waren geborsten, sodass wir vor einige Fenster Bretter genagelt hatten. Einen Handwerker, der den Schaden hätte reparieren können, gab es nicht. Die Männer waren ja fast alle eingezogen.

Zu meiner großen Freude stand unser Haus noch. Auch die Schule war noch da. Alles war zwar staubig, doch im Schrank fand ich Brot und Butter. Auch die von meinen Eltern aus Warsingsfehn mitgebrachten Lebensmittel lagen unversehrt im Schrank. Schnell schmierte ich Butterbrote, nahm sie mit in den Bunker und am anderen Morgen trauten wir uns endgültig zurück nach Hause. Ich musste ja auch schließlich wieder zur Arbeit.

Bei vielen Leuten lagen die Nerven blank in diesen Kriegstagen. Meine Schwiegermutter hat bis zu ihrem Tod immer wieder erzählt, dass sie Bernd, der bei dem Bombenangriff am 6. September ja erst vier Jahre alt war, etwas ungeduldig dazu aufgefordert hat, sich zu beeilen, als der Alarm losging. Ich hatte wirklich eine sehr, sehr gute Schwiegermutter, der ich mit größtem Vertrauen mein Kind in die Hände gab. Sie hat den Jungen immer vorbildlich behandelt.

Doch an jenem Tag, sagte sie ungeduldig zu dem Jungen, sie würde ihn da lassen, wenn er sich nicht beeilt. Das tat ihr noch Jahre später immer wieder leid, was sie oft eingestand. Diese Drohung, die sie nie in die Tat umgesetzt hätte, sollte den Jungen schlichtweg dazu bewegen, schneller zu machen, denn er saß bei Alarm splitternackt da und musste noch angezogen werden, weil er sich vorher beim Spielen draußen im Potscheklei total eingesaut hatte. Aus diesem Grund war meine Schwiegermutter gerade dabei, ihm die verdreckte Kleidung auszuziehen, als der Alarm losging. Sie hatte Not, ihn dann schnell neu einzukleiden. Wie jeder weiß, sind Kinder in dem Alter zappelig, manchmal auch trotzig und machen nicht in dem Maße mit wie die Erwachsenen es wünschen. Meine Schwiegermutter hat ihn mit dieser Drohung drängen wollen, um ihn schnell in die Sportkarre setzen und zum Bunker laufen zu können. Im Endeffekt ist meinem Sohn aus ihrem Reden kein Trauma gewachsen. Aber meine Schwiegermutter hat sich deswegen immer Vorwürfe gemacht. „Ich wollte, ich hätte das nie gesagt", meinte sie oft.

1945, als der Krieg zu Ende war, ging ich wieder ins Büro und habe mich um alles, was anfiel, gekümmert. Doch irgendwann passte es den Männern, die aus dem Krieg heimgekehrt waren oder auch den Vertriebenen aus dem Osten, die in Emden ankamen und Arbeit suchten, nicht mehr, dass ich als Frau dort arbeitete. Das bekam ich immer zu spüren. Bis 1951 blieb ich noch an meiner Arbeitsstelle am Südbahnhof. Danach hatten wir sowieso andere Pläne.

Eines Tages nach Kriegsende war mein Mann wieder zu Hause. Er hatte seine Meisterprüfung als Maler bereits vor dem Krieg abgelegt. Das war auch meinen Eltern sehr wichtig gewesen. Sie hatten zu ihm gesagt: „Bevor du nicht Meister bist, wird es nichts mit der Heirat." Und da die Eltern damals noch was zu sagen hatten, sputete er sich, um die Prüfung schnell zu schaffen.

Das kam uns nach dem Krieg zugute. Neben uns in der Wolthuser Straße hatte der Bauunternehmer Kruse ein Haus gekauft. Er sagte zu meinem Mann: „Hermann, du wirst nicht jünger. Sieh zu, dass du dich selbständig machst."

Das war ein weiser Rat, den wir befolgten. Wir richteten einen Betrieb an der Wolthuser Straße ein, den später unser Sohn übernahm und dann mein Enkel, Andreas Kampen, in der dritten Generation führte. Er nimmt heute in seinem Geschäft seine Aufträge entgegen, während wir früher einen Laden hatten, in dem wir zudem Farben und sämtliches Malerzubehör verkauften. Unser Geschäft ging gut. Wir hatten unser Auskommen und waren zufrieden.

Doch später kamen die großen Geschäfte überall in Emden dazu, sodass es sich für uns nicht mehr lohnte und wir den Farbenverkauf einstellten. Ich sattelte dann um und verkaufte stattdessen Schulhefte und alles, was die Kinder brauchten, denn die Schule war ja genau gegenüber von unserem Haus. Die Schüler kamen auch immer gerne zu mir. Sie wussten, wenn mal ein Heft vollgeschrieben war, wenn sie ein Radiergummi oder Stifte und was sonst so in der Grundschule anfällt brauchten, konnte ich ihnen helfen. Sie sagten dann immer erleichtert: „Frau Kampen hat das alles."

Ja, so schweifen die Gedanken in die Vergangenheit, wenn man älter wird. Heute lebe ich im Altenheim in der Hermann-Allmers-Straße, stricke gerne Socken für den Basar-Verkauf und lese die Zeitung. Doch immer wieder schweifen die Gedanken zurück in die Vergangenheit – wie in diesen Tagen anlässlich des Gedenkens an den 6. September 1944.
Ich bin jetzt 95 Jahre alt und denke an meine Urenkel und alle nachfolgenden Generationen. Was steht diesen Jüngeren noch bevor? Ich kann nur, wie alle, die diese schlimmen Zeiten miterlebt haben, sagen: Seht das Wesentliche und schafft keinen Nährboden für Feindseligkeiten. Wir können auf vieles verzichten - wenn bloß Frieden bleibt. Das einzige, was ich mir jetzt noch wünsche ist: Nie wieder Krieg!

Wir strauchelten durch das brennende Emden

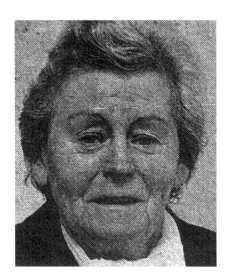

Martha Krebs
„Jahrgang 1915"
aus dem Appingagang 17 zitterte während des schwersten Bombenangriffs auf Emden im Bunker dem Ende des Terrors entgegen. Dies war am 6. September 1944. Die Erinnerungen an jenen dunklen Tag in der Geschichte ihrer Heimatstadt sind noch sehr wach.
Sie erinnert sich am 2. September 2013 an Folgendes:

Wir hatten im Büro bis abends 19 Uhr Dienst. Ich arbeitete als Chefsekretärin in der Seereederei Johs. Fritzen & Sohn am Schweckendieckplatz. Die Bürozeit war vom Staat von 48 auf 56 Stunden wöchentlich angeordnet worden. Einmal - es war gegen 18 Uhr - hatten wir gerade im Büro Frontbesuch bekommen.

Kollege Christians stattete uns in seiner schmucken Panzeruniform einen kurzen Besuch ab. Plötzlich ertönten Alarmsirenen - wie so oft bei jeder Tages- und Nachtzeit. Sofort wurden aus sämtlichen Abteilungen die wichtigsten Dokumente wie Schiffspapiere in den Panzerschrank gebracht, da Reedereibetriebe im Krieg Wehrwirtschaftsbetriebe waren.

Dann rannten wir alle sofort in den nächsten Bunker, den Bunker hinter der Commerzbank. Wir waren es gewohnt, unentwegt durch Fliegeralarm aufgescheucht zu werden. Emden war ja auch die Stadt der meisten Alarme. Seit fünf Jahren hatten wir viele Bombenangriffe hinnehmen müssen, wenngleich wir manchmal auch nur Einzugsgebiet waren.

Im Bunker angekommen, standen wir zusammen und plauderten miteinander. Wir waren jung und es gab immer viel Gesprächsstoff. Aber plötzlich ging es los. Wir spürten die Einschläge der Sprengbomben. Sehr schnell wussten wir, dass es diesmal ein direkter Angriff auf Emden war. Einschlag auf Einschlag war zu hören. Der Bunker schwankte. Das kam nur selten vor. Also mussten die Einschläge in unmittelbarer Nähe sein.

Wir wurden alle ganz still. Keiner traute sich mehr zu reden. In den anderen Kabinen fingen Frauen und Kinder an zu schreien: „Unser Haus, unser Haus!" Alle wohnten schließlich in unmittelbarer Nähe. Durch die Erschütterungen im Bunker erlebten wir alle Bombeneinschläge mit. Die Stille wurde unheimlich. Jeder wartete auf das Ende des Fliegerangriffs, auf das erlösende Entwarnungssignal. Aber nichts passierte. Auch nicht, als keine Einschläge mehr zu registrieren waren. Stunden vergingen, und es passierte nichts. Die gesamte Situation wurde nur noch unheimlicher. In den Vorräumen der Bunker hatten jeweils die Bunkerwarte dafür zu sorgen, dass keiner vorzeitig hinausging.

Kollege Christians und ich versuchten jetzt, uns zum Bunkerwart vorzupirschen. Wir wollten erfahren, was los war und warum es keine Entwarnung gab. Denn es war noch nie vorgekommen, dass es nach so vielen Stunden keine Entwarnung gab. Waren neue Einflüge gemeldet? Warum passierte nichts? Die Bunkerwarte hatten durchgegeben, dass alle im Bunker bleiben mussten - mindestens bis zum nächsten Morgen. Wir erfuhren ansonsten nicht viel mehr als dass die ganze Stadt brannte.

Wir kamen fast um vor Sorge um unsere Eltern, die keinen Bunker in Reichweite hatten. Wir konnten uns nicht vorstellen, die ganze Nacht hier verbringen zu müssen und überlegten, wie wir hinaus gelangen könnten. Wir hielten uns im Vorraum auf und warteten, bis der Bunkerwart eine Runde drehte und nicht aufpasste.
Draußen angekommen, verschlug es uns die Stimme. Schlimmes hatten wir befürchtet, aber so grauenhaft hatten wir es uns nicht vorgestellt. Jetzt wussten wir, warum niemand hinaus durfte. Ganz Emden brannte. Soweit wir sehen konnten, gab es keine Straße, in der nicht sämtliche Häuser brannten. Dazu kam der unerträgliche Phosphorqualm. Früher waren Stabbrandbomben geworfen worden, die besser zu bekämpfen waren, aber inzwischen gab es nur noch diese Phosphorbomben.

Wir steckten uns Taschentücher in den Mund, um weiterrennen zu können. Unser Büro brannte lichterloh. Wir rasten hinein, um die wichtigsten Maschinen wie Buchungs-, Rechen- und Schreibmaschinen zu retten. Unser damaliges Pflichtbewusstsein befahl uns im fünften Kriegsjahr, in dem keine Anschaffungen möglich waren, alles

Erreichbare in Sicherheit zu bringen. Wir brachten die Maschinen in eine gegenüberliegende Kellerruine.

Die Straßen waren menschenleer, aber plötzlich erwischte uns der Bunkerwart der Nesserlander Straße. Er fragte uns, ob wir lebensmüde seien, da viele Blindgänger herumlagen. Er forderte uns auf, in den Bunker zu gehen. Am nächsten Tag erfuhren wir, dass tatsächlich direkt vor unserem Büroeingang ein Blindgänger lag. Etliche Male waren wir über ihn gestiegen und hatten ihn nur durch Zufall nicht berührt.

Auf keinen Fall wollten wir im Bunker bleiben. Zum zweiten Mal fanden wir eine Gelegenheit zu türmen. Wir wollten nichts als nach Hause - falls es das überhaupt noch gab. Wir rannten durch die brennenden Straßen am Delft entlang. An der rechten Straßenseite am Wasser stand ein lichterloh brennendes Pferdefuhrwerk.

Die beiden eingespannten Pferde wälzten sich fast ganz verbrannt am Boden. Dies anzusehen war furchtbar. Als wir weiterliefen, sahen wir unser wunderschönes Rathaus, das unser ganzer Stolz gewesen war, ebenfalls lichterloh brennen. Bisher hatte es alle Angriffe überstanden, und jetzt sahen wir fassungslos die Flammen aus allen Fenstern schlagen.

Wir versuchten, durch die Neutorstraße zu kommen, aber es war unmöglich. Beide Straßenseiten brannten, sodass die Flammen in der Mitte der Straße zusammenschlugen. Es war einfach unmöglich hindurchzukommen. In der Großen Straße war es dasselbe. Beide Straßenseiten waren ein Flammenmeer. Auch dort war kein Durchkommen. Wir mussten zurück zur Ringstraße. Sie war breiter und die Flammen kamen in der Mitte nicht zusammen. Um aus der Stadt herauszukommen, gab es nur eine Möglichkeit: über den Wall.

Dort war es stockdunkel. Viele durch die Sprengbomben entwurzelte Bäume lagen quer im Weg. Wir konnten nichts sehen und strauchelten weiter durch das brennende Emden. Im Meister-Geerds-Zwinger liefen uns angebrannte Schweine und Pferde über den Weg. Sie waren aus den brennenden Ställen der Gemüsebauern am Boltentor ausgebrochen. Ihre Schmerzensschreie verfolgten uns. Schließlich erreichten wir die Auricher Straße.

Plötzlich schrillte ein Befehlston durch die Nacht: „Sofort in den Bunker!" Ein Bunkerwart erklärte mit eiserner Stimme, dass kein Mensch sich auf der Straße zu befinden habe. Im Bunker tauchten wir in der Masse unter. Wir hatten nur ein Ziel: Hinauszukommen. Und es gelang uns wieder. Draußen mussten wir uns schließlich trennen. Mein Kollege musste weiter über den Wall. Ich hatte den Weg bis zur Stadtgrenze Harsweg auf der Auricher Straße, die früher noch Adolf-Hitler-Straße hieß, vor mir. Dort nämlich befand sich mein elterliches Haus.

Die Straße war menschenleer. Hinter der Kaserne kamen zum ersten Mal Menschen aus ihren Kellern. Ich war wohl der einzige Mensch, der aus der brennenden Stadt in diese Gegend kam. Die Leute kamen auf mich zu. Alle wollten unbedingt wissen, was ich gesehen hatte. Ob womöglich das eine oder andere Haus noch stand, in dem sie Verwandte oder Bekannte hatten. Sie hatten das Flammenmeer über der Stadt gesehen.

Aus Angst um meine Eltern bin ich weitergerannt. Ich wusste nicht, ob mein Elternhaus noch stand. Aber ich wusste, wenn es nicht mehr stehen würde, waren alle tot. Einer Sprengbombe hätte der Keller auf keinen Fall standgehalten.

In der Dunkelheit nannte jemand meinen Namen. Mein ältester Bruder kam mir entgegen. Ich konnte ihn aber nicht erkennen. Jetzt erfuhr ich, dass alle überlebt haben und dass unser Haus noch stand. Mein Bruder wollte mich suchen, denn er wusste, dass ich meistens bei Alarmen versucht hatte, mit dem Fahrrad nach Hause zu fahren, statt in den Bunker zu gehen. Wir waren überglücklich, uns gefunden zu haben. Mein Bruder hatte mit unseren Eltern die furchtbaren Stunden im Keller durchgestanden.

Am anderen Morgen bin ich früh in Richtung Stadt gegangen, um zu sehen, was übrig geblieben war. Trotz allen Elends gab es eine verblüffende Organisation. Gulaschkanonen und Körbe mit geschmierten Broten waren bereits aufgestellt worden. All das war in der Nacht von den Frauenschaften der unversehrten Orte wie Aurich, Norden und Leer vorbereitet worden. Diese Frauen waren aus den Betten geholt worden, um uns hier zu helfen. Die vielen obdachlos gewordenen Menschen wurden auf diese Weise versorgt. Anschließend wurden alle entbehrbaren Personen auf das Land transportiert.

Auch eine Notpost war am Wall aufgestellt worden. Dort konnten alle Betroffenen die bekannte „Grüne Karte" bekommen, die sie ihren Angehörigen ins Feld schickten. Für sie gab es dann einige Tage Sonderurlaub für Bombenschaden. Die Karte musste vom Kreisleiter abgestempelt werden. Ich schickte auch eine solche Karte an meinen Verlobten, Adolf Dirks, da sein Elternhaus und das Geschäft total zerstört waren. Wie für jeden Soldaten war auch für meinen Verlobten Urlaub einfach alles.

Mein Verlobter hat die Karte niemals erhalten. Er war zu diesem Zeitpunkt schon als Kommandant mit seinem Schnellboot vor Triest in Italien gesunken. Aber das wusste ich noch nicht. Die Karte kam zurück …

Erinnerung an eine unheilvolle Zeit

Elfriede Limbach
„geborene Neemann, Jahrgang 1920"
steht den derzeit diskutierten Plänen, den Anlass der Korsofahrt von Schiffen und Booten bei der traditionellen Lampionfahrt in eine Werbekampagne für den Wassersport zu ändern, kritisch entgegen.
Sie denkt dabei an die Bombardierung ihrer Heimatstadt Emden vor 75 Jahren. Am 6. September 1944 wurde die Stadt zu etwa 70 Prozent zerstört. Die traditionelle Lampionfahrt im Delft soll seit Jahrzehnten alljährlich daran erinnern.
Sie erinnert sich am 27. August 2011 an Folgendes:

Aufgewühlt durch den Aufmacher in der Emder Zeitung vom 18. August „Emder Lampionfahrt verliert den Charakter als Gedenkfeier" und die Überschrift zu dem auf Seite drei nachfolgenden Artikel „Weg vom Gedenken, hin zur Werbung" muss ich mich einfach zu diesem Thema äußern, denn ich bin im 91. Lebensjahr und jene Zeit, der diese Gedenkveranstaltung gilt, ist mir noch immer sehr präsent.

Nachdem meine Eltern, Hermann und Johanne Neemann, 1941 im Haus der jüdischen Viehhändler Valk und Frieda Gossels in der Blumenbrückstaße 8 ausgebombt waren, zogen sie in meine Wohnung im Hochparterre im Bentinksweg 25, wo ich seit März 1940 wohnte. In jener Zeit war ich selbst als Bombenflüchtling mit meiner anderthalbjährigen Tochter sowie meiner Schwägerin Elly, der Frau meines Bruders Ewald, und deren kleiner Tochter nach Eltern bei Haselünne evakuiert. Mein Mann war in Russland. Er ist am 20. August 1943 gefallen. Es war für alle eine fürchterliche Zeit voller Angst und Verzweiflung.

Die Schwere des Angriffs am 6. September 1944 konnte ich aufgrund meiner Abwesenheit nur ahnen. Doch die Auswirkungen schienen im Emsland noch spürbar. Wenn sich der ganze Himmel aufgrund der Bombenabwürfe in der Ferne verdunkelte und unsere Blicke in Richtung Emden wanderten, fragten wir uns voller Sorge, was sich dort hinter dem Horizont wohl gerade ereignen würde.

Mein Vater, Hermann Neemann, befand sich ausgerechnet am 6. September 1944 auf dem Heimweg nach Emden, denn er war an diesem Tag aus dem Konzentrationslager Neuengamme entlassen worden. Am 20. Juli 1944 war er wegen angeblicher konspirativer Aktivitäten verhaftet worden. Aufgrund seiner sozialdemokratischen Gesinnung wurde nicht nur mein Vater, sondern auch die übrige Familie - unsere Mutter, meine Geschwister Johanne, Ewald und Karl - schikaniert und gedemütigt. Zur Stunde des Angriffs auf seine Heimatstadt befand sich mein Vater kurz vor Emden in einem Zugabteil. Der Zug, in dem er saß, war Ziel der Tiefflieger. Aus diesem Grund wurden alle Reisenden aufgefordert, den Zug zu verlassen, um sich in Sicherheit zu bringen.

Es muss für die Fahrgäste die Hölle gewesen sein. Hinter meinem Vater lagen schwere Wochen im Konzentrationslager und nun hatte er zudem Angst um seine Frau, unsere Mutter, die er in Emden irgendwo in dem Inferno wusste. Meine Mutter, Johanne Neemann, war auch Mitglied der SPD. Das kam noch als Risikofaktor hinzu. Dass sie den Angriff am 6. September im Bunker erlebte, wusste mein Vater nicht.

Als mein Vater schließlich nach etlichen Verzögerungen und Unterbrechungen am Bahnhof Emden-Süd ankam, brannte Emden lichterloh. Er konnte nicht an der Neuen Kirche vorbei, weil es zu gefährlich geworden wäre. Voller Angst begab er sich auf den Weg über den Wall. Wie Vater später erzählte, war dies sein schlimmstes Erlebnis. Während er über den Wall lief, fürchtete er, das Haus im Bentinksweg würde nicht mehr stehen und Mutter irgendwo tot unter den Trümmern begraben liegen. Der Weg über unseren sonst so schönen Wall wollte für ihn schier nicht enden.

Nach meiner Heirat hatte ich erst mit meinem Mann in der Schillerstraße 47 gewohnt. Dann waren wir in das Haus im Bentinksweg Nr. 25 gezogen, das mein Vater zu jener Zeit als Treuhänder verwaltete. Über uns wohnte Familie Möller und in der Dachwohnung der Hamburger Herr Larsson mit Frau und Tochter. Er war ein reizender, älterer Herr.

Als mein Vater - fertig mit den Nerven - auf dem Weg durch die zerstörte Stadt war, spürte er große Erleichterung, als er die Treppe vom Wall herunterkam, die damals direkt in den Bentinksweg führte. Er sah nämlich auf einen Blick, dass die Häuser noch standen. Herr Larsson, der zusammen mit seiner Familie die Hamburger Angriffe überlebt hatte und danach bei uns eingewiesen wurde, kam ihm entgegen, um ihn willkommen zu heißen. Unser Haus hatte nur gerettet werden können, weil Herr Larsson heldenmutig die Brandbomben mit den Händen weit in den Garten geworfen hatte.

Irgendwann kam dann noch meine sehr erschöpfte Mutter hinzu, die im Bunker alles überstanden hatte. Sie hielt meinen Vater die ganze Zeit fest. Am liebsten hätte sie ihn nicht mehr losgelassen. Doch dann ging es darum, die Gegenwart in den Griff zu bekommen.
Von all diesem Chaos, Trauer um die zerstörte, geliebte Heimatstadt, Aufregung und Verzweiflung erfuhren Elly und ich erst viele Tage später, denn Telefon und Post funktionierten nicht. Doch dann kam eine Verbindung zustande. Als ich hörte, was geschehen ist, entfachte das in mir eine Aufregung, die ich noch heute spüre, wenn ich daran denke. Auch wenn es viele Jahrzehnte her ist.

Auch die nachfolgenden Generationen sollten diesen Teil unserer Geschichte nicht verdrängen, beziehungsweise sie sollten lernen, was damals geschah. Die traditionelle Lampionfahrt am 6. September im Alten Binnenhafen in Erinnerung an die Bombennacht im Jahre 1944 unter ein anderes Vorzeichen zu setzen, nämlich in eine Werbekampagne für den Wassersport umzumünzen, wie der Hauptveranstalter der Lampionfahrt, die Reederei AG Ems, es plant, halte ich für einen großen Fehler. Dafür könnte man auch eine andere Plattform wählen.

Im Grunde sehe ich allerdings bei objektiver Überlegung keinen inneren Zusammenhang zwischen der Lampionfahrt und der Erinnerung an die Zerstörung der Stadt. Da sich aber dieser Brauch traditionell eingebürgert hat, sehe ich andrerseits keine Veranlassung, diese Gedenkveranstaltung einschlafen zu lassen.

Er kam am 6. September 1944 nach der Rückkehr aus dem Konzentrationslager vor den Toren Emdens an: Hermann Neemann (rechts), wieder glücklich vereint mit der Familie. Weiterhin auf dem Bild: Schwiegertochter Lisa Neemann, Ehefrau Johanne Neemann und Tochter Johanne Traumann, geborene Neemann (vorne sitzend). Stehend: Paul Schoy, Schwiegersohn Otto Traumann und Herr Funke, der Besitzer des Café Funke.
Die Aufnahme entstand im Oktober 1944.

Zusatz vom 22. August 2014, berichtet von Elfriede Limbach:

„In diesen Tagen fühle ich wieder den seelischen Druck des August und September 1944. Wie immer! Ich lebte damals nach drei Evakuierungen in Eltern bei Haselünne im Emsland. Ich war dort mit meiner vierjährigen Tochter Helga einigermaßen bombensicher, aber nicht ruhig untergebracht. Man hörte die schweren Todesbomber alle Tage und Nächte.

Am 20. August 1943 war mein Ehemann, Hans Eichmann, in Russland gefallen. Die Nachricht seines Todes kam allerdings erst 21. September 1943. Es war eine schwere Zeit.

Am 5. September 1944 - einen Tag vor dem schwersten Angriff auf Emden - habe ich mit meiner Mutter telefoniert, da mein Bruder, Karl Neemann, an diesem Tage seinen 37. Geburtstag hatte, den er im Kriegseinsatz im Süden Russlands durchstehen musste. Mein Bruder Ewald war in französischer Gefangenschaft. Mein Vater war nach dem Attentat auf Hitler am 20. Juli 1944 von den Nazis ins KZ Neuengamme verschleppt worden. Wir wussten nichts von ihm und Mutter allein in Emden wissend kam ich fast um vor Sorgen und Angst. Aber keiner konnte ahnen, was der 6. September 1944 unserer geliebten alten Stadt Emden bringen sollte.

Es war ein Inferno - und Mutter allein in Emden.

Mein Vater hatte - das Schicksal wollte es so - am 5. September 1944 spät nachmittags seinen Entlassungsschein aus dem KZ bekommen, woraufhin er die nächste Möglichkeit nutzte, nach Hause zu kommen. Zur Stunde des Angriffs auf Emden befand er sich, noch geschwächt von der Haft, in einem Bummelzug in Petkum. Alle Reisenden mussten den Zug verlassen und Deckung suchen. Wie er uns später berichtete, musste er einen Weg durch die Hölle antreten, bis er schließlich unser Haus im Bentinksweg fast unversehrt stehen sah. Als meine Mutter nach der Entwarnung aus dem Bunker in der Gartenstraße, der heutigen Rudolf-Breitscheid-Straße, nach Hause kam, fand sie ihren Ehemann völlig erschöpft dort vor. Er sank bitterlich schluchzend in ihre Arme und konnte sich kaum wieder beruhigen. Mein Vater war eine starke Persönlichkeit, doch in dieser Situation an der Grenze des überhaupt körperlich und seelisch Erträglichen brach wohl alles über ihm zusammen. Für meine Mutter war es ein unvorstellbares Glück, ihren Ehemann wiederzuhaben.

Von alledem ahnte ich in Haselünne nichts. Erst nach Tagen der Sorge erfuhr ich, was mit meinen Eltern und mit unserer Stadt passiert war. An einem schönen Oktobertag 1944 überraschten uns zwei Freunde meines Vaters, der Hotelier vom Central-Hotel Paul Schoy und der Besitzer des Café Funke, Herr Funke, sowie meine Schwägerin Lisa, die sich per Fahrrad auf den langen Weg gemacht hatten, um nach uns zu suchen und Bericht zu erstatten, was in Emden los war.

Eingangsbereich zur KZ-Gedenkstätte Neuengamme.

Der Verlust des Rathauses traf die Emder tief

Landwirt Hinrich Lüppen
„Jahrgang 1924"

wohnt seit seiner Kindheit auf seinem über 200 Jahre alten Hof in Wolthusen, den schon seine Eltern bewirtschafteten. Nach dem großen Angriff auf seine Geburtsstadt Emden am 6. September 1944 bekam er ein Foto geschenkt, das die Rathausruine unmittelbar nach der Bombardierung zeigt. Wie die meisten Emder traf auch ihn der Verlust des Rathauses schmerzlich. Das Bild mit den Überresten des städtischen Wahrzeichens führt er seitdem bei sich. Er erinnert sich am 23. August 2014 an Folgendes:

Am 2. August 1945 wurde ich aus der Kriegsgefangenschaft entlassen und machte mich auf den Weg zurück nach Emden. Ich war schockiert über das Ausmaß der Zerstörungen, die der Krieg hier hinterlassen hat.

Wie für alle Emder war der Anblick der Trümmerlandschaft und besonders des zerstörten Rathauses ein Schock von Nachhaltigkeit bis zum heutigen Tage. Als ich hier ankam, trug ich noch immer ein Foto eingenäht in meinem Hosenbund vom zerstörten Rathaus bei mir. Ich hütete es wie meinen Augapfel, nachdem mir ein Bekannter das Foto geschenkt hatte. Franz Oberländer war in Emden Soldat der Marine-Artillerie-Abteilung, der 6. MAA. Er stammte aus St. Blasien im Schwarzwald und konnte gut fotografieren. Nach dem Krieg blieb er vorerst in Emden, wo er im Keller des AOK-Gebäudes Zwischen beiden Bleichen einen Gravur-Betrieb führte. Erst in den 1950er Jahren ging Franz Oberländer zurück in seine Heimat im Schwarzwald.

Als ich 1944 in der Normandie verwundet wurde, kam ich in ein Lazarett zunächst in Paris, wo inzwischen Wehrmachtsverbände eingezogen waren. Auf Umwegen wurde ich - bevor alliierte Truppen und französische Widerstandskämpfer am 25. August 1944 Paris eingenommen hatten - von Paris nach Imnau bei Hechingen in Baden-Württemberg transportiert, wo ich weiterhin im Lazarett lag. In Paris hatte ich nach einer Operation in einem sogenannten Vorzeigezimmer zusammen mit elf Jungen der Division Hitler-Jugend gelegen.

In Imnau hörte ich im Radio vom Angriff auf Emden am 6. September 1944. Die Nachricht hat mich in große Sorge um meine Familie versetzt. Es war nur eine Kurzmeldung im Radio, etwa „Die Stadt Emden wurde stark bombardiert und größtenteils zerstört", doch diese paar Worte hatten durchschlagende Wirkung. Es ist schrecklich, wenn man verwundet im Bett liegt und solche Sätze hört, die einen in höchste Aufregung versetzen. Ich konnte nichts mehr tun als hoffen, dass zu Hause nichts passiert ist, was sehr unwahrscheinlich war. Allerdings war unser Hof bereits knapp ein Jahr zuvor, am 27. September 1943, nach einem Bombeneinschlag abgebrannt. Das Vorderhaus war allerdings stehengeblieben und drum herum wurde später auf unserem Grundstück in der Wolthuser Marktstraße nach dem Krieg wieder aufgebaut.

Im Oktober 1944 wurde ich aus dem Lazarett entlassen und durfte nach Emden in Genesungsurlaub. Mit der Bahn näherte ich mich meiner Heimatstadt. Was würde mich hier erwarten?, fragte ich mich. Als ich am Bahnhof Emden-Süd angekommen war und ausstieg, wurde ich gleich mit Fliegeralarm empfangen. Emden hatte wirklich eine harte Zeit damals.

Meiner Familie ging es gut. Als ich mich einmal mit Franz Oberländer traf, zeigte er mir einige Aufnahmen, die er vom zerstörten Emden geknipst hatte. Weil ich mich besonders für das Foto vom gerade zerstörten Rathaus interessierte, schenkte er es mir. Dieses Foto bedeutet mir bis heute sehr viel. Schließlich zeigte es die Ruine unseres Rathauses. Was würde von den Überresten unseres Rathauses übrig sein, wenn ich nach meinem Genesungsurlaub wieder fort muss und dann irgendwann zurück nach Emden komme? Dieses Foto war eine letzte und für mich einzigartige Erinnerung an das alte Emder Rathaus, das 1576 eingeweiht und in kürzester Zeit durch Bomben am 6. September 1944 vernichtet wurde.

Kurz vor Beendigung meines Heimaturlaubes packte ich meine Sachen. Auch das Foto vom Rathaus wollte ich bei mir tragen. Ich legte es in mein Soldbuch, um es nicht zu verlieren.

An das alte Rathaus habe ich viele Erinnerungen. Als ich zum Beispiel bei der Feuerwehr war, habe ich während der Bereitschaft im Rathauskeller geschlafen. Wenn wir vom Larrelter Polder kamen, fuhren wir auf dem Weg zu unserem Wolthuser Hof mit den Getreidewagen durch die Große Straße und dann durch den Rathausbogen, um über die Brückstraße auf kürzestem Weg nach Wolthusen zu gelangen. Nach dem 6. September 1944 mussten mein Vater und seine Mitarbeiter Umwege fahren, und zwar über den Markt und dann durch die Bollwerkstraße. Das Rathaus war immer Mittelpunkt der Stadt. Man sah es von verschiedenen Richtungen und es war immer Hauptfotomotiv. Viele Emder betrauern bis heute unser altes Rathaus.

Das Bild von der Rathausruine nach dem 6. September 1944, aufgenommen von Franz Oberländer

Seit Oktober 1944 trug ich das Foto vom zerstörten Rathaus, dem letzten Anblick von unserem Emder Kleinod, zunächst in meinem Soldbuch. Als ich im Mai in Kriegsgefangenschaft kam, nahmen uns die Amerikaner alles ab: Spiegel, Taschenmesser, Fotos - einfach alles, was wir besaßen. Um dem vorzubeugen, dass man mir auch das Bild vom Rathaus abnehmen würde, faltete ich das sechs mal neun Zentimeter kleine Foto mit Rand zwei mal - längs und quer - und nähte es in den Hosenbund meiner Wehrmachtshose ein. In jener Zeit ergab sich ja selten einmal die Gelegenheit, seine Sachen zu waschen, so dass das Bild in meiner Hose eingenäht relativ sicher war. Von Mai 1945 bis zu meiner Entlassung aus der Kriegsgefangenschaft im August

1945 verwahrte ich das Foto auf diese Weise im Hosenbund. Es war sozusagen mein Talisman. Heute ist das Bild in meinem Fotoalbum. Dieses Foto ist eine Erinnerung an meinen alten Bekannten Franz Oberländer, der 1900 geboren wurde und dessen Geburtsdatum ich mir leicht merken kann: am 5. 5. 55 ist er 55 Jahre alt geworden.

Ein Trost für die Emder war ein Neubau des Rathauses mit der Eröffnung zum 6. September 1962 - genau 18 Jahre nach der Zerstörung.

Neutorstraße mit Rathaus (rechts),
links daneben das zerstörte Geschäftshaus der Firma Kracht, ehemals Max Steinberg

„Bitte lass mich nicht im Stich …"

Coba Nauschütt
„geborene Heyen, Jahrgang 1917"
denkt an ihren Schwiegervater.
Er hat sich um die sozialen Belange der
Menschen in dieser Stadt sehr bemüht …
Sie erinnert sich am 28.08.2004
an Folgendes:

Gerade in diesen vergangenen Wochen, in denen der 60. Jahrestag der Zerstörung meiner Heimatstadt näherrückte, bin ich in Gedanken verstärkt in diese Zeit zurückgegangen. Und in diesem Zusammenhang denke ich besonders oft an meinen Schwiegervater, der sich in den schlimmen Zeiten fast selbstlos um andere Menschen gekümmert hat.

Karl Nauschütt (Jahrgang 1881) war ein ganz erstaunlicher Mann. Selbst die Zeit im Konzentrationslager konnte ihn nicht brechen, denn er wäre eher daran kaputt gegangen, wenn er sich hätte fügen müssen. Noch gut kann ich mich daran erinnern, als mein Schwiegervater das letzte Mal aus dem Konzertrationslager kam. In Neuengamme bei Hamburg musste er zuletzt mehrere Wochen ausharren, weil er als Gewerkschaftssekretär den Gestalten der Geheimen Staatspolizei störend im Weg stand.

An jenem Tag kurz nach dem 6. September 1944 kam mein Schwiegervater sozusagen direkt aus dem Konzentrationslager nach Emden. Weil er sein Heim in der Graf-Johann-Straße bereits bei einem früheren Bombenangriff verloren hatte, steuerte er das Haus seiner jüngsten Tochter, Mariechen Spohler, in der Cirksenastraße Nr. 84 an. Bei ihr und ihrem Mann Friedrich, der als Filialleiter des Konsums in der Schillerstraße und später, nach dem Krieg, im Konsum An der Schlichte arbeitete, hatte Karl schon vorher gewohnt - bevor ihn die Gestapo abholte. Mit ihm waren auch die Emder Karl Wagner, der in der Graf-Johann-Straße ein Textilgeschäft betrieb, der Kohlenhändler Lorbecki aus der Großen Straße und Hermann Neemann, der Leiter der AOK, dessen Sohn später Emder Oberstadtdirektor wurde, von der Gestapo ins Konzentrationslager gesteckt worden.

Insgesamt konnte mein Schwiegervater vier KZ-Aufenthalte in seinem Lebenslauf verzeichnen. Und nun befand er sich auf der letzten Etappe seiner Heimkehr, einem Fußmarsch von Neermoor nach Emden. Noch wusste er nichts von der fast totalen Zerstörung seiner Heimatstadt. Fast blind vor Erschöpfung, ausgelaugt und übermüde stapfte er als damals 63-Jähriger die Landstraße entlang. Am Körper trug er wieder seine Arbeitskleidung, die er als Nieter auf den Nordseewerken angehabt hatte, als die Gestapo kam, um ihn abzuführen.

Der Anblick der Überreste des Emder Rathauses wie er sich Karl Nauschütt nach dessen Heimkehr im September 1944 bot. Vor dem Torbogen der Ruine stehen sein Bruder Hermann und dessen Ehefrau.

Auf seinem Weg durch Petkum, Borssum und schließlich die Emder Innenstadt, wo er vor Erschöpfung und Trauer über die Ruinen des Rathauses fast ohnmächtig wurde, dachte er an all die Mithäftlinge, die ihm die Kraft gegeben hatten, durchzuhalten. Zum Beispiel an Fritz Frerichs und Willi Krökel aus Wilhelmshaven, mit denen er im Lager heftig diskutiert hatte. Dass er sie niemals wiedersehen würde, konnte er zu jener Zeit nicht ahnen. Auch dachte er an den fiebrigen Blick von Dr. Kurt Schumacher, der trotz seines langen Aufenthaltes im Lager durch seine intellektuelle Art auffiel. Kurt Schumacher, der SPD-Politiker, der 1931 bis 1933 im Reichstag saß und dann für eine lange Zeit in das Konzentrationslager gesteckt wurde, teilte das Schicksal meines

Schwiegervaters für eine kurze Strecke ...
Direkt vom Arbeitsplatz hatten die Gestapo-Leute Karl abgeholt. Sein Fahrrad brachten sie der Familie mit den Worten: „Ihr Vater kommt heute Abend nicht nach Hause." Als Hitler an die Macht kam, war er entlassen und arbeitslos geworden und bekam erst später die Stelle auf den Nordseewerken. Als er geholt wurde, hatte er nicht einmal mehr die Gelegenheit gehabt, sich von seinen Kindern zu verabschieden.

Nur wenige Tage vor dem 6. September 1944 machte im Konzentrationslager die Nachricht die Runde: Ein einzelner SS-Mann vermittelte, dass einige entlassen werden sollten. Karl drückte Fritz und Willi aus Wilhelmshaven zum Abschied die Hand. Er nahm seine Kleider, die er am Tag der Ankunft ablegen musste, in Empfang, und schwor sich, nun erst recht alles zu tun, um den Sturz des Systems zu beschleunigen.

Der Zug beendete seine Fahrt in Neermoor. Dort hieß es: „Raus aus dem Zug, Angriffsgefahr." Es war der 6. September 1944. Karl beobachtete mit Schrecken von Neermoor aus den Angriff auf Emden. Eine riesige Rauchwolke stieg auf und legte sich über ein weites Gebiet nordöstlich der Stadt. Wo er für die nächsten Stunden oder Tage Schutz suchte, weiß ich nicht.

Als Karl nach langem Fußmarsch in die Stadt kam, stieg immer noch Rauch aus den Trümmern auf. Er kam durch Petkum und es schüttelte ihn vor Angst, weil er nicht wusste, was er denn sehen würde, wenn er in die Stadtmitte kam. Das Gestapo-Gebäude lag in Schutt und Asche. Ein Omen für die Zukunft?, dachte er. Auch dachte er an seine Kinder. Würden sie noch ein Zuhause haben nach alledem?

Und immer wieder kehrten die Gedanken an das Konzentrationslager zurück. An den Galgen, der zur Abschreckung vor seinem Fenster aufgebaut war, die roten und blauen Punkte auf den Jacken der Häftlinge, die nach Farben und damit Gefahrengruppen für das herrschende Regime sortiert waren.

Als Karl die Cirksenastraße erreichte, waren seine Tochter Mariechen und ihr Mann Friedrich gerade auf dem Weg aus dem Bunker in Transvaal zu ihrem Haus. Das Nachbarhaus in der Cirksenastraße Nr. 86 brannte lichterloh. Vermutlich hatten Funken der noch glühenden Trümmer den Brand ausgelöst. Quasi direkt nach der Rückkehr aus dem Konzentrationslager nach langem Fußmarsch hat sich Karl unmittelbar daran gemacht, die Flammen zu löschen. Als Mariechen und Friedrich aus dem Bunker ihr Haus erreichten, war Karl gerade mit den Löscharbeiten beschäftigt.

Die Familie wohnte in einem Doppelhaus der Selbsthilfe, und für Mariechen und ihren Mann stand fest, dass da nichts mehr zu retten war. Mariechen sagte zur Begrüßung: „Vater, da kannst du nichts mehr machen." Sie wusste auch, dass die Flammen nicht auf ihr Haus übergreifen würden, weil eine Brandmauer zwischen den Doppelhäusern errichtet worden war.

Ganz gelassen, vermutlich um nicht durchzudrehen, kochte sie eine Erbsensuppe und sagte zu ihrem übermüdeten, völlig erschöpften Vater: „Iss erst einmal einen Teller Suppe …."

Ein neues Rathaus für die Emder entsteht: Jakobus Nauschütt, der Sohn von Karl Nauschütt, mit Sohn Peter stehen vorne am Geländer. Die Aufnahme entstand im Jahre 1959.

„ ... im Interesse einer baldigen Gesundung"

Maßgeblich am Wiederaufbau der am 6. September 1944 zerstörten Stadt Emden war Karl Neemann (1908-1992), der erste Oberstadtdirektor, beteiligt.

Bevor er im Dezember 1945 zurückkehrte, hätte er sich den Anblick seiner Heimatstadt nicht so katastrophal vorgestellt. Als er im Frühjahr 1944 Emden verließ und am Ende des Folgejahres aus russischer Kriegsgefangenschaft völlig ausgemergelt nach Emden zurückkam, fand er die Stadt als riesiges Trümmerfeld vor. Er war tief erschüttert und sammelte aus diesem Eindruck heraus alle Energien, um an der Neugestaltung seiner Stadt entscheidend mitzuwirken. Am 31. Mai 1946 wurde Karl Neemann - aus neun Bewerbern - zum ersten Oberstadtdirektor gewählt. Er war damals 36 Jahre alt.

Die Neemanns waren eine politische Familie. Lesen war ein wichtiger Bestandteil in ihrem Alltag. In der Familie wurde auch viel geredet und oftmals heftig diskutiert, meistens über politische Themen. Und Stoff gab es immer genug. Vater Hermann Neemann, geboren 1884, war sozialdemokratischer Senator der Stadt Emden und Leiter der Emder Krankenkasse, der AOK, sein Sohn Ewald Stadtdirektor in Esens.

Karl Neemann absolvierte 1927 sein Abitur. Danach startete er als Volontär bei der Landesversicherungsanstalt (LVA) in Hannover, wo er bis 1933, bis zur Machtergreifung der Nationalsozialisten, arbeiten durfte. Dann wurde er im Zuge des am 7. April 1933 erlassenen Gesetzes zur „Wiederherstellung des Berufsbeamtentums" auf die Straße gesetzt. Als Sozialdemokrat galt er als „Vergifter" des Berufsbeamtentums. Unter dieser Entscheidung von höherer Stelle hat er sehr gelitten.

Nach seiner Entlassung als Beamter der LVA zurück in Emden im Mai 1933 hat Karl Neemann seine Familie zunächst nicht finden können, weil sie in einer Nacht- und Nebelaktion aus der Dienstwohnung im alten Trakt der AOK Zwischen beiden Bleichen ausziehen musste. Die Familie fand Unterschlupf in der August-Bebel-Straße bei Alfred Mozer, Leiter des Volksboten, einer sozialdemokratischen Zeitung. Dieser befand sich ebenfalls in großer Gefahr, floh nach Holland und wurde später Begründer der Euregio-Mozer-Kommission für Belange der europäischen Region im deutsch-niederländischen Grenzgebiet. Die Stadt Nordhorn, die in diesem Gebiet liegt, hat später eine Straße nach ihm benannt.

Vor der Wahl von Karl Neemann zum Oberstadtdirektor sagte Oberbürgermeister Georg Frickenstein, der die Familie Neemann seit langem kannte, in einer Sitzung: „Lassen Sie mich zunächst die Entscheidung des Personal- und Gehaltsausschusses vortragen. Beide Ausschüsse haben sich einstimmig für die Wahl von Herrn Neemann zum Oberstadtdirektor ausgesprochen ..." Ratsherr Max Schieritz (SPD) merkte an, dass für das Amt des Oberstadtdirektors nur jemand in Frage käme, der Antifaschist und überzeugter Demokrat gewesen ist. Bei einem neutralen Kandidaten wisse man nicht, zu welcher Gesinnung er sich künftig entwickeln könne.

Nach seiner Wahl schrieb Karl Neemann an seine Verwaltung: „...Von allen Bediensteten der Stadtverwaltung und der städtischen Betriebe erwarte ich gerade in der augenblicklichen Zeit der wirtschaftlichen Notlage der städtischen Verwaltung wie der Bevölkerung äußerste Pflichterfüllung im Interesse einer baldigen Gesundung unserer Vaterstadt ... Jeder unter uns soll sich als Diener der gesamten Bevölkerung unserer Heimatstadt fühlen. Deshalb erwarte ich im dienstlichen Verkehr mit der Einwohnerschaft stets hilfsbereites Entgegenkommen und Höflichkeit sowie unbedingte Rechtlichkeit in jeder Amtshandlung ..."

Neemann wurde etwa ein halbes Jahr nach seiner Rückkehr aus Gefangenschaft zum ersten Oberstadtdirektor Emdens gewählt. Nach dem von den Alliierten eingeführten Kommunalgesetz war der Oberbürgermeister nicht gleichzeitig Chef der Verwaltung. Erst 1998 endete diese Regelung mit dem Ausscheiden von Dr. Jürgen Hinnendahl als Oberstadtdirektor und der Übertragung der Verwaltungsaufgaben auf Oberbürgermeister Alwin Brinkmann (SPD).

Karl Neemann war 26 Jahre Oberstadtdirektor und hat das Amt wesentlich geprägt. In seiner Familie schmunzelte man noch Jahre nach seiner Ernennung über folgende Episode: Unmittelbar nach seiner Wahl musste er beim Militärgouverneur vorsprechen. Der fragte ihn: „Sind Sie nicht viel zu jung?"

Karl Neemann, einst zum Verwaltungschef berufen und zweimal vom Rat wiedergewählt, starb 1992 an den Folgen einer Krebserkrankung. Er wurde 84 Jahre alt. Ihm folgten vier Oberstadtdirektoren - bis 1998 das Amt in die Hände des 139. Stadtoberhauptes, Alwin Brinkmann, gelegt wurde.

Der Alte Markt vor und nach dem 6. September 1944

Aus Improvisation entwickelte sich Kreativität

Bodo Olthoff
„Jahrgang 1940"
gebürtiger Emder, Grafiker, Maler.
Er erinnert sich am 08. November 2008
an Folgendes:

„… Es gibt einige Malereien, an denen ich besonders hänge. Zum Beispiel das Triptychon, das ich in Erinnerung an den 6. September 1944 gemalt habe. Ich habe in das Bild ein Motiv eingearbeitet, das für mich persönlich eine besondere Bedeutung hat:

Wir haben unser Haus 1943 in der Seumestraße und unser gesamtes Hab und Gut, Bücher, Möbel, alles, was uns in dem Haus am Herzen lag, verloren. Das Haus, in dem ich mit meinen Eltern sowie meinen älteren Geschwistern Marga, Ingrid und Hans-Jürgen gewohnt hatte, wurde 1943 durch Bomben zerstört und ist später am 6. September 1944 vollständig ausgeglüht und in sich zusammengefallen. Noch im Jahre 1944 sind wir in die Ludwig-Uhland-Straße gezogen.
Als die Bomben 1943 auf Emden fielen, konnte ich von meinen Sachen nur eine einzige Postkarte behalten, denn ich befand mich als kleiner Junge wegen einer Scharlacherkrankung in Lükens Klinik. Meine Mutter und wir Geschwister waren üblicherweise, wenn es zu schlimm wurde, im Bunker, bei meiner Tante in Nortmoor oder bei anderen Verwandten. Bei jenem Bombenangriff hielt ich mich jedoch in der Klinik auf.

Mein Vater hatte mir eine Feldpostkarte aus Norwegen, bei seiner Einheit in Neumünster abgestempelt, an unsere Adresse „Neue Heimat, Block III" geschickt, weil es zu jener Zeit noch keine Straßenbezeichnungen gab. Meine Mutter hatte mir die Karte in die Klinik mitgebracht. Jedenfalls war die Karte das einzige Persönliche, das durch diesen Zufall nicht beim Brand unseres Hauses vernichtet wurde.
Auf der Rückseite der Karte, die zwei große, in eine Richtung zeigende Pferdeköpfe hinter einem Stacheldrahtzaun zeigt, schrieb mein Vater:

„Lieber Junge! Herzliche Grüße von den vielen Pferden sendet Dir Dein Vater. Machst die schönen Hüttipferde leiden? Sei schön lieb und artig und mache Deiner Mutti Freude. Einen ganz dicken Kuss von Deinem Papa."

Früher war es unter anderem üblich, Kinder schlicht mit Junge oder Mädchen anzureden. Ich wurde im Freundeskreis, von Kollegen und Bekannten immer „Bodje" genannt. Dieser Name impliziert sowohl meinen richtigen Vornamen als auch meine Liebe zu Booten.
Viele Jahre später: In ein Seitenteil meines mehrere Quadratmeter großen in Öl gemalten Triptychons habe ich diese Kinderzeichnung eingearbeitet. Das Werk hing anlässlich des 60. Jahrestages der Zerstörung Emdens am 6. September 1944 im Rathausfestsaal.

Meine Mutter, Marie von Emden, wurde in Aurich geboren. Ihre Eltern, Karl, mit dem Nachnamen „von Emden", und Elise von Emden, geborene Siebels, die ursprünglich von Norderney kam, besaßen in Aurich eine Spedition. Außerdem hatte mein Großvater gegenüber der Firma eine Mühle in der Mühlenwallstraße, die aber Ende der 1950er Jahren abgerissen wurde, als die nach Emden führende Hauptstraße ausgebaut werden sollte. Um die Handelsschule zu besuchen, ging meine Mutter nach Emden. 1918 kehrte sie zurück nach Aurich, wo sie im Rathaus tätig war. Sie lernte meinen Vater, Johann Olthoff, in Aurich kennen und heiratete ihn 1928.

Mein Vater wiederum stammte aus Leer und kam nach Aurich, weil sein Vater Leiter der Sparkasse in Aurich wurde. 1934 zogen meine Eltern nach Emden, wo nach ihren beiden Töchtern mein Bruder Hans-Jürgen und ich geboren wurden. Ich kann mich noch erinnern, als mein Bruder und ich, die wir nur ein Jahr auseinander sind, des Nachts im selben Zimmer in unseren Betten lagen und von der großen Welt träumten, wenn wir vom Hafen ein Nebelhorn hörten oder das Nieten der Schiffe auf der Werft. Dann haben wir uns die Schiffe vorgestellt, woher sie kamen und wohin sie fahren würden …

…. Die Kreativität beim Malen und überhaupt die Kreativität sehe ich ursächlich in unserer entbehrungsreichen Zeit in Emden. Wir waren ausgebombt und hatten schlichtweg nichts. Die Kinder wühlten in den Trümmern und aus den wenigen Gegenständen, die sie in der

Natur oder in den Schutthaufen fanden, haben sie etwas konstruiert - entweder dank physischer Kräfte mit den Materialien oder sie haben geistig-intellektuell etwas bewegt. Aus Improvisation entwickelte sich Kreativität. So sind in Emden einige Söhne und Töchter mit ihren Ideen wie Phönix aus der Asche hervorgekommen.

In diesem Zusammenhang fällt mir eine Episode ein: Mein Bruder Hans-Jürgen hatte einen Freund in Pilsum namens Gerdje Jürjens. Als ich einmal - es muss 1952 oder 1953 gewesen sein - mit meinem Bruder nach Pilsum geradelt bin, um Gerdje zu besuchen, zeigte seine Mutter uns ein angekohltes Stück Papier. Ganz schwach konnte man erkennen, dass es ein Stück einer Rechnung war, denn auf dem Briefkopf stand: „Dreesmann & Penning." Dreesmann & Penning war eine Kohlenhandlung in Emden. Außerdem stand etwas von gelieferten Briketts auf dem Schein. Gerdjes Mutter hatte diesen Schein über Jahre aufbewahrt, denn er hatte eine Geschichte. Beim Bombenangriff am 6. September 1944 muss durch den starken Luftdruck, als die Stadt in Flammen stand, dieses Rechnungsblatt dermaßen hochgewirbelt sein, dass es aus dem zerbombten Büro der Kohlenhandlung kilometerweit flog. Immerhin haben die Jürjens das Papier nach der verheerenden Bombardierung Emdens in ihrem Garten in Pilsum gefunden. Gerdjes Mutter fragte Hans-Jürgen und mich, ob wir den Angriff in Emden miterlebt haben. Sie schluckte erschüttert, als wir ihr sagten, wir hätten im Bunker vor Angst gezittert. All die Jahre hatte Gerdjes Mutter diesen Zettel aufbewahrt, weil er doch in gewisser Weise ein Zeugnis für das Ausmaß des Unheils war, das den Emdern damals widerfahren ist. Übrigens habe ich später von anderen Bekannten in Ihlow gehört, dass auch bei ihnen unmittelbar nach Bombenangriffen auf Emden angebrannte Schriftstücke niedergeregnet sind.

Irgendwann im Leben steht man vor der schwierigen Entscheidung, womit man seine Lebenszeit ausfüllen möchte. Die meisten Menschen haben sicherlich mehrere Interessen und tun sich schwer, was sie nun zu ihrem Beruf wählen wollen. Ich wollte einerseits Profifußballer werden, andrerseits auch ein seriöses Studium aufnehmen. Schließlich ging ich in die künstlerische Richtung und war glücklicherweise nicht ein Repräsentant der brotlosen Kunst, sondern konnte meine Familie ernähren. Meine Wurzeln in Emden trage ich täglich mit Stolz in mir, auch wenn ich räumlich woanders wirke und wohne. Meine Verankerung mit der Küste dokumentiert zum Beispiel mein Lieblingsbild, der „Navy-Man", ein Ölbild, das ich 1982/83 gemalt habe. Ausgehend vom Pfahl im Meer, der meine Bodenständigkeit symbolisiert, zeigt der obere Teil den Kopf eines Marine-Soldaten mit dem typischen Häubchen auf dem Kopf. Verschiedene Schattierungen weisen auf Leegwater und Hochwater, also auf Ebbe und Flut hin.

Veranlasst zu diesem Bild haben mich Ausgrabungen in der Burgstraße, die ich im Jahre 1950 verfolgt habe. Da hat man archäologische Funde gemacht und unter anderem im Morast steckende Pfähle entdeckt, die noch aus der Römerzeit stammten. Mit diesen Pfählen verbinde ich sozusagen meine Emder Wurzeln. An diese Pfähle habe ich oft gedacht und mir vorgestellt, wie stark unser Emder Fundament sein muss, dass sie diese Jahrhunderte überdauert haben …."

**Annegret Reints
60 Jahre alt
Berliner Straße 3
Hausgehilfin**

Annegret Reints beschäftigt sich in ihrer Freizeit sehr gerne mit ihren fünf Enkelkindern. Sie spielt mit den Kleinen und freut sich über deren Fortschritte.

Was empfinden Sie beim Anblick von Bildern der alten Stadt Emden?

Wenn ich Gegenden sehe, die ich noch aus meiner Kinderzeit kenne, hätte ich noch viele Fragen an meine Eltern. Auch kommen meine Erinnerungen zurück. Wie an den 6. September 1944, einen Tag vor meinem zehnten Geburtstag. Wir sind von unserem Haus in der Burgstraße in den Bunker gestürzt. Meinen Puppenwagen mußte ich zurücklassen. Später fand ihn in den Ruinen unseres Hauses wieder. Er war völlig verkohlt. Meine Mutter hatte vor dem Alarm noch Wäsche in einem Topf auf den Herd gestellt. Als nachher mein Vater den Deckel anhob, fiel die Wäsche einfach in sich zusammen.

Aus der Serie „Emden und ich", erschienen in der Emder Zeitung vom 8. April 1995

Mit eiskalten Händen froren wir im Schulunterricht

Maria Schwarze

"geborene Littmann, Jahrgang 1932" kann sich an eine Schulzeit mit vielen Entbehrungen erinnern. In der Serie „Emder erzählen" von 2000-2005 berichtete sie Folgendes:

Ostern 1939 bin ich in die Herrentorschule eingeschult worden. Während der ersten Monate verlief das Schulleben für mich relativ ruhig. Allerdings gab es nur wenig Schulmaterial.

Wie fast alles in jener Zeit waren auch die Materialien für uns Kinder sehr knapp. Ich hatte einen ererbten alten Tornister mit einer Schiefertafel, einen selbstgehäkelten Topflappen zum Abputzen und einen Griffelkasten. Bücher hatten wir Kinder so gut wie keine, und wenn, dann wurden sie von den größeren Schülern an die nachfolgenden Klassen weitergegeben. Kurz bevor ich in die Herrentorschule eingeschult wurde, war diese erst fertiggestellt worden. Während des Krieges, also kurz danach, musste sie geräumt werden, weil sie als Lazarett für die Kriegsmarine umfunktioniert wurde.

Wenn ich an meine Kindheit denke, höre ich noch heute den Fliegeralarm in meinen Ohren. Früher lagen im Emder Hafen viele U-Boote. Aus diesem Grund hatten es die Engländer mit ihren Bombenangriffen auch auf die Stadt und den Hafen abgesehen. Als die Luftangriffe immer stärker zunahmen, wurde jedes Stadtviertel einem bestimmten Luftschutzbunker zugeordnet. Der Krieg wurde immer heftiger. Der Schulunterricht fiel natürlich immer häufiger aus.

Wir wohnten damals in der Kranstraße. Von dort gingen wir Kinder abends mit unseren Habseligkeiten in den Lienbahn-Bunker zum Schlafen. Eine Zeitlang war fast jeden Abend Alarm, und die Leute liefen um ihr Leben. Am Morgen gingen wir vom Bunker zuerst nach Hause und von dort zur Schule.

Auf dem Schulweg gingen meine Freundin und ich jede auf einer anderen Straßenseite, um Granatsplitter und schön gezackte Bombensplitter zu sammeln. Diese tauschten wir später mit anderen Kindern. Wenn es wieder einmal einen Bombenangriff gegeben hatte, bei dem unsere Schule getroffen worden war, brauchten wir oft einige Wochen gar nicht zum Unterricht zu gehen. Essen gab es auf Lebensmittelmarken. Für Schuhe und Kleidung brauchte man Bezugsscheine, aber die reichten meist nicht aus.

Heute kann man es sich kaum noch vorstellen, wie es damals an fast allem mangelte. Häufig gingen wir morgens mit hungrigem Bauch in die Schule. Bevor der Unterricht begann, stellten wir uns alle in der Klasse auf und sagten: „Heil Hitler, Herr Lehrer!" Und der antwortete: „Heil Hitler, liebe Kinder!" Erst nach dieser Art der Begrüßung durften wir uns setzen. Ab und zu kamen Leute vom Gesundheitsamt, um unsere Köpfe nach Läusen zu untersuchen. Wer von Läusen geplagt war, bekam einen Läusekamm und eine Flasche mit einer Lösung, die man auf den Kopf schütten und diesen mit einem Handtuch umwickeln musste.

Seife war damals auch sehr knapp. Und in den Strohsäcken, auf denen wir im Bunker schliefen, hatten sich die Flöhe breitgemacht und quälten uns sehr. Bei sternenklarem Himmel wetteten wir, ob es Fliegeralarm gab. Die Wahrscheinlichkeit war jedenfalls sehr hoch. Immer war eine strenge Verdunkelung vorgeschrieben, damit ja kein Lichtschein durchs Fenster nach draußen fiel. Jeder hatte eine kleine Taschenlampe, mit der er behutsam umging, weil es ja kaum Batterien zu kaufen gab.

Wenn man während des Alarms das Brummen der Flieger hörte und die sogenannten „Christbäume" am Himmel standen, dann wurde es Zeit, ganz schnell in den Bunker zu gehen. Und dann dauerte es oft nicht mehr lange, bis die ersten Bomben fielen und die Flak zurückschoss. Durch all diese Wirren ließ auch die Motivation nach, in der Schule intensiv zu lernen. Die Lehrer waren immer froh, wenn die Kinder heil zu Hause bei ihren Müttern oder Großmüttern angekommen waren. Die Väter waren ja fast alle im Krieg, und wir sahen sie kaum. Meine Mutter gab mir immer eine Mahnung mit auf den Weg: „Komm sofort von der Schule nach Hause und gehe nicht in die Trümmer, um nach Sachen zu suchen!"

Dann kam der 6. September 1944. Meine Mutter und wir Kinder hatten Kartoffeln gerodet, waren am späten Nachmittag zu Hause angekommen und hatten uns gerade die Hände gewaschen, und schon gab es Alarm. Unsere Koffer und Taschen - alles stand im Flur immer griffbereit - wurden gegriffen und ab in den Bunker, so schnell wie möglich. Es dauerte nicht lange und schon fielen die ersten Bomben. Emden wurde in dieser Nacht plattgemacht.

Unser Bunker hatte auch einige Bomben abbekommen und in der Mitte einen Spalt. Es drang Gas in den Bunker und in einer Zelle waren schon neun Tote zu beklagen. Als wir den Bunker mit Gasmasken und Tüchern vor dem Gesicht verlassen mussten, begleiteten uns einige Feuerwehrmänner zu dem Bunker am Bahnhof-Süd.

Als die Rot-Kreuz-Schwestern mit Kaffee und belegten Brötchen kamen, war es für uns Kinder herrlich, endlich etwas zu essen zu bekommen. Unsere Schule war auch von Bomben getroffen worden. Wieder einmal hatten wir schulfrei.

Als wir später nach Borssum in die Schule mussten, gab es dort weder Fenster noch Türen, geschweige denn eine Heizung. In mangelhafter Kleidung und mit halb abgefrorenen Händen saßen wir in den Schulbänken. Gelernt haben wir unter diesen Bedingungen auch nicht viel.

Übrigens mussten wir von der Kranstraße zu Fuß nach Borssum und zurück laufen. Als ich und meine Klassenkameraden die Schule beendeten, waren wir von acht geforderten Schuljahren tatsächlich höchstens vier in der Schule gewesen.

„… da waren wir endlich wieder alle vereint"

Reinhard Siemers
„Jahrgang 1926"
möchte besonders die jüngere
Generation auf die Ereignisse des
6. September 1944 aufmerksam machen.
Damals wurde Emden zum großen
Teil zerstört. Er erinnert sich
am 09. September 2000 an Folgendes:

Viele Menschen, die in der Nachkriegszeit geboren sind, können sich kaum vorstellen, was es heißt, innerhalb weniger Minuten alles zu verlieren. Und besonders an diese Menschen, die den schwärzesten aller Tage in Emden, den 6. September 1944, nicht miterlebt haben, möchte ich meine heutige Erzählung richten.

Vor 56 Jahren war der Tag, an dem Emden völlig von Bomben zerstört wurde. Für uns Emder hat sich in dieser Woche wieder einmal der Tag gejährt, an den sich ältere Bürger noch erinnern. Damals nämlich sank der Kern unserer Stadt in Trümmer und Asche. Innerhalb von zwanzig Minuten hatten viele Emder alles verloren. Plötzlich standen sie nicht nur ohne Heim da. Nein, die Bomben hatten ihnen alles genommen: ihr Bett, in dem sie bis dahin geschlafen hatten, den Stuhl, auf dem sie gesessen und das Dach, unter dem sie gewohnt hatten. Mittellos und nur mit den Kleidern am Leib, die sie gerade trugen, als der Alarm losging und sie in den Bunker flüchteten, standen sie nun vor einer Zukunft, die sich kaum einer auszumalen vermochte.

Mein Heim war damals in der damaligen Geibelstraße, die heute August- Bebel-Straße heißt. Dort wohnte ich mit meinem Bruder Heinz und unseren Eltern, David und Anna Siemers, geborene Jakobs. Das heißt, zur Zeit des 6. September 1944 war ich gerade bei der Marine in Bremen auf der Werft AG Weser beschäftigt. Außer Glasschaden hatten wir in unserer Wohnung keine nennenswerten Schäden zu beklagen. Damit waren wir eine der wenigen Familien, die an jenem 6. September nicht obdachlos geworden waren.

Im Sommer 1940 erlebte Emden den ersten Luftangriff. Danach brachte der Bombenkrieg - vier Jahre lang - immer größere Zerstörungen. Aber bis zum 6. September 1944 war das alte Stadtbild fast noch vollständig erhalten. Doch dann kamen die Bomber und luden ihre Bombenlast noch einmal ab, und der Stolz der Jahrhunderte sank tödlich getroffen dahin. Keiner, der eine ganze Stadt in diesem Feuersturm untergehen sah, glaubte, dass sie sich jemals wieder nach dieser Vernichtung erheben würde.

Doch die Stadt hat sich wieder erhoben. Dank der damaligen Stadtverwaltung und der Emder Bürger sowie der aus der Gefangenschaft entlassenen Wehrmachtsangehörigen und Flüchtlinge ist sie in einem neuen Gewand wieder auferstanden. Und unsere Generation darf stolz sein auf das, was im Wiederaufbau unserer Stadt in wenigen Jahren geleistet wurde.

Bei diesem Wiederaufbau waren besonders zwei Aufgaben vordringlich: Es musste der Wohnungsnot und den Anforderungen des modernen Verkehrs Rechnung getragen werden.

Die Chance, einen ganzen Stadtkern neu aufbauen zu müssen - und auch zu können - ist uns Emdern einmalig geboten worden. Diese Chance richtig zu nutzen, war eine schwere Aufgabe für die Menschen, die damit konfrontiert waren. In vielleicht 100 Jahren werden unsere Nachfahren die Tat unseres Wiederaufbaus erst richtig zu würdigen wissen.

Nicht nur unser altertümliches Stadtbild wurde im letzten Krieg zerstört, viele Bewohner wurden persönlich getroffen. Sei es, dass ihnen ein Mensch, der ihnen nahe stand, entrissen wurde, sei es, dass sie Hab und Gut verloren haben. Zwar kann man Häuser und Hausrat wiederbeschaffen, aber es gibt auch Dinge, die für ihren Besitzer einen unschätzbaren Wert darstellen, der durch Geld niemals zu ersetzen ist. So mag in den Kreisen derer, die den Untergang unserer Stadt am eigenen Leibe, am eigenen Gut erlebten, noch heute manch ungestilltes Leid getragen werden. Und das soll an einem Tag wie dem 6. September, an dem die Menschen auch in dieser Woche wieder ihrer Vergangenheit gedachten, wieder in Erinnerung gebracht werden.

In der Hoffnung, dass wir, um die Wunden zu heilen, die der Krieg unserer Stadt zufügte, getan haben, was wir konnten und was in unseren Kräften stand, möchte ich unsere heutigen Stadtväter an die Worte aus Goethes Faust erinnern. Da heißt es sinngemäß: „Was du ererbt von deinen Vätern, erwirb es, um es zu besitzen."

Nach über 1000 Luftalarmen und etwa 70 Bombenangriffen begann am 6. September 1944 um 18.45 Uhr die große Zerstörung aus der Luft. Es vergingen knapp 20 Minuten, bis das letzte Flugzeug wieder abgedreht hatte.

Der Feuerschein wölbte sich über den Trümmern von 3400 total zerstörten, über 700 schwer und 400 leichter beschädigten Häusern. Außerdem waren sieben große Behelfs-Wohnbaracken vernichtet. Der Angriff forderte 40 Tote - unter ihnen sechs Ausländer - und über 100 Verletzte. Der Emder Christoph Georg Dallinga hat ja vor kurzem eine Namensliste aller Bombentoten in Emden zusammengestellt.

Nach damaliger Schätzung wurden in den besagten 20 Minuten 1500 Sprengbomben, darunter mindestens vier Luftminen und 60 bis 70 Bomben mit Langzeitzünder, etwa 3000 Phosphorbomben, 500 Flüssigkeitsbrandbomben, 10 000 Stabbrandbomben und einige Flammenstrahlbomben abgeworfen. Diese Angaben habe ich von meinem Vater, der zu jener Zeit beim Bombenräum- und Sprengkommando der Emder Luftschutzpolizei, kurz SHD, arbeitete.

Der Flammenschein über der zerstörten Stadt war bis über Ostfriesland hinaus sichtbar. Es war nicht der letzte Bombenangriff. Etwa 20 folgten noch, doch die konnten nicht mehr viel vernichten. Das alte Emden war bereits am 6. September 1944 gestorben. Eine halbe Million Kubikmeter Trümmerschutt war alles, was bei Kriegsende von Alt-Emden übrig geblieben war. Auf etwa 300 Millionen Reichsmark wurden die gesamten Schäden durch den Bombenkrieg für die Stadt Emden geschätzt. Aber Zahlen und Bilanzen sagen nur wenig über Leid, Leben und Tapferkeit der damaligen Emder Bevölkerung.

Gut, dass es damals nach dem Krieg Menschen gab, die diesen Müllberg beseitigt und entsorgt haben, ohne über die entstehenden Kosten zu klagen. Um zum Schluss meiner Erzählung noch kurz auf das zurzeit aktiv diskutierte Emder Müllproblem zu sprechen zu kommen, möchte ich erwähnen, dass damals zweimal in der Woche der Hausmüll entsorgt wurde. In einfachen Tüten stellte man den Müll vor die Tür. Es gab keine genormten Mülleimer und es war auch egal, wi eviel Müll man an die Straße stellte. Und trotzdem - oder vielleicht gerade deshalb - konnten wir unsere Stadt sauber halten. Für ihre Arbeit bekamen Müllwerker Lebensmittelkarten für Schwerarbeiter. Das bedeutete im Vergleich zur einfachen Lebensmittelkarte konnte für ihre etwas mehr Brot oder Fett bezogen werden. Darüber hinaus bekamen die Schwerstarbeiter, die körperlich noch mehr als die Müllwerker gefordert waren, wie zum Beispiel Hafenarbeiter oder Eisenbahner im Tages- und Nachtdienst, noch ein paar mehr Zuschläge.

Der Lohn betrug für ungelernte Arbeiter 50 Reichspfennig und für ausgelernte Facharbeiter zwischen 75 Reichspfennig bis zu einer Reichsmark. Entsprechend dieser Entlohnung, die sehr karg ausfiel, wurde auch die Altersrente berechnet, mit der noch heute viele damalige Arbeiter herumknapsen müssen.

Im August 1945 wurde ich aus der Gefangenschaft entlassen. Vater war schon nach dem Frankreich-Feldzug nach Emden zurückgekommen, und mein Bruder Heinz kehrte im November 1945 aus der Gefangenschaft zurück. Da waren wir endlich wieder alle vereint.

Bunker Emsmauerstraße.

„He Du! Das ist gar keine Bombe!"

Edgar Susemiehl
„Jahrgang 1934"
ist ein Emder Junge
und hat einiges von den Kriegswirren
mitbekommen. Auch den Bombenangriff
am 6. September 1944 hat er miterlebt.
Er erinnert sich am 09. Februar 2008
an Folgendes:

Die Friesentherme gibt es in Emden jetzt seit gut einem Jahr. Und einige Meldungen während des Baus dieses neuen Schwimmbades haben mich an Ereignisse erinnert, die bereits über 60 Jahre zurückliegen …

Mein Vater, Edgar Susemiehl senior, war Zugwachtmeister bei der Polizeireserve und ist zu Anfang des Zweiten Weltkrieges zum Sicherheitsdienst dienstverpflichtet worden. Zu seinen Aufgaben gehörte es, die bei Bombenangriffen zerstörten Häuser zu bewachen, vor Plünderern zu schützen und im Falle von Blindgängern, die sich in die Erde der Grundstücke gebohrt hatten, das Gebiet weiträumig abzusperren. Im letzteren Falle musste eingehend untersucht werden, wo sich die Bomben befanden.

Die Dienstzimmer des Sicherheitsdienstes wechselten oft die Gebäude. Die erste Unterkunft der Sicherheitsdienstgruppe meines Vaters war beim Bauern Groenhagen auf dem Buschplatz. Später wechselten sie in das Vereinshaus auf dem Sportplatz der SA, dem heutigen Sportplatz von FT03 an der Petkumer Straße. Dann zogen sie in die nächste Unterkunft, und zwar in das Gebäude vom „Blauen Kreuz" am Kattewall. Ich habe noch ein Foto, auf dem mein Vater und seine Kollegen im großen Saal der Einrichtung zu sehen sind. Sie sitzen bei irgendeiner Veranstaltung, allerdings nicht wie es sich für eine Einrichtung dieser Art gehört vor einer Tasse Tee oder Kaffee, sondern vor geöffneten Bierflaschen. Nächste und letzte Unterbringung war dann nach der Zerstörung der „Blaukreuz"-Einrichtung durch Fliegerbomben das Paulinenstift an der heutigen Bollwerkstraße.

Ich kann mich noch daran erinnern, dass mein Vater mit mehreren Kameraden zum Steinweg abkommandiert wurde, um dort wegen des Verdachts auf einen Blindgänger das Gelände weiträumig abzusperren. Es war in jenem Gebiet, auf dem heute die Häuser der Isensee-Stiftung stehen. Früher gehörte das Grünland auf jenem Gelände zur Uttumer Ziegelei.

Es muss wohl Winter gewesen sein und schlechtes Wetter. Jedenfalls war das Gelände schwer begehbar. Nachdem die Männer schon längere Zeit alles abgesperrt hatten ohne fündig geworden zu sein, seien Kinder zu meinem Vater gekommen - so erzählte er mir später - und sagten zu ihm: „He, du, Polizei, das ist gar kein Blindgänger. Das ist nur ein Stück Blech von einer Bombe."

Die Kinder damals, die immer in den Straßen unterwegs waren und alles genau beobachteten, kannten sich meistens besser mit den örtlichen Gegebenheiten aus als die Erwachsenen. Nachdem mein Vater das Gelände genauestens untersucht hatte, ging er davon aus, dass die Kinder recht hatten.

Um ein Stück Blech zu bewachen, war mein Vater mit seinen Leuten natürlich nicht ausgerückt. Also vergewisserte er sich doppelt und dreifach und kam zu dem Schluss, dass die Kinder mit ihrer Vermutung tatsächlich richtig lagen.

Mein Vater hob daraufhin eigenmächtig die Absperrung auf, kehrte mit seinen Kameraden aufs Revier zurück und machte dort Meldung. Vom Vorgesetzten gab es mächtig Schelte. Wieso er ohne höheren Befehl einfach eine Blindgänger-Absperrung aufheben könne, musste mein Vater sich anhören. Die Rüge war sicherlich gerechtfertigt, denn es lag eine hohe Verantwortung bei den Zuständigen, doch mein Vater war sich seiner Sache sehr sicher und ging davon aus, dass die Männer auf dem schnellsten Wege besser in gefährdeteren Gebieten Personen vor nicht explodierten Bomben schützen mussten - und zwar auf dem kürzesten Weg, ohne lange bürokratische Umschweife.

Als Kind war ich auch oft in den Straßen unterwegs. Wir Kinder haben die Gefahren ja eher aus dem Blickwinkel des Abenteurers gesehen. Kurz vor Kriegsende 1945 wurden wir Kinder zusammen mit unserer Mutter allerdings zu meiner Tante nach Uphusen evakuiert. Der heutige Emder Ortsteil gehörte damals noch zum Landkreis Norden. Von dem Haus meiner Tante konnte ich bis zu meinem Elternhaus in der Memeler Straße hinüberschauen.

Bevor wir Emden verließen, habe ich manche Stunde bei Bombenalarm in unserem Keller verbracht. Mein Vater hatte dort einen Raum zum Luftschutzkeller hergerichtet. Dort suchten wir dann immer auf einer Pritsche mit Strohlager Schutz. Bei einem der Angriffe lag plötzlich die Kelleraußentür samt Rahmen mitten im Keller. Als im Laufe des Krieges die Bombenangriffe immer gefährlicher wurden, gingen wir in den Keller der Herrentorschule. Manchmal erschien es uns auch dort zu gefährlich. Dann ging meine Mutter abends zum Schlafen mit uns drei Kindern zu Großvater in die Kranstraße und bei Alarm durch den Hahnjesgang in den Lienbahnstraßen-Bunker.

Als dann der Bunker in der Hamhuser Straße fertig wurde, bekamen wir dort ein Drei-Etagen-Klappbett zugeteilt. Auch hatten wir dort eine Bunkerbank mit Sachen, die wir unbedingt retten wollten. Ich kann mich noch an einige der vielen Bombenangriffe erinnern:

Hinter dem Rathaus auf dem Gelände der Gasthauskirche sollte ein Bunker gebaut werden. Zu den Bauarbeiten, bei denen auch viele menschliche Knochen gefunden wurden, benutzten die Arbeiter einen Baukran, der aber bei einem Bombentreffer zerstört wurde. Der Bunkerbau musste daraufhin abgebrochen werden.

Als ich eines Morgens aus dem Fenster sah, konnte ich erkennen, dass die Ländereien des heutigen Bezirksfischereiverbandes (BVO) überflutet waren. Es bot sich der freie Blick auf den Verbindungskanal, denn zwei Bomben hatten den Deich getroffen. Mit Arbeitsschuten waren die Löcher provisorisch geschlossen worden.

Beim Angriff am 27. August 1944, nur wenige Tage vor dem fatalen 6. September, spielten wir in der Nähe des Bunkers. Aus Richtung Osten sahen wir bei Voralarm ein Geschwader Flugzeuge kommen.

Soldaten der Fluko, die sich auch beim Bunker aufhielten, schickten uns plötzlich eiligst in den Bunker. „Die geben Zeichen zum Bombenabwurf", hörte ich plötzlich jemanden rufen. Die beiden ersten Flugzeuge zogen eine Rauchfahne hinter sich. Bei diesem Angriff sind im Herrentorviertel diverse Häuser ausgebrannt. Auch wir blieben nicht verschont. Auf unserem Grundstück und im Haus hatten wir neun Brandbomben.

Am 6. September 1944 kauften mein Bruder und ich uns Badehosen - eine Sonderzuteilung - bei Wibben in der Neutorstraße. Plötzlich gab es Voralarm. Um schnell wieder mit der Familie zusammenzusein, liefen wir Richtung Bunker Lienbahnstraße weiter. In Höhe Courbière-Straße gab es Vollalarm. Jetzt liefen wir, was wir konnten.

Am Bunker Hamhuser Straße hörten wir schon die Flieger und dann fielen auch schon die ersten Bomben. Als wir nach dem Angriff aus dem Bunker durften, habe ich den Kirchturm der Neuen Kirche brennend umkippen sehen …

All diese Erlebnisse und Eindrücke haben wir ohne psychologische Betreuung überlebt. Es sind Eindrücke, die immer noch im Bewusstsein sind: Scheinwerfer, die den Himmel nach feindlichen Flugzeugen absuchten, und wenn sie eines geortet hatten, sah man die Explosionswolken von den Flakgranaten …

Sperrballons rund um Emden, italienische Nebeltruppen, die die Stadt einnebelten, die „Scheinfabrik" im Bereich der heutigen Thorner und Heilsberger Straße, um die Angriffe dorthin umzulenken. Wer weiß noch, wo sich rund um Emden die Flakbatterien befanden? Wer kann sich erinnern an die Soldaten, die nach der Kapitulation im Gänsemarsch am „Ems-Jade-Kanal in die Gefangenschaft liefen? Wo kamen sie her? In welches Lager mussten sie? Wer erinnert sich noch an die Panzersperren, und an die dicken Bomben, die an fast jeder Brücke angelegt wurden, um sie zu sprengen? Wer erinnert sich, dass Marienwehr unter Beschuss stand, weil dort eine Flakbatterie vermutet wurde und die dabei getöteten Tiere in Uphusen als Freibankfleisch verkauft wurden?

An all das dachte ich wieder, als ich von der Früchteburger Bombe in der Zeitung gelesen habe …

Für den Blindgänger, der bei den Bauarbeiten für die Friesentherme gefunden wurde, habe ich eventuell eine Erklärung dafür, was sich damals auf dem Gelände hinter dem Hallenbad, wo früher Eckengas Ziegelei stand und wo im Stichkanal vom Stadtgraben ausgehend lehmbeladene Kähne aus Hinte anlegten, ereignet haben könnte:

Nach den Erzählungen meines Vaters könnte sich die erwähnte Episode bei einem Luftangriff auf Emden im Winter oder Frühjahr 1941 zugetragen haben. Zum Beispiel fielen am 9. Januar 1941 in der Zeit von 1.28 Uhr bis 2.50 Uhr 250 Brandbomben auf die Stadt. Zum Glück gab es keine Toten und Verletzten. Eine gute Woche später - am 17. Januar 1941 - hagelten ab 6.44 Uhr fünf Sprengbomben und 200 Brandbomben auf Emden. Dabei kamen sieben Menschen um. Vier wurden verletzt.

Insgesamt gingen zwischen 1940 und 1945 rund 7170 Sprengbomben und gut 56 000 Brandbomben auf die Stadt nieder. Es gab zahlreiche Tote und Verletzte. Wie viele Blindgänger noch in unserer Erde stecken, ist sicherlich schwer ganz genau auszumachen.
Viele Bomben sind schadlos in der Erde und können erst gefährlich werden, wenn es zu Bauarbeiten kommt.

Als ich nun in diesen Tagen wieder an den Zeitungsartikel erinnert wurde, den ich im Sommer 2005 gelesen habe, musste ich wieder an den Vorfall denken, über den mein Vater erzählte. In dem Bericht stand, dass 6500 Emder evakuiert werden mussten, weil eine Fünfzentnerbombe aus dem Zweiten Weltkrieg bei den Vorbereitungen für den Bau der Friesentherme entdeckt worden war und entschärft werden sollte.

Es könnte sich um die Bombe handeln, die man auf jenem Gelände vermutete, auf dem mein Vater für die Absperrung zuständig gewesen ist. Das, was die Kinder als Stück Blech von einer Bombe definierten, könnte das Leitwerk jenes Blindgängers gewesen sein, den man Jahrzehnte später beim Bau der Friesentherme gefunden hat, denn die Bombe, die man im Steinweg vermutete, ist ja trotz intensiven Suchens nie gefunden worden ...

In der 591. Folge der Serie „Emder erzählen" vom 29. März 2008 unter der Überschrift „Überall taten sich damals Barrieren auf" geht der 78-jährige Jürgen Meyer aus Pewsum auf den Beitrag von Edgar Susemiehl ein:

„…. Besonders hat mich die Erzählung von Edgar Susemiehl interessiert, der vor einigen Wochen in der am 9. Februar erschienenen 586. Folge dieser Serie über die Erlebnisse seines Vaters berichtete und über den Bombenfund beim Bau der Friesentherme. Es ist schon erstaunlich, wie in diesem Zusammenhang nach mehreren Jahrzehnten Antworten gefunden werden. Ich erinnere mich ebenfalls an einige Erlebnisse und daraus resultierende Fragen aus vergangenen Zeiten, die mich immer noch mehr oder weniger intensiv beschäftigen.

Als ich ein Kind war, betrieben wir eine Landwirtschaft in Spetzerfehn. Von dort konnten wir bei klarem Wetter sehen, wenn über Emden Bomben abgeworfen wurden. Das war furchtbar anzusehen. Die Geschwader flogen über uns hinweg und kurz darauf sah man schon die Bomben fallen. Wir konnten auch gelegentlich sehen, wenn die Geschwader über uns hinweg nach Bremen oder Hamburg flogen. Dass sie diese Ziele verfolgten, erfuhren wir aus dem Radio. Feindliche Flugzeuge, die sogenannten Bomber, die von der Flak abgeschossen wurden, kamen bei uns in den Feldern herunter. Dort lagen sie in Trümmern. Später brachten die Alliierten Begleitschutz-Flugzeuge mit. Dann wurden nicht mehr so viele Flugzeuge abgeschossen, beziehungsweise kamen unsere Flugzeuge auch zum Abschuss.

„Durch Eintracht wachsen kleine Dinge"

Für die Menschen in Emden ist der 6. September 1962 ein ganz besonders Datum. An diesem schönen Spätsommertag zieht es viele Bürger in das Zentrum ihrer Stadt, denn die Feierlichkeiten zur Einweihung ihres Rathauses stehen bevor. Hans Susemihl ist zu dieser Zeit Oberbürgermeister.

Auch die Emderin Erika Voss freut sich auf diesen Tag. Für sie gilt es als besondere Ehre, aktiv an den Festlichkeiten teilnehmen zu dürfen. Im Collegium musicum der Oberschule für Mädchen hatte sie als Geigerin unter der Musiklehrerin Hertha Krieschen jeden Mittwoch bei der Probe für die Rathauseinweihung in ihrem Orchester, das sich aus Schülern, Lehrern und Eltern zusammensetzt, geübt. Werke von Haydn, Mozart und Telemann stehen auf dem Programm.

Genau kann Erika Voss sich heute noch erinnern, wie sie in ihrem Orchester, am Anfang und am Ende, gewissermaßen als Umrahmung der Feierstunde, am Vormittag des 6. September 1962 im vollbesetzten Rathausfestsaal vor Bürgern und Politikern die „Zweite Geige" spielte. Sie erzählte: „Die Bühne im Rathaus war viel zu klein. Wir saßen eingeengt wie die Heringe in der Büchse."

Bei den Proben und auch bei der Generalprobe für den großen Tag war äußerste Konzentration angesagt. Um diese zu gewährleisten, wurde sogar der Uhrmacher Dietsche, der im Nachbarhaus des Rathauses sein Geschäft betrieb, gebeten, sein Glockenspiel für die Zeit der Übungen abzustellen. Das Glockenspiel mit seinem klaren Klang erhellte damals die gesamte Kleine Brückstraße mit Liedern wie: „Üb' immer Treu und Redlichkeit".

Das ursprüngliche Rathaus Emdens, ein Gebäude im Renaissancestil, wurde in den Jahren von 1574 bis 1576 errichtet. Es galt als Symbol des Wohlstandes der Stadt. Über dem Eingang ist - früher wie heute

- der Wahlspruch der Stadt zu lesen: „Concordia res parvae crescunt" (durch Eintracht wachsen kleine Dinge).

Am 6. September 1944 kamen 46 Menschen ums Leben, die Innenstadt wurde verwüstet und das Rathaus zerstört. Viele Emder konnten es nicht fassen und liefen, sobald sich die Bunkertüren geöffnet hatten, beim Anblick der Ruine ihres Wahrzeichens weinend über den Rathausplatz. Doch die Emder gaben nicht auf. 15 Jahre später - 1959 - nahmen sie den Bau eines neuen Rathauses auf den Fundamenten des ursprünglichen in Angriff, dessen Fertigstellung mit einer großen Einweihung gefeiert wurde.

Vom Wahnsinn und dem Glück, einen Becher Kakao zu haben

Hinderk Valentin
„Jahrgang 1937"
hat als kleiner Junge mit Mutter und Geschwistern eine Odyssee erlebt, um dem Untergang seiner Heimatstadt Emden nach der Bombardierung am 6. September 1944 zu entfliehen. Mit seinen Kinderaugen und Ohren hat er vieles aufgenommen, was ihm noch heute lebhaft in Erinnerung ist:

„Dies sind meine Erinnerungen an die Zeit, als ich fünf bis acht Jahre alt war, und zwar in den Jahren 1943 bis 1945.

Ich bin im Oktober 1937 in Wolthusen in der Marktstraße geboren, circa 100 Meter von der Kirche und Schule entfernt, in einem alten, idyllischen Dorfkern mit Kirche, schöner Volksschule, Kolonialwarenladen, Bäckerei, Gemeindehaus und Warft mit einer kleinen Burg, weiterhin große und kleine Bauernhäuser und viele kleine Wohnhäuser und Gassen, gelegen am Ems-Jade-Kanal sowie anderen Kanälen und Wasserläufen. Das war unsere Welt.

Meine Eltern sind Gerhard Valentin (1899-1977) und Meta Valentin, geborene Stöhr (1902-1996). Eingeschult wurde ich mit fünfeinhalb Jahren 1943 in Wolthusen. Von da an bekam ich auch mit der großen Welt zu tun, denn es war ja Krieg. Der Krieg, der von Deutschland zuerst weit weg getragen worden ist, kam immer näher in Gestalt von Bombenflugzeugen. Wir lebten ständig mit Voralarm, Alarm, Vollalarm und Entwarnung. Gott sei Dank und sehr lobenswert sind in Emden ja viele starke Bunker gebaut worden, so auch in Wolthusen circa 800 Meter von der Schule entfernt.

Wenn Unterricht war und es gab Voralarm, mussten wir die Strecke schnell zum Bunker rennen. Ich kann mich noch sehr gut an das Geklappere unserer Schiefertafeln und Griffel im Ranzen erinnern. Auch der nasse Schwamm und der Wischlappen flog uns beim Rennen um die Ohren.

Wir mussten aber so schnell rennen, weil an der Landstraße von italienischen Soldaten die Nebeltonnen aufgedreht wurden, um eine Vernebelung von Emden zu erzeugen. Der Rauch war sehr beißend. Dies alles kam sehr oft vor. Ständig war das laute Geballere der Flakgeschütze um Emden zu hören. Abends waren oft die langen Finger der Scheinwerfer am Himmel zu sehen. Sie sollten Flugzeuge suchen. Anstatt Bilder von Tieren, Natur oder Häusern zu malen, malten wir

Flugzeuge, die Bomben und Fallschirme vom Himmel regnen ließen. Was wir natürlich nicht ahnten: Es steuerte alles auf ein Inferno zu. Unsere Familie war inzwischen auf acht Kinder angewachsen.

Unser Vater muss aber doch eine Ahnung gehabt haben, denn er ließ unter unser sehr altes Haus einen sehr starken Luftschutzkeller bauen. Er hat also Hermann Göring nicht getraut. Eines Tages - es war der 27. September 1943 -, als wieder einmal ein schwerer Angriff geflogen wurde, saß meine Mutter mit den sechs kleineren Kindern und, wie so oft, mit acht bis zehn der nächsten Nachbarn im Keller. Ich erinnere mich noch gut an stundenlanges Flugzeuggedröhne und Explosionen. Die Luft im Keller war sehr schlecht. Die Kerzen waren ausgegangen. Einige der Anwesenden jammerten. Auf einmal war alles still.

Wir wollten raus, aber die Kellertür ließ sich nicht öffnen und auf dem Fensterschacht lag eine dicke Betonplatte. Ich weiß nicht, wie lange wir so verbracht haben und was so geredet wurde. Jedenfalls hörten wir auf einmal die sehr markante Stimme unseres Nachbarn Aeilt Theesen. Der rief: ‚Sind ji da drinn, und leben ji noch?'

Ich weiß es noch wie heute. Die Freude war groß. Er musste aber, was wir nicht wussten, mit ein paar Leuten die Trümmer unseres Hausgiebels und die Betonplatte vom Kellerschacht entfernen. So kamen alle unversehrt heraus.

Was war geschehen? Unser Haus war völlig zerstört. Trotz des Totalschadens unseres Hauses konnten wir alle aus dem Bunker unseres Vaters geholt werden. Auch mindestens fünf Häuser in der Nachbarschaft, der Kolonialwarenladen von Ahrends sowie der kleine Bauernhof meiner Großeltern vor der Schule waren zerstört. Alles war platt. Dies wurde mir auch von dem sehr bekannten Wolthuser „Onni" Bruns bestätigt. Er hat oft mit Mutter und Geschwistern in unserem Keller gesessen.

Mein Vater war inzwischen eingezogen worden. Ich kann mir nicht richtig vorstellen, wie meine Mutter (natürlich mit Hilfe) uns über die nächste Zeit gebracht hat. Aber als Kind bekommt man ja Gott sei Dank nicht alles mit. Wir spielten sogar auf den Trümmern und suchten nach Brauchbarem. Wohnen konnten wir einige Zeit bei Onkel und Tante. Danach wurden wir sowie andere ausgebombte Familien in Baracken untergebracht, und zwar in der Nähe des heutigen Markant-Marktes und Sportplatzes. Dort konnten wir wieder alle wohnen.

Ich ging weiter zur Schule in Wolthusen. Drei meiner älteren Schwestern waren im Haushalt bei Bauern in Kost und Logis. So klappte es sicher einigermaßen mit der Versorgung. Wenn man heute von Glück spricht in unserer überversorgten Zeit, dann kann ich mir vorstellen, dass unsere Mutter sicher glücklich war, wenn sie uns abends satt mit Milch oder Brotsuppe im Bett hatte.

Aber es sollte noch viel schlimmer kommen. Die Bombenangriffe nahmen immer mehr zu. Es hieß, dass Emden in der Einflugschneise lag. Immer öfter mussten wir bei Tag und Nacht in den Bunker flüchten. Wenn meine älteren Schwestern uns nachts anziehen mussten, schimpften sie oft mit uns Kleineren, weil wir im Stehen einschliefen. Einmal wollte ich unbedingt meinen Roller mit haben. Da ist auf der Wolthuser Straße die Schraube vom Hinterrad verlorengegangen. Ich habe mich hingeworfen, um die Schraube zu suchen. Aber man hat mich hochgerissen und unter Bombenhagel in den Bunker gebracht. Dabei muss mir ein Stück Holz oder ein Splitter in den Oberschenkel gefahren sein, denn ich hatte eine große Wunde. Die Narbe ist noch heute zu sehen. Es wurde immer schlimmer mit den Bomben. So hat man uns und viele andere Bewohner in dem Bunker untergebracht. Wir bekamen eine Ecke mit Bunkerbank und Etagenbetten zugeteilt. Das ging sicher so recht und schlecht. Aus meiner heutigen Sicht: Meine Hochachtung vor den Menschen, die aus diesem Chaos noch etwas machen mussten.

Dann kam der 6. September 1944. Ich wusste natürlich nicht, was für ein Tag gerade war und musste wie immer ins Dorf zur Schule. Da wir schon länger nachts im Bunker geblieben waren, hatten wir Kontakt mit vielen Kindern. Wir spielten wie so oft auch an diesem Nachmittag rund um den Bunker und tobten uns aus. Plötzlich wurden alle sehr barsch in den Bunker gescheucht, wo schon viele Leute waren. Es herrschte Großalarm. Die großen eisernen Türen wurden von innen verriegelt. Es wurde gemunkelt, dass große Bomberverbände nach Deutschland unterwegs waren. Auch meine älteste Schwester hatte das gesagt. Sie war zu der Zeit beim „FluKo" im „Lindenhof" im Dienst.

Was jetzt kommt, kann ich nur mit dem Wort „Hölle" ausdrücken: Irgendwann am Nachmittag begann ein furchtbares Bombardement. Es war so ein lautes Getöse, als ob Züge über unseren Köpfen rollten. Der ganze Riesenbunker zitterte und bebte. Wir hatten uns eng an unsere Mutter geschmiegt. Dem Schicksal ergeben. Die Beleuchtung war ausgefallen und es brannten nur noch die roten Notleuchten.

Viele Menschen hielten es nicht mehr aus. Es wurde geschrien und laut gebetet. Dazwischen immer wieder Rufe von beherzten Männern: „Wast ruhig; uns Bunker holt!" Ich muss gestehen: Auch in mir kam ein Angstgefühl hoch. Unsere Mutter schluchzte leise vor sich hin.

Nach vielen Stunden musste man aber doch die Türen öffnen. Die Lüftung war nicht mehr in Ordnung. Es waren Alte und Kranke, auch Asthmakranke auf Tragen mit im Bunker. Diese brauchten mehr Luft. Als die Tür in unserer Nähe aufstand, habe ich mich mit rausgeschlichen, obwohl es draußen noch donnerte und blitzte. Ich weiß es noch wie heute: lautes Flugzeuggebrumme, die Scheinwerfer suchten am Himmel und die Flak schoss.

Über Emden stand eine riesige Feuerlohe. In der Luft standen lange rote, gelbe und grüne Fahnen. Die Älteren sagten, das seien Phosphorbomben. Damit sollte der Brand noch verstärkt werden. Gleichzeitig ging von Mund zu Mund, die Emder Innenstadt sei zerstört und brenne. Viele Jahre später wurde mir von der Familie meiner Frau aus Ihrhove erzählt, dass man von dort aus gut hatte sehen können, wie Emden in Flammen stand.

Außerhalb des Bunkers war die Luft natürlich auch sehr schlecht und es war zu gefährlich. Ich musste auch wieder in den Bunker. Ich glaube, dass ich dann bis zum nächsten Morgen geschlafen habe. Am nächsten Morgen war alles still. Es herrschte aber ein großes Gewusel. Jeder wollte schnell nach Hause, um zu sehen ob etwas passiert war. Auch meine Mutter ging mit mir zu unserer Baracke. Welch ein Schicksal: zum zweiten Mal ausgebombt! Von den Holzbaracken waren nur noch die nackten Betonfundamente übrig. Dort, wo der Stall war, lag nur noch ein totes, gebratenes Schwein. Wo die Küche war, stand noch ein Stapel Teller. Als ich sie hochnehmen wollte, zerbröselte der ganze Stapel zu Staub.

Nun hatten wir nur noch ein bisschen Kleidung und einen Kinderwagen. Wie ich später erfuhr, hatten wir zum Glück noch einige wichtige Papiere im Bunker. Die Lage unserer Mutter mit den fünf kleineren Kindern war also mehr als bescheiden. Meine drei älteren Schwestern konnten in den Haushalten bleiben und arbeiten.

Es wurden, weil die Gefahr weiterer Bombenangriffe groß war, viele Emder Familien evakuiert. Auch wir wurden ein oder zwei Tage später eingeteilt und sollten nach Aurich. Am Abend wurden wir in ein Auto gesetzt, mit Kinderwagen und einem Beutel Habseligkeiten. Das kleine Auto, daran kann ich mich noch gut erinnern, war mit Holzgaskessel betrieben. Ich habe den Feuerkessel hinten am Auto noch heute, 70 Jahre später, vor Augen.

Mehrfach unterwegs und irgendwo auf halber Strecke blieb das Auto stehen. Wir standen auf einer stockdunklen fremden Straße. Der Fahrer sagte noch: „Disse Straat mutten ji immer liek ut loopen - da is Auerk."

Der Lebenserhaltungstrieb ist stärker als alles andere. Unsere Mutter hat uns tatsächlich nach einer gefühlten Ewigkeit nach Aurich geschleppt. Wir waren auf der Flucht vor dem Inferno. Gegen Morgen, es wurde schon etwas hell, kamen wir an. Man schickte uns zu einem großen Haus, wo wir versorgt werden sollten. Wir betraten einen großen Saal, der voll war mit roten Sofas und Stühlen und alten Möbeln. An den großen Fenstern hingen Gardinen und Vorhänge. Ich war sehr beeindruckt. Ich dachte, wir wären in einem Schloss. So etwas hatte ich ja noch nie gesehen. Meine Mutter erzählte später oft, sie mochte in dieses schöne Haus gar nicht rein, weil sie sich schämte, da die Kinderwagenräder so dreckig waren. Wie ich später erfuhr, war dieses schöne Haus der Piqueurhof in Aurich.

An einer Fensterreihe waren lange Tische aufgestellt. Darauf hatten Rot-Kreuz-Helferinnen Milchsuppe, geschmierte Brote und Becher mit Kakao für uns gestellt. Man mag mich jetzt belächeln, aber diesen Becher Kakao, an dem ich meine klammen Finger wärmen konnte und den ich in kleinen Schlucken ausgetrunken habe, habe ich mein ganzes Leben, seit damals 70 Jahren, nicht vergessen. Glück kann also auch ein Becher Kakao sein.

Wir wurden noch am selben Tag nach Bedekaspel, einem Ort im Landkreis Aurich, gebracht. An die Fahrt dorthin kann ich mich nicht entsinnen. Ich muss geschlafen haben. In dem kleinen abgelegenen Dorf am Großen Meer bekamen wir zwei Zimmer in der Pastorei neben der Kirche. Es waren drei Betten, ein Tisch, ein paar Stühle und ein kleiner schwarzer Ofen vorhanden. Die Frau des damals abwesenden Pastor Hündling war sehr nett und hilfsbereit. Meine zwei kleineren Geschwister blieben tagsüber bei unserer Mutter. Zwei Schwestern und ich bekamen abwechselnd bei verschiedenen Bauern gut zu essen. Für mich als siebenjährigen Jungen brach nun eine abenteuerliche Zeit der Freiheit an. Mit ein paar Jungen aus dem Dorf war schnell Freundschaft geschlossen und wir konnten stromern wie wir wollten.

Schulunterricht hatten wir nicht, denn in der kleinen Schule vor der Kirche waren 20 Marinesoldaten aus Emden untergebracht. Dort war es natürlich immer sehr interessant. Wir durften ihre Waffen anfassen und mit zum Meer, wo sie angelten, badeten und auch mal Handgranaten reinwarfen, um zu fischen, was auch gut klappte. Natürlich bekamen wir auch etwas zu essen ab. Oft habe ich in der kleinen Werkstatt von Jan Cornelius zugeschaut. Er war der Vater der späteren Tini Peters, deren Café „Tinis Sommerköken" Jahre nach dem Krieg ein beliebtes Ausflugsziel war. Jan Cornelius hat einmal sogar eine Kanone aus Holz gebaut. Wenn man an einer Kurbel drehte, hat es geknallt. Dies zu beobachten, war vielleicht der Anstoß zu meiner späteren Handwerks- und Bastelleidenschaft. Auch hatte ich anscheinend keine Ängste aus Emden mitgebracht.

Ebenso durfte ich mit einem Fischer in der Jolle aufs Meer, um die Reusen nachzusehen. Es war meistens etwas darin. Schöne Stunden habe ich bei den alten Meints an der offenen Feuerstelle und am Kamin zugebracht. Für das Reinholen von Holz oder einem Korb Torf gab es etwas zu trinken oder einen roten Apfel. In der Stube wurde auch geklönt und gesungen. Vor allem, wenn meine drei älteren Schwestern aus Wolthusen zu Besuch waren.

Im Winter 1944/1945 stand das Wasser des Großen Meeres bis vor die Haustür der Pastorei. Wer Schlittschuhe hatte, konnte bei Frost von der Haustür aus losfahren. Im Frühjahr 1945 ist meine Mutter mit mir zweimal von Bedekaspel nach Abelitz zum Zug gelaufen, dann mit dem Zug zum Bahnhof Emden-Süd gefahren und von dort nach Wolthusen gelaufen, um alte Kontakte zu knüpfen. Zurück sind wir, ohne dass ich wusste wo ich war, über Uphusen und Forlitz-Blaukirchen nach Bedekaspel gelaufen. Das war für mich eine große Tortur, denn wir hatten in Wolthusen einige Lebensmittel bekommen und die wurden auf dem langen Weg immer schwerer. Meine Mutter musste mich oft aufmuntern: „Een Endje noch, mien Jung. Wi bünd nu bald da."

Später hat sie auch erzählt, wenn sie sich abends mal ein Stück Brot mit Milch und etwas Zucker darauf machte, dann standen gleich mehrere Kinder vor ihr und bettelten: „Wi wulen ok een Stück Brot. Wi hemmen so' Hunger."

Auf die Frage, was sie uns immer geben konnte, weiß ich aus heutiger Sicht keine Antwort. Und falls heute in den Regalen der Kaufhäuser nicht alle Sorten von Lachsschinken oder Lachs zu finden sind, dann sollte man nicht gleich vom Untergang des Abendlandes sprechen.

Das Ende des Krieges und die Kapitulation Deutschlands wurde auch in Bedekaspel freudig begrüßt. Die Marinesoldaten warfen ihre Waffen ins Meer. Ich könnte die Stelle noch heute ungefähr wiederfinden, denn ich habe zwei Gewehre getragen. Die Soldaten haben noch eine große Menge Rum ausgeteilt. Danach wurden alle Erwachsenen in und um die Pastorei sehr lustig, was mir als Kind wunderlich vorkam. Dass der Krieg vorbei war, haben wir auch dadurch mitbekommen, als eines Tages mehrere kleine Kettenfahrzeuge durch unsere Sandwege rasselten. Es waren kanadische Soldaten. Sie gingen in die Häuser, auch in unsere Pastorei, um Uhren, alte Jagdwaffen und Schmuck zu suchen. Aber mehr als ein paar ängstliche Menschen und Kinder mit großen Augen konnten sie nicht finden. Sie rasselten mit ihren Kettenwagen weiter und wir waren wieder alleine im Dorf.

Das Leben ging weiter. Das Klassenzimmer wurde wieder eingerichtet und wir sollten Unterricht bekommen - mehrere Jahrgänge in einem Raum. Ein pensionierter Lehrer von weiter weg sollte uns unterrichten. Er konnte aber bei schlechtem Wetter und bei Hitze nicht durch die Sandwege kommen. So fiel der Unterricht oft aus. Ich hatte auch kein Buch, kein Papier, keinen Stift und auch keine Schiefertafel. Wenn ich heute nachdenke, dann habe ich in der Zeit nichts gelernt. Wir waren auch noch zu wild von den vergangenen Monaten.

Mein Vater ist Mitte 1945 aus amerikanischer Gefangenschaft entlassen worden. Weil, wie er erzählt hat, er in der Landwirtschaft arbeiten konnte. Er ist wieder nach Wolthusen gegangen und hat eine Militärbaracke, die hinter einem großen Bauernhof am Marktplatz stand, gepachtet. Irgendwann im Spätsommer 1945 haben er und sein Bruder uns mit einem Wagen mit zwei Pferden davor aus Bedekaspel abgeholt. Es ging über Wiegboldsbur zur Bundesstraße über Emden nach Wolthusen. Ich durfte die ganze Strecke vorne sitzen. Das war auch wieder ein unvergessliches Erlebnis.

In der Baracke konnten meine Eltern mit allen acht Kindern wohnen. Das Gute war: Niemand von uns hatte einen körperlichen Schaden erlitten. Ich kam wieder in die Schule in Wolthusen, wurde aber wegen der Wirren des letzten Jahres um ein Jahr zurückgenommen. Ich habe noch ein Foto, das mich in der vierten Klasse mit meinen Mitschülern und Lehrer Heiko Pannenborg zeigt. Mein Vater wurde bei der Stadt Emden angestellt und betätigte sich als Nebenerwerbs-Gemüsebauer mit einem Stück Land im Emder Polder. So hatte die Not ein Ende. Meine Eltern bauten später auf dem alten Grundstück in Wolthusen ein neues Haus.

Ich bin jetzt 76 Jahre alt. Durch die Berichte der letzten Zeit über den 6. September 1944 wurde ich motiviert, über meine Erlebnisse aus jener Zeit ebenfalls zu berichten. Meine Frau Gisela hat mich auch darum gebeten. Und ohne die zupackende Hilfe der damaligen Erwachsenen wäre ich heute nicht in der Lage, davon zu erzählen.

Ich möchte nicht die Bombardierungen der Alliierten anklagen, stattdessen eher die damaligen deutschen sehr verwirrten Machthaber, die so grandios gescheitert sind. Wir alle müssen dafür sorgen, dass solche Menschen nicht wieder das Sagen bekommen. Allen, die Ähnliches erlebt haben wie ich oder gar Schlimmeres, wünsche ich, dass sie jeden Tag in Frieden genießen können.

Sie alle haben den Krieg überstanden: Hinderk Valentin (oben, fünfter von links) mit seinen Schulkameraden der vierten Klasse vor der Schule in Wolthusen mit Lehrer Heiko Pannenborg.

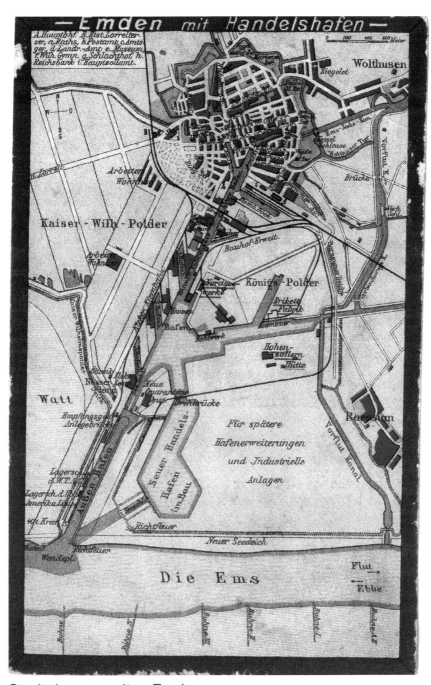

Stadtplan vom alten Emden

Wenn nur das Heimweh nicht gewesen wäre …

Johanne Wengel

„Jahrgang 1929, geborene Obes"
erinnert sich an die Zeit,
in der auf ihre Heimatstadt immer
wieder Bomben fielen.
Sie berichtet am 10. Januar 1998
Folgendes:

... Am 1. April 1944 kam ich zu einer Schifffahrtsfirma mit Kohlengroßhandlung in der Hindenburgstraße, der heutigen Ringstraße, in die Lehre. Die Arbeitszeit war von acht bis 13 und von 15 bis 18 Uhr, samstags von acht bis 13 Uhr. Die Lehrlinge hatten im Wechsel samstags von 14 bis 18 Uhr Telefondienst. Falls erforderlich, mussten in der Zeit auch Vervielfältigungen vorgenommen werden. Ein Lehrling musste sonntags die Post aus dem Schließfach beim Postamt holen, um sie dem Prokuristen in die Wohnung zu bringen und eventuell noch andere Aufgaben zu erledigen.

Dann kam der vernichtende Angriff am 6. September 1944. In der Firma war gerade der Dienst beendet, als die Sirenen heulten. Die Kontenkästen wurden schnell in einen Zementtrog unten im Treppenhaus getragen. Dann rannten wir los in Richtung Bunker am Wall. Während des verheerenden Angriffs schaukelte der ganze Bunker. Die Luftklappen flogen auf. Dadurch konnte man deutlich hören, was draußen in diesem Inferno vorging. Brand- und Sprengbomben waren gefallen.

Nach 25 Minuten war alles vorbei. Emden existierte nicht mehr. Von einem Feuerwehrmann erfuhren wir kurze Zeit später, dass unser Haus brannte. Nur die Bezirke, die wir für gefährdet gehalten hatten, wie das Herrentorviertel, das Kasernen-Viertel und das Hafengebiet, blieben fast verschont.

Am nächsten Vormittag wurden wir in eine teilzerstörte Drei-Zimmer-Wohnung in der Nordertorstraße eingewiesen. Das hatte den Vorteil, dass wir jetzt ganz in der Nähe des Wallbunkers waren. Da manche Keller der zerstörten Häuser noch erhalten waren, zogen die Familien, die nicht evakuiert werden wollten, in diese Notquartiere. Andere Menschen richteten sich ganz im Bunker ein, denn nach der Landung der Alliierten in der Normandie im Juni 1944 hatten die Flugzeuge in kürzester Zeit Deutschland erreicht.

Manchmal gab es erst Alarm, wenn die Bomben schon gefallen waren. In den Bunkern wurden die Menschen durch das Rote Kreuz und die „Nationalsozialistische Volkswohlfahrt" versorgt.

Unser Firmengebäude war auch stark zerstört, sodass ein Arbeiten dort nicht mehr möglich war. Lediglich die Buchhalterin erhielt eine kleine Arbeitsstelle im Keller. Die anderen Abteilungen arbeiteten zunächst provisorisch im Arbeitsamt, wo auch Mitarbeiter der Westfälischen Transport AG und des Frachtkontors untergebracht waren.

Später zogen wir, bis zur Fertigstellung des alten Firmengebäudes, in die Industrie- und Handelskammer. Ab Anfang März 1945 wurde es uns überlassen, ob wir noch zur Arbeit kommen wollten oder nicht, da die Front immer näher rückte. Es hieß auch, dass Emden eventuell zur Festung erklärt werden solle. Der damalige Oberbürgermeister Renken verhinderte dieses Vorhaben.

Im Nachhinein muss man sich heute noch wundern, dass zu keinem Zeitpunkt Panik entstand. Das lag wohl daran, dass die Menschen sich im Bunker völlig sicher fühlten. Wenn ich mich recht erinnere, lebten wir ab Anfang April 1945 nur noch im Bunker, weil der Flakbeschuss und die Tieffliegerangriffe häufiger wurden …

Ich hoffte nur noch

Der 76jährigen **Hermine Zahn**, geb. Kruse aus dem Radbodweg 10 fiel beim Anblick des Fotos von der Hofstraße ein dramatisches Erlebnis ein:

Ich kenne die Gegend sehr genau. Meine heute 87jährige Schwester Jantje Ruben und ihre drei Kinder – die neunjährige Irmgard, die siebenjährige Gertrud und der zweijährige Hinrich – wohnten in der Spiegelstraße, die es auch heute nicht mehr gibt. Diese Straße war eine Sackgasse parallel zur Hofstraße.

Am 6. September 1944 waren die drei Kinder alleine zu Hause, weil meine Schwester in Larrelt auf dem Feld war, um Kartoffeln zu ernten. Als es den großen Alarm gab, war ich im Klinikbunker in der Emsmauerstraße. Ich arbeitete dort als Telefonistin bei der Befehlsstelle. Während der Bombardierung drang der Staub von draußen durch die Luftlöcher in den Bunker ein. Ich habe bald zuviel gekriegt bei dem Gedanken an meine beiden Nichten und meinen Neffen, die ich alleine in der Wohnung wußte.

Sie waren unversehrt
Sobald ich eine Möglichkeit sah, den Bunker zu verlassen, bin ich rausgerannt, obwohl es draußen rauchte und qualmte. Ich war wie von Sinnen und wollte unbedingt zu den Kleinen. Oberbürgermeister Renken, der sich auch mit im Bunker befand, war in einer streitsüchtigen Stimmung, aber letztendlich hat mich keiner zurückgehalten. Ich lief über den Wall bis zu dem Bunker in der Mühlenstraße. Ich hoffte, daß die Kinder es geschafft hatten: Ja, sie waren im Bunker. Gott sei Dank.

Unmittelbar nach meiner Ankunft erreichte auch meine Schwester den Bunker in der Mühlenstraße. Sie kam herein, sah ihre Kinder unversehrt. Und dann sackte sie vor Anspannung und gleichzeitiger Erleichterung ohnmächtig in sich zusammen.

Aus der Serie „Emden und ich", erschienen in der Emder Zeitung am 11. März 1995

„Ein aufgedrehter Wasserhahn rettet meiner Großmutter das Leben"

Frerich Schüler
„Jahrgang 1932"
erinnert am 4. September 1999 an den schlimmsten Bombenangriff auf seine Geburtsstadt Emden.
Am 6. September 1944 verbrachte er Stunden voller Angst und Sorge um seine Familie:

Um 18.20 Uhr begann die Katastrophe. Es war ein Mittwoch. Und es war der 6. September im Jahre 1944. An die Zeit und den Wochentag kann ich mich noch ganz genau erinnern, weil wir an den Mittwoch- und Sonnabendnachmittagen immer Dienst beim Jungvolk der Hitlerjugend hatten. Ich durfte nur am theoretischen Unterricht teilnehmen, weil ich 1942 für eine jüdische Familie in der Deichstraße Einkäufe gemacht hatte. Das war auch der Grund, warum ich nicht die Uniform der Pimpfe tragen durfte.

Der Dienst war immer von 15 bis 18 Uhr. Ich durfte jedoch bereits um 17 Uhr gehen. Danach besuchte ich meistens meine Tante auf Port Arthur und ging so gegen 18 Uhr nach Hause. Auf dem Heimweg ging ich durch die Neutorstraße, die damals noch Wilhelmstraße hieß. Dort wollte ich meine Mutter treffen, die damals immer um dieselbe Uhrzeit auf dem Weg von ihrer Arbeitsstelle war. Sie arbeitete in der Großküche der Kaserne. An jenem 6. September 1944 traf ich meine Mutter jedoch nicht, denn sie war noch zum Einkaufen gegangen.

Als ich auf dem Heimweg war, gab es plötzlich Voralarm. Jeder suchte den nächstgelegenen Luftschutzbunker auf. Von Weitem hörte ich die Motoren der Bomber. Diesmal musste es ein starker Verband sein, denn das Dröhnen und Brummen der Motoren wurde immer lauter. So schnell ich konnte, rannte ich zum Wall-Bunker am Gelben Mühlenzwinger. In diesen Bunker gingen wir Schulkinder auch, wenn es während des Unterrichts in der Wallschule einen Alarm gab. Auch Pastor Brunzema suchte immer diesen Bunker auf, um uns Kinder zu unterhalten. Er erzählte immer so schöne Geschichten, wie zum Beispiel „Der kleine Muck" oder ein „Märchen aus Tausend und einer Nacht". Um beim Zuhören nicht so oft gestört zu werden, gingen wir im Hochbunker meistens in den sechsten oder siebten Stock.

Als ich an jenem 6. September 1944 jedoch beim Bunker ankam, war die Tür schon verschlossen. Ich trommelte so fest ich konnte an die Eisentür, bis mir jemand öffnete. Es war ein ukrainischer Zwangsarbeiter, der mich hereinließ. Wie alle seine Leidensgenossen trug er eine wattierte Jacke mit einem weißen aufgenähten Zeichen auf blauem Grund mit dem Schriftzug „Ost". Den Gefangenen und Zwangsarbeitern wurde, soweit sie „frei" arbeiten durften, der Aufenthalt in einigen Bunkern stillschweigend gestattet. Sie standen alle in den Eingängen der unteren Etage, denn in den oberen Etagen wurden sie nicht geduldet. Irgendwie rochen sie alle nach Desinfektionsmitteln.

Höchstens zehn Minuten hatte ich im Bunker gesessen, als plötzlich die Hölle losbrach. Es begann ein ohrenbetäubender Lärm. Der Bunker schwankte hin und her, die Menschen schrien alle durcheinander. Die Menschen in der obersten Etage - wo ich ja auch war - rannten nach unten. Plötzlich ging das Licht aus. Das Geschrei der Menschen hatte einen Höhepunkt erreicht. Es war kaum zu ertragen. Ich habe meine Jacke über den Kopf gezogen und mir die Ohren zugehalten. Für einen Augenblick war es ganz ruhig. Dann ging es wieder los. Noch heftiger als zuvor. Mittlerweile war der Notstromgenerator angestellt worden. Durch das wieder eingeschaltete Licht beruhigten sich die Menschen ein wenig. Eine neue Welle von Bombern flog heran und begann ein erneutes Bombardement. Wieder hörte man Geschrei, Kinder schmiegten sich an ihre Eltern, und viele alte Leute beteten vor sich hin. Plötzlich wurde es ungewöhnlich still. Man konnte nur noch vereinzelte Schüsse der Flakbatterien hören. Wir wussten, dass etwas Schlimmeres passiert sein musste als bei den vorhergehenden Angriffen. In den Bunker strömten Rauchgase, sodass der Frischluftventilator trotz der unerträglich schlechten Luft sofort abgeschaltet werden musste. Die Ruhe vor dem Sturm war eingekehrt. Einige beherzte Männer trauten sich und öffneten die Bunkertür. Sie kamen jedoch bald zurück und riefen: „Die ganze Stadt brennt lichterloh, und ein Feuersturm tobt!"

Als nach einiger Zeit viele Leute den Bunker verließen, habe auch ich mich herausgetraut. Ich lief in Richtung Luftschutzbunker am Neuen Kirchhof, dem heutigen Lindengraben, denn dort hatte meine Familie normalerweise ihren Bunker-Stammplatz. Viele Häuser standen in Flammen. Auch das Gebäude in dem wir damals wohnten - die heutige Musikschule - und die Neue Kirche brannten lichterloh.

Durch die Osterstraße lief ich zum Neuen Kirchhof-Bunker. Die Bunkertür stand offen. Viele Leute waren hinausgelaufen, um frische Luft zu schnappen. Auch wollten sie herausfinden, welche Häuser brannten und ob sie obdachlos geworden waren. Viele der Häuser rund um den Bunker waren bereits ausgebrannt und zum Teil in sich zusammengestürzt. Einige Straßen waren durch Trümmersteine verschüttet. Ich suchte meine Mutter im Bunker und fand sie heftig diskutierend mit dem Bunkerwart und mehreren Helfern vom Luftschutzdienst. Ich konnte noch hören, dass es um meine Großmutter ging - Tatje Thole, geborene Fischer, damals 76 Jahre alt. Die Freude war groß, als meine Mutter mich sah. Sie weinte und erzählte mir, dass auch meine Großmutter nicht im Bunker sei, denn sie half meiner Mutter zweimal in der Woche im Haushalt. Die Luftschutzhelfer wollten in unserer Wohnung nachsehen, ob ihr etwas passiert war.

Ich hatte noch am Nachmittag Kopfschmerztabletten für sie aus der Apotheke geholt, da sie starke Migräne hatte. Später stellte sich heraus, dass sie drei der Tabletten genommen hatte und dann auf dem Sofa eingeschlafen war. Den Fliegeralarm hatte sie nicht gehört. Aufgeregt kamen zwei Feuerwehrleute mit einer Trage, auf der meine Großmutter lag, in den Bunker. Ihre Haare waren leicht angesengt. Das Gesicht war von Rauch geschwärzt und verschmutzt. Ihren Körper hatte man leicht zugedeckt. Sie war kaum ansprechbar und wurde von Sanitätern behandelt. Spät am Abend kam sie nach Sandhorst ins Krankenhaus.

Später erfuhren wir, dass meine Großmutter an Armen und Beinen Phosphor-Verbrennungen erlitten hatte. Sie war erst aufgewacht, als das Haus bereits brannte. Sie kroch aus der Wohnung durch den Flur, in dem überall Phosphor verstreut war. Unter einer Steintreppe suchte sie Schutz. Und unter dieser Treppe befand sich ein Wasserhahn, den sie voll aufdrehte. Das herausfließende Wasser rettete ihr das Leben.

Nach ihrer Genesung kam meine Großmutter zunächst in ein Altersheim nach Großefehn. Nach dem Krieg kam sie zu uns zurück und lebte noch zehn Jahre mit uns zusammen. Sie wurde 86 Jahre alt.

Am Morgen nach dem Angriff bin ich in der Stadt umhergelaufen, um zu sehen, was so alles geschehen war. Die angerichteten Schäden waren im Vergleich mit früheren Angriffen erschreckend groß. Besonders schwer betroffen waren die Altstadt und der Stadtkern. Noch eine Woche nach dem Angriff loderten überall Flammen. Die Kohle- und Koksvorräte in den Kellern und Schuppen brannten mehrere Tage. Das Haus, in dem meine Großmutter wohnte, lag ebenfalls in Schutt und Asche.

Von allen Seiten Ostfrieslands kamen Helfer in die Stadt und brachten Butterbrote und warme Suppen. Viele Emder zogen zu Verwandten auf das Land oder nach Aurich, Leer oder Norden. Wir, also diejenigen, die weiterhin in den Bunkern wohnen mussten, wurden mit Desinfektionsmitteln behandelt und konnten zweimal wöchentlich im Keller der Ortskrankenkasse baden gehen.

Ende September 1944 haben wir uns nach Sachsen evakuieren lassen. Meine Schwester und mein Bruder waren dort bereits bei Pflegeeltern untergebracht. Die Bombenflugzeuge schienen uns gefolgt zu sein: Großangriffe gab es im Januar 1945 auf Chemnitz und am 13. und 14. Februar auf Dresden. Und wir wohnten damals nur acht Kilometer von Chemnitz entfernt ...

Neutorstraße nach Bombentreffern

„Vergessen haben wir nichts"

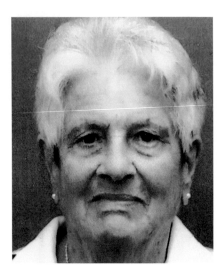

Inge Woydt

„geborene Saalbach, Jahrgang 1930"
hat als dreizehnjähriges Mädchen den Luftangriff am 6. September 1944 auf Emden erlebt. Dieser Tag ist für sie immer in schrecklicher Erinnerung geblieben.
Sie erinnert sich am 5. September 2015 an Folgendes:

Es muss um 18 Uhr gewesen sein, als die Sirenen heulten. Ich befand mich mit meiner Freundin Sophie Pruin auf der Eisenbahndrehbrücke in der Nähe vom Tonnenhof. Wir wohnten in der Petkumer Straße im Ortsteil Friesland hinter der Eisenbahnüberführung. Es war ein sonniger Nachmittag. Wir wollten zur Klunderburg zum Turnen gehen. Als wir gerade auf dem Weg Richtung Stadtmitte waren, hörten wir in der Ferne schon das Brummen der feindlichen Bombengeschwader mit Flugrichtung auf unsere Stadt. In großer Angst erreichten wir den nächstliegenden Bunker an der Nesserlander Straße.

Dort hatte man schon die schweren Eisentüren fest verschlossen. Einige Männer mit Hakenkreuzarmbinden standen unter einem getarnten Vorbau und verwehrten uns den Eintritt. Es hieß: „Die Türen bleiben zu! Lauft woanders hin." Die schwere Borssumer Flak fing schon an zu schießen. Auch von der Flak Constantia kam eine ohrenbetäubende Ballerei. Die Wucht der Geschütze und die Einschläge der Sprengbomben bei diesem direkten Angriff auf Emden brachten die Häuser zum Wackeln. Meine Freundin Sophie und ich rannten um unser Leben. Sophie, die später nach ihrer Heirat Sophie Mangold hieß, ist sicherlich heute noch einigen Emdern bekannt. Wir waren vom 1. Schuljahr bis zu Sophies Tod vor etwa zehn Jahren eng befreundet.

Es waren nur noch wenige Menschen auf der Straße. Einige Frauen schoben Kinderwagen. Die kleinen Kinder konnten ja auch noch nicht so schnell laufen. Wir beiden Mädchen schafften es bis zum Bunker an der Lookvenne am Neuen Markt. Dort erhielten wir Einlass und wurden in das obere Stockwerk verwiesen. Auf einer Treppenstufe bekamen wir noch einen Sitzplatz. Der Bunker steht heute nicht mehr. Er befand sich etwa dort, wo heute der Aldi-Parkplatz in der Emder Innenstadt ist. Der Bunker wurde nach dem Krieg entkernt und gesprengt. Das war ein aufwendiges Unterfangen, an dem mehrere Männer beteiligt waren. Während etliche Bunker in Emden stehenblieben und für andere Zwecke umgebaut und genutzt wurden, wollte man wohl den Platz an der Lookvenne im Zentrum der Stadt umgestalten und den inzwischen lästigen Klotz loswerden.

Kurz nachdem wir im Bunker ankamen, ging das Inferno auch schon los. Unten im Bunker saßen die Mütter mit den Kleinkindern. Jede Familie hatte einen bestimmten Platz auf der Bunkerbank, welche versehen war mit einem Deckel, damit die Menschen in der Bank noch ein paar Habseligkeiten unterbringen konnten. Viele Emder waren schon mehrmals ausgebombt in ihren Häusern und hatten alles verloren. Doch in einem Koffer hatte man alle wichtigen persönlichen Dinge wie Bilder und Dokumente, frische Wäsche oder ein paar Lieblingsspielzeuge der Kinder, die bei jedem Fliegeralarm mit in den Bunker genommen und in der Bunkerbank verstaut wurden. Die kleinen Kinder waren oft unruhig im Bunker. Ihnen fehlte ja der Schlaf. Sie schrien und klammerten sich an ihre Mütter. Viele schwarz gekleidete Frauen saßen auf den Bunkerbänken, denn in den meisten Familien war schon mindestens ein Angehöriger gefallen. Es wurde oft leise geweint. Und dann - mit einem Mal - kam der furchtbare Bombenhagel auf unsere Stadt. Wir vernahmen ein Krachen, Rauschen, Bersten, Heulen. Und alle erfasste ein Gedanke: „Wird der Bunker uns schützen?" Der Bunker schwankte, eine Bombe hatte die Bunkerdecke getroffen. Aber der Bunker blieb stehen und bot uns weiterhin Schutz. Die Mütter hielten den Kindern die Ohren zu. Man hörte nur noch Schreie. Dann trat eine plötzliche Stille ein.

In den Morgenstunden wurden die Türen geöffnet. Die Männer vom Luftschutz riefen: „Ihr könnt noch nicht raus. Die ganze Stadt brennt!" Unser stolzes, ehrwürdiges Rathaus stand in hellen Flammen. Die alten Menschen weinten, denn das Rathaus war der ganze Stolz der Stadt. Der Neue Markt war ein einziges Flammenmeer. Um halb sieben am Morgen durften wir den Bunker verlassen. Die Bunkerwarte öffneten die Türen und ließen die Bürger hinaus in eine völlig fremde Welt. Die Menschen standen vor einem Nichts. Von der Lookvenne gingen Sophie und ich Richtung Wall. Über der Stadt hing dichter Rauchgeruch. Und die Häuser lagen in Trümmern. Es war nicht einfach, die Orientierung wiederzufinden, denn Straßenzüge waren nicht mehr erkennbar. Wir waren schlichtweg sprachlos und entsetzt. Wir waren ja noch halbe

Kinder und konnten gar nicht so schnell verarbeiten, was überhaupt geschehen war.

Wir rannten vom Bunker an der Lookvenne durch die Ringstraße vorbei am Schlachthof. Vom Wasserturm am Agterum bis Stoppels Bude, die am Ende des Walles an der Straße Am Herrentor stand, sind wir Mädchen über den Wall nach Hause gelaufen. Wir dachten nur: Nichts als nach Hause. Später hörten wir, dass dort überall, wo wir unterwegs gewesen waren, Luftminen lagen. Zweimal machten wir große Umwege wegen der Trümmer und der Gefahren. Menschen irrten ziellos umher oder standen fassungslos und weinend wie angewurzelt hilflos herum. Wir alle konnten nicht glauben, was wir dort sahen. Besonders groß waren die Zerstörungen in der Innenstadt. Hier und da sah man Feuer oder Glutnester, die noch nicht gelöscht werden konnten. Tagelang lag der Brandgeruch über unserer einstmals schönen Stadt, die jetzt zum großen Teil in Schutt und Asche lag. Auch gab es fast keine Schulen mehr. Die Schüler wurden behelfsmäßig im Bunker unterrichtet. Knapp ein Jahr später war der Krieg beendet, der den Menschen so viel Leid gebracht hat. Es ist nun schon alles so lange her. Wir sind damals mit dem Leben davongekommen. Aber vergessen haben wir nichts!

Meine Eltern, Willy und Hela Saalbach, haben den Angriff am 6. September 1944 auch mit viel Glück überlebt. Mein Vater war von Beruf Schiffsbauer und arbeitete auf der Werft als Drehermeister und Lehrlingsausbilder. Auch an jenem verhängnisvollen Tag war er zur Arbeit auf der Werft und hat sich dort irgendwie in Sicherheit gebracht.

Meine Mutter befand sich zur Zeit des Fliegeralarms allein zu Hause. Kurz zuvor war ihr Kater Peterle sehr unruhig geworden und jaulte herum. Im Nachhinein schien es so, als habe das Tier eine Vorahnung gehabt, als habe er meine Mutter warnen und aus dem Haus locken wollen. Eine Nachbarin kam herüber, um meine Mutter zu holen. Sie sagte: „Frau Saalbach, kommen Sie rüber zu uns in den Keller!" Dort hat sie dann während des Bombenhagels gesessen. Das rettete meiner

Mutter womöglich das Leben. Als sie nach dem Angriff wieder aus dem Keller des Nachbarhauses kam, fand sie ihr Haus zerstört vor. Eine Luftmine war im Garten gelandet und hatte eine große Verwüstung angerichtet. Und die Katze lag tot im Bombentrichter zwischen Trümmern. Warum sie nicht mit in den Keller genommen wurde, kann ich nicht sagen. Vielleicht hat sie sich nicht einfangen lassen.
Als Sophie und ich zu Hause ankamen, stand meine Mutter weinend vor ihrem Trümmerhaufen, der einmal unser Haus gewesen war. Mein Vater war mit dem Fahrrad in der brennenden Stadt unterwegs, um uns zu suchen.

Nach dem Krieg ging das Leben weiter. Es musste ja irgendwie weitergehen. Schulunterricht bekamen wir im grünen Wallbunker, der heute noch steht, und zwar etwa am Ende der Bollwerkstraße. Es gab keine Hefte und anderes Schulmaterial, sodass ich auf einem Stück Papier schrieb, das ich auf den Knien liegen hatte. Meine Konfirmation hätte eigentlich im April 1945 bei Pastor Janssen in seiner guten Stube Zwischen beiden Bleichen stattfinden sollen. Doch damals habe ich den kirchlichen Segen nicht mehr bekommen, weil es plötzlich Fliegeralarm gab und wir in den grünen Wallbunker rennen mussten. Wir mussten immer Besen mit zum Schulunterricht bringen, weil ständig irgendwo Steine und Scherben herumflogen. Bei den ständigen Angriffen vibrierten die Häuser, Fensterscheiben barsten und Schornsteine wackelten. Es war nicht gerade sicher, sich in der Stadt zu bewegen. Und alle mussten mithelfen und fegen.

Im Jahre 1948 habe ich meinen Mann, Hans Woydt, bei einer Ruderregatta kennengelernt. 1951 heirateten wir und 1957 kam unsere Tochter Heike in Emden zur Welt. Damals wohnten wir in der Bismarckstraße. Meine Schwiegereltern hatten in der Ligariusstraße ein Lebensmittelgeschäft. Mein Mann ist ein gebürtiger Wolthuser. Als unsere Tochter 1958 ein Jahr alt war, haben wir an der Wolthuser Straße ein Haus gebaut. Heute befindet sich gegenüber die Rettungswache des RKSH. 35 Jahre haben wir dort in Wolthusen gewohnt.

Ich wohne seit 28 Jahren in Wilhelmshaven. Unsere Tochter hat einen Wilhelmshavener, Wilfried Ilgner, geheiratet. Um in ihrer Nähe zu sein, haben wir unser Haus in Wolthusen verkauft und sind auch nach Wilhelmshaven gezogen. Leider ist mein Mann vor elf Jahren gestorben. So konnte er nicht mehr die Hochzeit unserer Enkeltochter Inga in diesem Jahr erleben. Wir haben noch eine Wohnung in Emden, denn mich zieht es immer wieder nach Emden. Als gebürtige Emderin bin ich eben ein richtiges Emder Kind. Anders als in Wilhelmshaven treffe ich in Emden alte Bekannte und Weggefährten von früher. Ich beobachte die Veränderungen im Stadtbild und nehme am Emder Stadtgeschehen teil - entweder direkt oder durch Zeitungsinformationen und Telefongespräche mit Emder Bekannten. Wir reden über die gute alte Zeit, in der wieder Frieden einkehrte. Wir genossen das Leben in vollen Zügen, feierten viele ausgelassene Feste mit Freunden und im Segelverein.

Jedes Jahr gehe ich am 6. September in Emden zur Gedenkveranstaltung. Jedes Jahr schwelgen wir Emder in Erinnerungen an jenen Sommertag, der so schön sonnig und herrlich begann und mit einem Bombenhagel aus unserer Stadt einen Trümmerhaufen machte, nachdem innerhalb einer knappen halben Stunde tausende Bomben herniedergeregnet waren. Kaum jemand hätte gedacht, dass nach dem schweren Luftangriff auf die Stadt am 27. August 1944 nur kurze Zeit später, nämlich genau zehn Tage danach, am 6. September, schon wieder ein gewaltiger Bombenhagel auf die Stadt niederprasseln würde.

Kein Stein blieb damals auf dem anderen. Außer unserem Rathaus wurden auch andere wichtige Gebäude nicht verschont. Unter anderem bekam das Telegrafenamt in der Osterstraße, das bereits in der Nacht zum 1. April 1941 Bomben abbekommen hatte, am 6. September 1944 nochmals eine Ladung Bomben ab. Auch die Klunderburg, die meine Freundin Sophie und ich an jenem 6. September aufsuchen wollten, wurde zerstört, ebenso die meisten Schulen. Ich kam in die Kinderlandverschickung und kehrte erst nach dem Krieg 1945 nach

Hause zurück. Emden war Einflugschneise für die Alliierten und hat daher viele Angriffe durchmachen müssen. Auf dem Rückflug nach England wurde hier noch einmal schnell die restliche Fracht an Sprengstoff abgeworfen.

18 Jahre nach der Zerstörung unseres Rathauses wurde am 6. September 1962 unser neu gebautes Rathaus eröffnet. Die Bürger, die wie ich das alte Rathaus noch gekannt haben, sind froh, dass es an derselben Stelle gebaut worden ist. Ich bin immer noch mit meiner Heimatstadt Emden verbunden und bin mehrere Male im Jahr dort. Auch an diesem Wochenende werde ich in Emden sein, damit ich wieder an der Gedenkveranstaltung teilnehmen kann.

Entkernt und kurz vor dem Abriss: der Bunker an der Lookvenne

Der Betonklotz wird nicht mehr gebraucht: Männer beim Abriss des Bunkers an der Lookvenne nach dem Krieg.

Im August 1951 ist es noch immer eine Ruine: das am 6. September 1944 zerstörte Emder Rathaus.

„Feuersturm über Emden"

Gerhard Klaassen
„Jahrgang 1929"
hat unmittelbar nach dem Bombenangriff am 6. September 1944 das in Flammen stehende Rathaus gesehen.
Damit ist er einer der wenigen oder gar der einzige noch lebende Bürger, der diesen Anblick noch vor Augen hat.
Er erzählt am 3. September 2016 über das Grauen dieses Tages:

Etwa ein Jahr nach Beginn des Zweiten Weltkrieges bin ich einmal mit meinem Vetter Hans-Georg Hahn mit dem Fahrrad zu unserer Meerbude am Kleinen Meer gefahren. Ich war elf oder zwölf Jahre alt. Als wir abends in unseren Betten lagen, wurden wir durch Lärm und Lichtblitze geweckt. Wir gingen nach draußen und sahen von weitem, dass der Himmel über Emden hell erleuchtet war. Wer es nicht gesehen hat, kann es sich nicht vorstellen: Emden war damals umringt von Flakstellungen. Wir beobachteten die Scheinwerferkreuze am Himmel. Flugzeuge warfen Bomben ab und in Richtung der Flugzeuge glühten Flakgeschosse durch die Luft. Flakfeuer erhellten die gesamte Umgebung.

Das geschah nach dem Angriff der deutschen Luftwaffe auf die mitten in England gelegene Stadt Coventry. Unter dem Decknamen „Unternehmen Mondscheinsonate" war die Industriestadt Coventry am 14. November 1940 auf Befehl von Reichsmarschall Hermann Göring von den Deutschen überfallen und zerstört worden. Vorher hatte es mehrere Bombardierungen auf Städte im Süden Englands gegeben. Coventry war wohl der Auslöser, der Premierminister Winston Churchill veranlasste, mit ständigen Bombardierungen zur Destabilisierung der deutschen Bevölkerung beizutragen. Der Krieg mit England war vollends ausgebrochen. In Emden hieß es, wir seien die Quittung für Coventry.

Erst hatte es öfter des Nachts minder schwere Angriffe gegeben, aber nach Coventry kam Emden nicht mehr zur Ruhe. Die ständige Bombardierung Emdens verstanden wir als brutale Antwort. In Emder Haushalten lagerten Tüten mit Sand, um damit Brandbomben zu ersticken. In den Wohnungen standen Besen mit Feudeln in Wassereimern zur Funkenbekämpfung. So konnte das Feuer bereits im Keim erstickt und manches Haus gerettet werden. Die Flakstellungen in Emden waren fast ständig im Einsatz. Wir Kinder sammelten damals Flaksplitter und tauschten diese in der Schule untereinander. 1940 bin ich in die Kaiser-Friedrich-Oberrealschule in der Bollwerkstraße eingeschult worden, die 1943 zerbombt wurde, sodass wir an die Neutorschule umzogen. Im Februar 1941 kamen wir in die Kinderlandverschickung nach Oberfahlheim in Schwaben. Als wir im Sommer 1942 nach Emden zurückkehrten, war unser Bunker an der Lookvenne gerade im Bau.

Nach jahrelangen, zermürbenden Angriffen kam der 6. September 1944. Es war ein Mittwoch, ein zunächst völlig normaler, sonniger Spätsommertag. Ich war 14 Jahre alt und am Nachmittag im Boltentorviertel unterwegs mit meiner Gruppe vom Deutschen Jugenddienst, DJ. Unser Fähnlein-Führer war Mimke Nörder, später von Beruf Straßenbahnschaffner in Emden. Mit einem Mal - es muss zwischen 16 und 17 Uhr gewesen sein - gab es Fliegeralarm. Alle 20 bis 30 Jungen der Gruppe vom „Fähnlein Blücher" stoben auseinander. Jeder der Jungen aus dem Bereich Boltentorviertel/Conrebbersweg wollte nach Möglichkeit seinen Bunker erreichen. Die meisten vom Jungzug kamen aus dem Boltentorviertel. Ich wohnte in der Großen Straße/Ecke Lilienstraße, wo meine Eltern, Diedrich und Gertje Klaassen, ein Fischgeschäft führten. Unser Bunker in der Lookvenne war in etwa neben dem heutigen Aldi-Parkplatz. Der Bunker wurde nach dem Krieg abgetragen.

Nach dem Angriff auf Coventry habe ich im Radio eine Ansprache von Hitler gehört. Er sagte sinngemäß: Ich kenne eine friesische Stadt, die ich nach vielen Angriffen am liebsten evakuieren würde. Aber die Einwohner sind so heimatverbunden und wollen nicht weg.

Meistens gingen wir bei Voralarm noch nicht los zum Bunker. Wir waren kriegserprobt und der Blutdruck blieb normal, weil wir solche Situationen schon oft erlebt hatten. Es herrschte Bürgerverunsicherung. Mancher Flieger machte uns nachts verrückt, ohne Bomben abgeworfen zu haben, und flog dann nach Wilhelmshaven oder zu anderen Zielen. Wir kannten keinen Tagesalarm, denn die feindlichen Flieger hatten Angst vor unseren Jagdflugzeugen. Doch an diesem 6.

September 1944 sollte es viel schlimmer kommen als alles, was wir bisher im Krieg hatten durchstehen müssen.

Ich rannte zum Bunker an der Lookvenne. Der Himmel war noch klar und kein Flugzeug zu sehen. Es gab zwei Eingänge - einer Richtung Lilienstraße und der zweite auf der gegenüberliegenden Seite mit der Öffnung Richtung Burggraben, wo ich ankam. Vor den Eingängen waren Vorbauten mit Splitterschutz, sodass frontal keine Fremdkörper hineinfliegen konnten. An den Seiten gab es jeweils eine Öffnung.

Einer der Bunkerwarte an der Lookvenne war Karl Leithoff. Er sorgte für Ordnung im Bunker. Der Bunkerverwalter, Eduard Kleinschmidt aus der Rademacherstraße, war für die Technik und Heizungen zuständig. Und auch mein Vater war dort Bunkerwart.

Die Bunkertür war geöffnet. Solange es ging, ließ man Leute hinein, doch während der Angriffe mussten die Türen verschlossen bleiben. An jenem 6. September 1944 stand mein Vater an der Tür zusammen mit seinen Schulfreunden van Dyken, Besitzer der Gaststätte „Deutsches Haus", und dem Kaufmann Gerdes. Die drei waren die für den Eingang zuständigen Bunkerwarte. Mein Vater war heilfroh, als er mich kommen sah. Ich kam ziemlich auf die letzte Minute. Das Heulen des Vollalarms hatte gerade den langanhaltenden Ton des Voralarms abgelöst.

Ich huschte eine Treppe hoch zu unserer Kabine im ersten Stock. Meine Mutter, meine Schwester Gertrud und unsere Hausgehilfin Ella Tüh aus Loquard saßen schon dort. Unsere Verkäuferin Frau Engelberts war nicht da. Ob Familie Gerdes auch mit uns die Kabine teilte, kann ich nicht sagen, wohl aber Familie Dyken. Herr van Dyken, der damals noch auf den Nordseewerken arbeitete, hatte uns Holzregale gebaut, die über unserer Bunkerbank an der Wand hingen. Dort oben lagerten wir unsere besonders wichtigen Papiere, Geschäftsbücher, meine Briefmarkensammlung und auch unseren Fotoapparat, für den wir allerdings an jenem 6. September keinen Film mehr hatten.

Im Bunker herrschte eine gedrückte Atmosphäre. Dieses Gefühl kann ich niemals vergessen. Nach zwei bis drei Minuten hörte der Alarm auf und es war absolute Stille. Jeder versank in sich gekehrt. Kinder kuschelten sich an ihre Mütter. Niemand sprach ein Wort. Dann prasselten die ersten Bombenteppiche auf uns hernieder. Schätzungsweise 20 Minuten schaukelte der Bunker wie doll. Dieser Riesenbunker wackelte und knirschte und versetzte alle in Angst, obwohl wir uns sonst im Bunker total sicher gefühlt hatten. Dieses Gefühl der Benautheit haben wir alle unser Lebtag nicht vergessen.

Als Schluss war und der Bunker zum Stillstand kam, packte uns die Angst, weil wir nicht wussten, was uns draußen erwarten würde. Nach etwa einer dreiviertel Stunde wagte ich im Beisein meines Vaters, der ja als Bunkerwart mit für die Tür zuständig war, einen Blick nach draußen. Vorsichtig lugten wir um die Ecke. Ein Feuersturm brauste über uns hinweg. Dicke Balken flogen durch die Luft. Der Himmel war rot von Feuer. Aus den Häusern in der Großen Straße schossen Flammen. Schnell zogen wir uns in den Bunker zurück und schlossen die Tür wieder zu.

Die Balken, die wir gesehen hatten, gehörten zum Gebäude der in der Großen Straße ansässigen Gesellschaft für bildende Kunst und vaterländische Altertümer. Oben aus dem Gebäude flogen brennende Balken hinaus. In dem Gebäudeteil, der an die Große Straße grenzte, war die Verwaltung untergebracht; nach hinten grenzten die Ausstellungsräume fast an den Bunker. Da hatten wir die Balken hinausfliegen sehen. Nach etwa einer Viertelstunde wagten wir uns noch einmal hinaus. Die Herren van Dyken und Gerdes haben das stillschweigend geduldet, während es anderen Bunkerinsassen nicht genehmigt wurde, vor die Tür zu treten. Vater und ich liefen auf das Haus des Spirituosenhändlers Heyl in der Großen Straße zu. Er war unser Nachbar auf der anderen Seite der Lilienstraße. Mauerreste des Hauses standen noch, aber das Dach lag brennend in der Straße. Wir gingen an Heyls Trümmern vorbei zu unserem Haus, das zu dieser Zeit noch unversehrt und unbeschadet war. Oben flatterten Gardinen aus den Fenstern. Doch kurz darauf fing auch unser Haus Feuer und brannte ab. Das haben wir aber nicht mehr gesehen.

Als wir uns in der Großen Straße befanden und über uns der Feuersturm tobte, sahen wir auch in Richtung Rathaus. Es war ein schrecklicher Anblick. Das Rathaus brannte lichterloh. Mein Vater stand wie angewurzelt mit Tränen in den Augen und sagte mit einem tiefen Seufzer, mehr zu sich selbst: „Unser schönes Rathaus." Der Feuersturm tobte mehr oben über den Dächern, beziehungsweise dort, wo es zuvor noch Dächer gegeben hatte. In unserer Kopfhöhe gab es genug Luft zum Atmen. Doch es war natürlich mordsgefährlich und wir eilten zurück in den Bunker. Auch weil mein Vater noch ein schreckliches Ereignis vor Augen hatte:

1943 bekamen wir eine Flussfischanlieferung, just als Brandbomben auf Emden niederfielen. Bauunternehmer Poppinga, der in der Großen Straße ein Sarggeschäft betrieb, kam zu unserem Haus, um Vater und die Fischerleute vom Kleinen Meer, Bernd und Fokke Endjer, zu warnen. Er sagte zu meinem Vater: „Diedje, gaht in de Bunker. De brummen all weer over uns." Dann ging Herr Poppinga durch die Kirchstraße Richtung Holzsägerbunker. Auf dem Weg hat es ihn erwischt und beide Beine weggerissen. Mein Vater sah ihn später auf einer Bahre liegend wieder. Herr Poppinga sagte: „Ja, Dietsche, nu ist all vorbie." Noch auf dem Weg zum Krankenhausbunker ist er gestorben. Auch Bauunternehmer Sanders wurde bei diesem Angriff tödlich verletzt. Und Elektromeister Onno Waalkes ist vom Luftdruck an den Bunker geschleudert worden, sodass er sein Leben lang mit schwersten Rückenproblemen zu kämpfen hatte. Mein Vater und die Endjers derweil haben sich auf unserem Grundstück vor dem Bunker auf den Boden geworfen. Ihnen ist nichts passiert. Doch die Angst steckte meinem Vater am 6. September 1944 immer noch in den Knochen. Bis 21 Uhr blieben wir im Bunker. Mein Vater hatte zwischendurch immer mal wieder hinausgeschaut und gesehen, dass unser Haus inzwischen abgebrannt war. Ich weinte um meine Kaninchen, die ich in ihrem Stall im Hof zwischen Räucherei und Packhalle hatte zurücklassen müssen. Kurz zuvor waren noch 20 Junge geboren worden. Nach dem Verlassen des Bunkers balancierten wir vier - meine Eltern, meine Schwester Gertrud und ich - teils durch glühende Trümmer zur Neptunstraße. Mein Vater hatte über Funk gehört, dass in dem Bereich die Häuser noch stehen. Im Haus an der Ecke Neptunstraße/Emsstraße wohnte unten der Witwer Opa Santjer, der Schwiegervater der Schwester meines Vaters. Oben wohnten meine Tante Darwine und mein Onkel Hinrich mit ihren Töchtern Helga und Inge. Wir sorgten dafür, dass wir bei Opa Santjer einziehen konnten und anderthalb Zimmer der Wohnung nicht anderweitig beschlagnahmt wurden. Doch zunächst hatten wir eine Woche bei meiner Oma im Liekeweg zugebracht, weil die Wohnung bei Opa Santjer für uns erst noch vorbereitet werden musste. Meine Schwester und ich bekamen dann ein zweigeschossiges Luftschutzbett. Bei Opa Santjer blieben wir bis Kriegsende wohnen.

Wir Ausgebombten bekamen in der Emsschule Bezugsscheine für einen kompletten Satz edles Geschirr in sechsfacher Ausführung, das wir im Porzellangeschäft Buhr & Thiemens am Alten Markt kauften. Noch heute haben wir vier Frühstücksteller, die allerdings einen Schönheitsfehler aufweisen: auf der unteren Seite ist jeweils ein kleines Hakenkreuz zu sehen. Doch damals in der größten Not haben diese Teller uns über die Zeit geholfen.

Dann begannen die Aufbauarbeiten. Für unseren Geschäftsbetrieb bekamen wir eine Abteilung im Behelfsheim. Jede Branche war auf dem Neuen Markt einmal in einem Behelfsheim vertreten. Wir verkauften Fisch, andere Gemüse. Im Behelfsheim vom Kaufhaus Backhaus gab es Textilien, im Behelfsheim vom Kaufhaus Schostek vielerlei Artikel. Alle Behelfsheime waren mit Zwischenwänden aneinandergereiht.

Schließlich bekamen wir eine Wohnbaracke, die in Utlandshörn abgeholt und hier für uns auf dem Grundstück meiner Großeltern hinter unserem Behelfsladen an der Großen Straße aufgebaut wurde. Später - 1945 - begannen wir mit einem provisorischen Laden an der Großen Straße. 1948 wurde schließlich unser neues Wohn-und Geschäftshaus in der Großen Straße 28 gebaut.

Es bleiben die Erinnerungen, wie es früher in der Großen Straße einmal ausgesehen hat. Mein Vetter Günter Hahn, der heute in Oldenburg wohnt, hat mir ein gerahmtes Bild von der Großen Straße geschenkt, wie sie zu meiner Kinderzeit war. Das Bild hatte sein Vater, Erich Hahn, 1929 mit einer Plattenkamera aufgenommen. In jenem Sommer haben meine Eltern unsere Familienfirma gegründet, am Silvestertag desselben Jahres wurde ich geboren. Als meine Mutter hochschwanger war, half nach der Eröffnung ihre älteste Schwester, Ida Lauber aus Borssum, während mein Vater auf der Hochseefischerei eine Räucherei gepachtet hatte und dort eingespannt war. Auf dem Bild ist unter anderem das Geschäftshaus Hagemeier, Polsterei und Innendekoration, zu sehen. Weiterhin die Bäckerei Eekhoff und drei Häuser der Familie Klaassen. In einem wohnte Oma Klaassen, daneben Pächter Radio Pannhoff und an der Ecke Lilienstraße stand unser Fischgeschäft. Im Hintergrund ist noch das alte Rathaus, dessen Untergang mein Vater und ich mit ansehen mussten. Das Foto unserer Straße mit dem Rathaus aus einer früheren, aber unvergessenen Zeit hat für mich einen hohen Wert.

Die Große Straße vor dem 6. September 1944 mit dem Rathaus im Hintergrund. Das Bild wurde von Erich Hahn, einem Onkel von Gerhard Klaassen, 1929 mit einer Plattenkamera aufgenommen. Der heute in Oldenburg lebende Sohn Günter Hahn stellte das Foto zur Veröffentlichung zur Verfügung. Rechts vorne ist das Geschäftshaus Hagemeier (Polsterei und Innendekoration). Links vorne ist die Bäckerei Eekhoff und rechts davon sind drei Häuser der Familie Klaassen zu sehen. Im ersten wohnte die Großmutter von Gerhard Klaassen, daneben war als Pächter Radio Pannhoff und an der Ecke Lilienstraße das Fischgeschäft Klaassen. Etwa von hier, aus der Position des Fotografen, hat Gerhard Klaassen mit seinem Vater das brennende Rathaus am Ende der Großen Straße gesehen.

Der Bunker in der Lookvenne nach dem Zweiten Weltkrieg. Zeitweilig hatte Klempnermeister Sporrée unten seine Werkstatt untergebracht.

Die ganze Straße war weggebombt

Elisabeth Oortgiese
„Jahrgang 1940"
hat als kleines Kind den Bombenangriff am 6. September 1944 in Emden erlebt. Die Große Deichstraße, in der ihre Großeltern eine Schlachterei besaßen, wurde dem Erdboden gleichgemacht. Sie erinnert am 9. September 2017 an die Zeit der größten Zerstörung Emdens im Zweiten Weltkrieg.

Jedes Jahr im September denke ich wieder an den schweren Bombenangriff, der uns alle in Emden bis zum heutigen Tage nicht mehr loslässt. Am 6. September 1944 ist unsere Heimatstadt zum großen Teil zerstört worden. Dieses Trauma steckt wohl immer noch in jedem einzelnen von uns Emdern.

Als ich zwei Jahre alt war, habe ich den ersten Bombenangriff auf meine Geburtsstadt erlebt, und ich meine mich noch an verschiedene Vorkommnisse erinnern zu können. Es war 1942, als ich auf dem Schoß meiner Mutter im Keller unseres Wohnhauses saß. Wir wohnten damals in der Bolardusstraße Nr. 6. Das Haus hat außer dem Erdgeschoss noch zwei Etagen und steht heute noch. Oben ist das Haus mit einem kleinen Türmchen ausgestattet. Eigentümer war damals Fritz Fornfeist. Auch das Ehepaar Fornfeist saß im Keller mit uns sowie noch andere Nachbarn. Wir hockten an den Wänden rundherum auf Holzbänken. Jeder konnte den anderen sehen. Doch der Keller hätte uns nicht geschützt, wenn tatsächlich eine Bombe in das Haus gefallen wäre. Zum Glück wurden die Bunker danach gebaut, sodass viele Menschenleben gerettet werden konnten.

Mein ältester Bruder Hermann, Jahrgang 1929, und mein anderer, ebenfalls älterer Bruder Gerhard wollten nicht mit in den Keller, sondern oben im Haus im Türmchen aufpassen. Was das sollte, kann ich heute nicht mehr sagen. Zum Glück ist ihnen nichts passiert. Es wurden lediglich einige Dachziegeln von den Druckwellen der Bomben weggeblasen.

Am 6. September 1944 war ich gerade vier Jahre alt geworden. Mein Vater, Hermann Oortgiese, von Beruf Schlachtermeister, war 1942 zur Wehrmacht eingezogen worden. Er kam erst am 29. November 1949 aus der Kriegsgefangenschaft zurück nach Emden. Als der Alarm losging, packte mich meine Mutter, Katharina Oortgiese, geborene van Hettinga, und rannte mit mir Richtung Auricher Brücke und dann, unmittelbar nach dem Überqueren der Einmündung zum Philosophenweg weiter Richtung Thiele-Bunker unmittelbar dahinter. Dort hatten wir unsere

Bunkerbank und einen festen Platz, so wie alle Bürger ihren festen Platz in den jeweiligen Bunkern ansteuerten. Ich kann mich an Szenen erinnern, als meine Mutter mich rennend im Kinderwagen über die Auricher Brücke schob. Manchmal klemmte sie mich auch unter den Arm, und meine Brüder rannten mit dem vollgepackten Kinderwagen hinterher. Immer war ich schön angezogen, denn meine Mutter nähte leidenschaftlich gerne die Kleidungsstücke für uns Kinder selbst.

Auch am 6. September 1944, als wir uns in unserer Wohnung aufhielten und den Alarm hörten, klemmte mich meine Mutter unter den Arm und eilte mit mir zum Bunker. Genau kann ich mich noch erinnern, dass meine Mutter immer wahnsinnige Angst hatte, die sich auch auf mich übertrug. Sie hatte Sorge, dass meine Brüder es nicht mehr rechtzeitig zum Bunker schaffen würden, denn sie kamen immer erst später nach.

Die Situation im Bunker war erdrückend. In dem Raum voller Menschen saßen wir ziemlich hinten gegenüber der Eingangstür. Ich meine mich zu erinnern, dass wir eine Treppe hoch mussten, wo noch andere Mütter mit kleinen Kindern saßen. Dort im Bunker haben wir die ganze Nacht ausgeharrt.

Meine Großeltern, Hermann und Elisabeth Oortgiese, geborene Remmerssen, besaßen eine Schlachterei im Haus Große Deichstraße Nr. 14. Bei dem Bombenangriff am 6. September 1944 ist das Haus bis auf die Grundmauern zerstört worden. Die Nacht nach dem Bombenangriff hatten meine Großeltern im Bunker an der Lookvenne verbracht, der etwa dort stand, wo heute der Aldi-Markt am Burggraben ist. Die ganze Straße, in der meine Großeltern einst gewohnt hatten, war weggebombt worden.

Am nächsten Tag nach dem großen Bombenangriff saßen meine Großeltern bei uns zu Hause auf dem Sofa, denn unser Haus stand ja noch. Kurz darauf sind sie nach Hage gezogen, denn bei uns gab es auf Dauer nicht genug Platz für uns alle. Sie blieben auch nach dem Krieg noch in

Hage wohnen, wo meine Großmutter 1950 starb. Opa kam zurück nach Emden. Er bekam eine Wohnung in der Klunderburgstraße, quasi in der Verlängerung der Großen Deichstraße. Dort an der Straßenecke zur Großen Burgstraße hatte er früher ein Grundstück mit dem Betrieb besessen.

Nach jedem Bombenangriff ist meine Mutter mit uns Kindern für eine Weile von Emden weggezogen. Einmal waren wir in dem kleinen Ort Roßwein in Sachsen, etwa 50 Kilometer westlich von Dresden. Dort wohnten wir bei unseren ehemaligen Nachbarn, Familie Handke. Herr Handke war Goldschmied und hatte bei Juwelier Richter seine Ausbildung absolviert. Als ich neun Jahre alt wurde, hat mir Herr Handke einen Anhänger mit Herz für meine Halskette geschenkt. Auf dem Herz aus Silber ist mein Name „Lisa" eingraviert. Diese Halskette trägt mein Mann Peter heute.

Ein anderes Mal hat meine Mutter nach einem Bombenangriff wieder die Stadt verlassen und ist mit uns nach Erlangen gezogen, wo mein Onkel, Hidde Oortgiese, mit seiner Familie wohnte. Als ich 1947 eingeschult wurde, schenkte mir Onkel Hidde einen Schulranzen, den er mir nach Emden schickte. Ich kam an die Barackenschule Neue Heimat. Unser Klassenlehrer war Lehrer Ditsch. Wir schätzten ihn sehr wegen seiner ausgesprochen freundlichen Art. Leider ist er sehr früh gestorben. Nach seinem Tod waren wir Schüler alle betroffen und traurig, sodass man für uns Kinder extra eine Trauerfeier am Friedhof an der Auricher Straße organisierte.

Als Emden vollkommen zerstört war nach jenem furchtbaren 6. September 1944, sind wir nach Riepe evakuiert worden. Hier fühlte sich meine Mutter sicher, was auch wir Kinder spürten und etwas unbeschwerter wurden. In Riepe habe ich ganz schnell die plattdeutsche Sprache gelernt. Wir wohnten bei Familie Buskohl, die ich als sehr nette Menschen in Erinnerung habe. Hinter dem Haus der Familie befand sich ein sogenannter Hühnerbunker, der so flach war, dass gerade einmal die Hühner sich bequem darin bewegen konnten. Doch wenn es Alarm gab, sind wir auch dort hinein gerobbt und harrten in geduckter Stellung aus - bis wieder Ruhe eingekehrt war und wir den Bunker verlassen konnten. Im Nachhinein glaube ich aber, dass dieser Hühnerbunker nicht stabil genug war, um uns zu schützen.

Etwa acht Monate sind wir - bis nach Ende des Krieges - bei der Familie untergekommen. Zwei Zimmer - eine Schlafstube und eine Wohnstube - durften wir Kinder mit unserer Mutter für uns benutzen. Mein ältester Bruder Hermann hat in jener Zeit angefangen zu arbeiten, und zwar ist er als Vermessungstechniker in die Lehre gegangen. Er war in Emden angestellt, und so wie ich es in Erinnerung habe, ist er immer mit dem Fahrrad nach Emden gefahren. Die Strecke zwischen Riepe und Emden mit dem Fahrrad zurückzulegen bedeutete damals eine ziemliche Kraftanstrengung, denn es gab keine befestigten Wege. Die Fahrt ging durch den sogenannten Sandkasten. Diese unebene Bodenbeschaffenheit machte es Zweiradfahrern besonders schwer.

Manchmal ist auch meine Mutter mit mir nach Emden mit dem Fahrrad gefahren. Ich saß dann vorne bei ihr im Korb. Hin und wieder wurden wir von feindlichen Flugzeugen überrascht. Dann sprang meine Mutter schnell vom Fahrrad, holte mich aus dem Körbchen heraus und sprang mit mir zusammen in den Graben neben dem Weg. Meistens gerieten wir dabei mit beiden Beinen in den matschigen Schlot. Notdürftig putzten wir uns ab, als die Tiefflieger vorüber waren und setzten unseren Weg fort. Wenn meine Mutter zu müde war, um durch den Sand zu fahren, schob sie zuweilen das Rad mit mir im Korb sitzend. Ich hatte mich inzwischen an solche Situationen gewöhnt, denn meine Mutter nahm mich überall mit hin. Die hohe, lange Luftbrücke in Uphusen gab es damals noch nicht. Wenn wir den Ems-Jade-Kanal bei Uphusen über die alte Holzbrücke „Wachthaus Tille" überquert hatten, wussten wir, dass wir es nicht mehr weit haben würden bis zur Emder Innenstadt.

Als wir - meine Mutter, meine Brüder und ich - schließlich nach dem Krieg nach Emden zurückkehrten, fanden wir unsere Wohnung in der

Bolardusstraße ziemlich heruntergekommen vor. Anfangs hatte meine Tante sich dort einquartiert, doch später kamen Fremde in unsere Wohnung, die sich offensichtlich nicht verantwortlich fühlten. Irgendwie schafften wir es, uns wieder häuslich einzurichten.

Nach dem Krieg, 1949, kam auch mein Vater aus der Kriegsgefangenschaft zurück nach Emden. Sichtlich gezeichnet erkannten wir ihn nicht als denjenigen, der er noch vor dem Krieg gewesen war. Mein Vater, Jahrgang 1908, war zwar erst 41 Jahre alt als er zurückkehrte, doch er wirkte wie ein alter, gebrechlicher Mann. In Dänemark war er als Soldat ausgebildet worden und hatte wohl auch die schlimme Zeit in Stalingrad miterlebt. Mir selbst hat er nichts erzählt von dem, was ihm widerfahren war, doch bei meinen Brüdern hat er sich alles von der Seele geredet. Besonders meinem ältesten Bruder, Hermann, erzählte mein Vater viel von den Geschehnissen im Krieg. Es war sehr gut für meinen Vater, dass er mit seinem Trauma nicht isoliert war. Mit mir hat er allerdings nie über den Krieg gesprochen, wahrscheinlich um mich zu verschonen.

Die Kriegserlebnisse brachten auch eine weitere Wende hinsichtlich des Berufes. Mein Vater, der vor dem Krieg als Schlachtermeister gearbeitet hatte, wollte kein Schlachter mehr sein. Er sagte, er könne kein Tier mehr töten. Er war in die Fußstapfen seiner Eltern getreten, deren Fleischereigeschäft sich an der Ecke Große Burgstraße befand, in dem unten im Salzkeller das Fleisch konserviert wurde. Nebenan im Keller war die Wurstküche, wo hin und wieder eine Scheibe abfiel für hungrige Kinder.

Mein Bruder erzählte, dass er oft in den Haufen von Sägemehl gespielt hat, die für die Fleischräucherei dort gelagert wurden. Zwar schimpfte der Opa immer, weil die Kinder die Sägemehl-Haufen durcheinander- und auseinanderwirbelten, doch das hinderte sie nicht, wiederzukommen, wenn Opa weg war.

Mit seinem kleinen, dreirädrigen Wagen der Firma „Goliath" mit dem Motor unter dem Fahrersitz fuhr unser Vater Waren aus zu den Kunden, bevor er in den Krieg ziehen musste. Mit diesem kleinen Wagen fuhr er im Schritttempo durch die schmalen Gassen, in denen ein Auto modernerer Machart wie wir es heute kennen, niemals durchgepasst hätte. Außerdem waren die Straßen in der Innenstadt nicht ausschließlich für die wenigen Autos vorgesehen, die es damals gab, sondern die Straßen wurden auch für andere Zwecke genutzt. Zum Beispiel stellten die Hausfrauen ihre Wäscheständer, die „Rakjes", zum Wäschetrocknen einfach auf die Straße. In den engen Hinterhöfen war ja kaum Platz für alle und alles. Mein Vater belieferte auch die Heringslogger mit seinen Produkten. Doch zu Beginn des Krieges hat der Sicherheits- und Hilfsdienst, SHG, den „Goliath" beschlagnahmt. Man hat den Menschen ja alles genommen, um die schreckliche Ideologie der Nationalsozialisten zu realisieren. Nachdem mein Vater seines „Goliath" beraubt wurde, lieferte er mit dem Handwagen seine Waren an die Kunden.

Ich habe noch ein Foto in meinem Album, auf dem das Geschäft mit dem Schaufenster der Schlachterei in der Großen Deichstraße zu sehen ist. Damals gab es wohl keine Möglichkeit für den Sohn eines selbständigen Einzelhändlers, einen anderen Beruf zu wählen als der Vater, sodass mein Vater von meinem Großvater wahrscheinlich nicht mit der größten Begeisterung das Schlachter-Handwerk erlernt hat. Meine Brüder haben auch andere Berufe gewählt, aber als Kinder spielten sie gerne im Betrieb, besonders unmittelbar dahinter stand angrenzend das Packhaus mit Räucherkammer, und auch auf dem Dachgarten darüber boten sich gute Spielmöglichkeiten.

1989 starb mein Vater im Alter von 81 Jahren. Von den schrecklichen Erlebnissen im Krieg hat er sich niemals erholt.

Nach der Bombardierung Emdens waren viele Bürger ohne Obdach. Dieses Bild zeigt eine Notwohnung in der Kirchstraße.

„Erstaunlich, was Kinder leisten"

Christine Eilers

„geborene Meyer, Jahrgang 1935"
hat als neunjähriges Mädchen vom Deich in Neßmersiel den schweren Bombenangriff auf die Stadt Emden beobachtet. Sie selbst war bei Verwandten in Sicherheit. Doch die Sorge um die kranke Mutter war groß, denn es konnte kein Telefonkontakt hergestellt werden. Am 1. September 2018 gehen ihre Gedanken in jene Zeit zurück.

Als Emderin kam ich, da die Bombenangriffe in Emden 1944 immer häufiger wurden, als Neunjährige zu Verwandten auf den Bauernhof von meinem Onkel und meiner Tante, Ino und Elisabeth Steffens, in Neßmerpolder hinterm Deich. Sie haben mich für ein Jahr aufgenommen und versorgt so gut es ging. Dort musste ich auch in die Schule gehen. Zuerst ging ich in die Schule in Neßmersiel, wo die Klassen eins bis acht in einem Raum zusammen unterrichtet wurden, da es erstens kaum Lehrer gab und zweitens nur wenige Schüler, weil sie evakuiert waren. Unterrichtet wurde nur Deutsch, Rechnen, und Lesen, und zwar etwa zwei Stunden am Tag. Zeitweise schickte man uns später in die Schule in Dornumersiel. So gingen wir täglich fünf Kilometer hin und fünf Kilometer zurück von Neßmerpolder bis Dornumersiel. Die Schulwege dauerten insgesamt etwa zwei bis drei Stunden jeden Tag, und das unter fürchterlicher Angst vor Fliegeralarm.

Meine beiden jüngeren Schwestern waren an anderen Orten untergekommen. Elke wohnte in Risa in Sachsen bei Verwandten. Elisabeth war ebenfalls evakuiert und wohnte bei einem fremden, kinderlosen Ehepaar in Emden, das sie gut versorgte.

Im Herbst 1944 nahmen die Bombenangriffe massiv zu. Es gab verstärkte Angriffe auf Schiffe in der Nordsee durch die Tiefflieger, die sich ihre Opfer suchten. Wir mussten Grausiges an Verwundeten mit ansehen. Wenn diese nach den Bombardierungen an den Deich gespült wurden, rannten Helfer und auch wir Kinder mit unseren Verwandten immer schnell an den Deich, um die verwundeten Seeleute zu retten.

Die Töchter von meinem Onkel und meiner Tante, Olga und Ina Steffens, waren ausgebildet zu Rote-Kreuz-Helferinnen. Auf Bettlaken und hergestellten Hilfstragen brachten sie Blutende zum Teil Schwerverletzte auf den Hof und in die Wohnstube, wo sie die Verletzten erstversorgten. Dort musste ausgeharrt werden, bis irgendwann einmal ein Krankenwagen aus Norden ankam. Kaum jemand von den Jüngeren kann sich heute vorstellen, was wir Kinder mit ansehen mussten, wie viel Blut wir sahen und auch mithalfen, das Blut aufzuwischen und zu beseitigen. Aber das war in dem Moment egal. Wenn die Not da ist, kann man so vieles ertragen und hilft. Auch wir Kinder packten mit an.

Dann irgendwann trafen unglaublich viele Flüchtlinge ein. Alle einheimischen Familien im Dorf mussten zusammenrücken, damit die Flüchtlinge unterkommen konnten. Drei Zimmer von Onkel und Tante der drei erwachsenen Töchter wurden beschlagnahmt und mussten zur Verfügung gestellt werden. Ich kam mit meinen langen Beinen in ein Kinderbett mit Gitterstäben an den Seiten, und musste bei Onkel und Tante im Schlafzimmer mit angewinkelten Beinen schlafen - und das für ein halbes Jahr.

Wir waren ganz einfach froh, die vielen Angriffe auf Emden nur von weitem sehen zu müssen. Dann standen wir auf dem Deich, und wenn wir rote Rauchwolken am Himmel sahen, wussten wir: Emden hatte wieder einen Angriff. Ob unsere Verwandten und die Häuser verschont blieben? Wir wussten es oft erst durch eine Postkarte.

Ich wurde in Emden geboren und habe bis zur Evakuierung mit meinen Eltern, Christoph und Margarethe Meyer, geborene Gröst, und meinen beiden jüngeren Schwestern in der Gräfin-Anna-Straße Nr. 14 gewohnt. Mein Vater war gebürtiger Emder. Er wurde am 27. August 1907 in Wolthusen geboren und unterrichtete später als Sonderpädagoge unter anderem an der Wallschule. Als einziger von den fünf Söhnen seiner Eltern hatte er studieren können. Als ich in Neßmersiel evakuiert war, starb mein Vater am 19. April 1945 im Alter von 38 Jahren. Er befand sich auf dem Weg von Russland zurück in die Heimat und wurde in Stapel bei Bremen in einem Wald erschossen. Ich war damals zehn Jahre alt und weiß bis heute nicht, wer es damals auf ihn abgesehen hatte.

Einen großen Teil meiner Kindheit habe ich im Haus meiner Großeltern väterlicherseits, Johannes und Anna Meyer, in Wolthusen verbracht. Mein Großvater war Telegrapheninspektor im Emder Telegraphenamt. Das Haus in Wolthusen ist das Geburtshaus meines Vaters und es bedeutet mir noch heute sehr viel. Nach den Bombenschäden im Zweiten Weltkrieg und Zerstörungen wurde auf dem Grundstück nach dem 6. September 1944 ein Behelfsheim hergerichtet, das heute noch steht. Bewohnt wird es seit vielen Jahren von meiner Cousine, die sich in Erinnerung an die Großeltern dort ein ansehnliches Zuhause geschaffen hat und dieses bis heute pflegt.

Es kam der Tag, an dem Emden massiv bombardiert wurde: der 6. September 1944. Vor wenigen Tagen bin ich von meinem heutigen Wohnort Norddeich nach Neßmersiel an den Deich gegangen, wo ich vor 74 Jahren als kleines Mädchen gestanden hatte. Heute kann man bei klarem Wetter den Thyssen-Kran der Nordseewerke sehen. An jenem 6. September 1944 kamen fast alle Dorfbewohner an den Deich. Mein Onkel, meine Tante und viele Verwandte hatten gerufen: „Emden brennt." Es war ein sonniger, windstiller Spätsommertag kurz nach 18 Uhr. Fassungslos standen wir auf dem Deich und sahen einen breiten, roten Feuerball über der Stadt. Lange standen wir dort und sprachen kein Wort. Mein Vater war zu jener Zeit als Soldat in Russland, meine Mutter in Emden. Wie ich später erfuhr, hatte sie sich in den roten Bunker bei der Commerzbank gerettet, wo wir drei Schwestern mit Mutter schon früher zeitweise in einer für uns reservierten Zelle ausgeharrt hatten.

Vom Deich in Neßmersiel sahen wir nur lodernde Feuerflammen am Himmel als die Bomber der Alliierten über Emden flogen. Um meine Mutter machte ich mir große Sorgen, denn sie war herzkrank und es gab keine Telefonverbindung nach Emden.

Drei Tage später machten wir uns auf den Weg nach Emden, weil wir doch irgendwie die Nachricht bekommen hatten, dass es meiner

Mutter schlecht ging. Meine Schwester Elke war inzwischen auch bei uns. Ein Franzose, der Helfer auf dem Hof war, sollte uns mit Onkels Trecker nach Emden bringen. Wir Mädchen versteckten uns auf einem alten, roten Unterbett unter einer Plane und wir hatten nur Angst - die ganze Zeit. Man durfte das Dorf eigentlich nicht verlassen. Doch der Plan war, dass wir ältesten Töchter unsere Mutter in Emden pflegen sollten.

Die Fahrt nach Emden mit dem Trecker dauerte einen ganzen Tag. Wir fanden die Stadt in Schutt und Asche vor und tagelang kam Qualm aus dem Boden. Mutter lag in unserer Wohnung in der Gräfin-Anna-Straße auf dem Sofa. Die Mauern des Hauses standen noch, aber die Fenster waren durch den Luftdruck der Bomben herausgeflogen und die Gardinen wehten im Wind. Die Zwischendecken waren gerissen und es drohte die Gefahr des Einsturzes. Später zogen wir in den stabilen Keller. Als sich nach einigen Tagen eine Pflegerin um unsere Mutter kümmerte, fuhren wir Schwestern wieder nach Neßmersiel. Meine Mutter erholte sich und starb 2007 im Alter von 92 Jahren.

Bei einem früheren Bombenangriff, als die Post in der Cirksenastraße getroffen wurde, waren wir Mädchen mit unserem Vater auf dem Weg zum Bunker. Wie ich mich erinnere, war der Himmel voller roter Kugeln. Papa sagte nicht, dass es Bomben waren, um uns nicht zu verunsichern und wir kamen wohlbehalten im Bunker an. Mein Vater war mit seiner ruhigen Art die Güte in Person. Er sagte immer: „Ihr braucht keine Angst zu haben. Gott beschützt uns."

Zurück in Neßmersiel, nachdem wir Emden wieder verlassen hatten, trafen nach dem Untergang der „Wilhelm Gustloff" am 30. Januar 1945 Überlebende als Flüchtlinge ein. Fünf kamen auf den Hof von Onkel und Tante in Neßmersiel. Sie hatten nichts, nur was sie am Leibe trugen. Eine Frau, die bei uns wohnte, hatte bei ihrer Rettung von dem Schiff ihre vier Kinder in dem Gedränge verloren. Ein Lebenszeichen gab es nicht. Die Frau saß tagelang in schwarzer Kleidung von meiner Tante am Fenster und sprach kein Wort. An dem wenigen Essen, das wir alle teilten, hatte sie kein Interesse. Wir haben Stunden neben ihr gesessen, nur um bei ihr zu sein. Sie verließ den Fensterplatz nicht, um zu sehen, ob vielleicht ihre Kinder auf dem Deich angelaufen kämen. Sie ging auch nicht schlafen, um nicht zu versäumen, die Kinder zu sehen, sollten sie nach ihr suchen.

Nach der Kapitulation am 8. Mai 1945 wurde diese noch völlig verstörte Frau vom Roten Kreuz der Schweiz, vermittelt von der Kirche, in eine Betreuung gebracht. Wir hörten nie wieder etwas von ihr. Unmittelbar nach Kriegsende sahen wir auf der Landstraße in Neßmersiel die rollenden Panzer der Alliierten fahren.

Im Jahr darauf - 1946 - fuhr ich mit dem Rote-Kreuz-Zug in die Schweiz zu Pflegeeltern. In Emden gab es nicht genug zu essen, nichts anzuziehen, und ich war Halbwaise, abgemagert bei meiner Größe auf ein Minigewicht. Mit einem Sammeltransport vom Roten Kreuz, organisiert durch die evangelische Kirche, sollte ich für drei Monate zu Familie Wehle in der Schweiz. Sie hatten sich bereiterklärt, bedürftige Kinder aus Deutschland aufzunehmen. Mit dem Nötigsten, durchlöcherten Schuhen von meiner Mutter, aber einem schönen Mantel, den meine Mutter mir aus einer hellgrauen Wolldecke hatte nähen lassen, ging die Fahrt los. Ein Betreuer, der Fotograf Noack, den wir kannten, begleitete uns Kinder. In den Mantel hatte meine Mutter mir einen Brief im Saum einnähen lassen, was nicht erlaubt war. Man durfte keine Papiere bei sich haben. So war die Fahrt am ersten Tag voller Angst für mich, doch es gab Weißbrot, Apfelsinen und Tee von den Alliierten. An der Grenze angekommen, wurde der Brief nicht entdeckt, aber mein Visum für den Aufenthalt fehlte.

Ich wurde an der Grenze festgehalten, und musste in Lörrach auf einer Bank übernachten. Der Zug war ohne mich weitergefahren. Es war ganz schlimm. Gottlob konnte die Familie Wehle telefonisch regeln, dass sie mich am nächsten Tag an der Grenze am Schlagbaum abholen konnten.

Beim Empfang erwarteten mich schön gekleidete Pflegeeltern mit tollem Auto. Ich sah keine Trümmer, keine Soldaten, doch ich hatte Angst und fühlte mich einsam fern der Heimat ohne meine Familie.

Wir fuhren nach Oerlikon bei Zürich, wo eine schöne Villa stand, mit großem Garten, und dort erwartete mich ein malerisch, einmalig schön gelegenes Zimmer, wo ich nun drei Monate sein durfte. Zum Empfang gab es frisch gebackenen Pflaumenkuchen. In meinem Zimmer lag ein Teddy auf dem sauberen Bett. Ihm habe ich alles erzählt, was mich bewegte.

Aufgepäppelt mit Tomaten, Weintrauben, anderen Lebensmitteln und einem vitaminreichen Getränk konnte ich ganz langsam wieder länger laufen und kam zu Kräften. Tante Hedwig, meine Pflegemutter, half mir immer wieder, wenn ich nicht weiter wusste, weil mein über alles geliebter Vater tot war. Oft meinte ich auf der Straße ihn dort laufen zu sehen und dachte, er kommt zurück. Tante Hedwig, an die ich bis heute in Dankbarkeit denke, hat mir damals viel Gutes gegeben mit ihrer Zuwendung.

Sie fuhr mit mir in der Trambahn in die Stadt und kaufte mir hohe, braune Schnürschuhe und Wäsche. In der Stadt und in der Bank durfte ich nicht sprechen, weil die Deutschen so verhasst waren und Wehles Autolackiererei-Fabrik eventuell geschäftlich gelitten hätte.

Nach einiger Zeit wurde ich aber akzeptiert und musste in eine Schule. Herr Metzger, mein Lehrer, hatte Verständnis für uns Kinder aus Deutschland. Die zweijährige Mädchenschule hat mich zu Höchstleistungen gebracht, ich wurde Klassenbeste und hatte viele liebe Freundinnen. Eines Tages durfte ich einen Aufsatz über Kriegserlebnisse in Deutschland in das „Goldene Buch" der Stadt Zürich eintragen. Diesen Aufsatz gibt es bis heute im Archiv dort. Mit dieser großen Ehre konnte ich meinen Pflegeeltern eine Freude machen. Wegen meiner Leistungen wurden aus drei Monaten zwei Jahre und mein Visum wurde immer wieder verlängert.

Zu meiner Mutter hatte ich in jener Zeit kaum Kontakt, denn es gab kein Telefon, und die Post war mehrere Monate unterwegs. Doch dann ging es zurück nach Emden, wo ich mit meinen schönen mitgebrachten Sachen aus der Schweiz erwartet wurde. Meine beiden Schwestern und meine Mutter lebten noch in ärmlichen Verhältnissen. Inzwischen schrieben wir das Jahr 1948. Es gab noch Lebensmittelkarten, und ich musste alles Mitgebrachte aus der Schweiz teilen. Aus Stoffen ließ meine Mutter sich ein schönes Kleid machen.

Der Kontakt zu den Pflegeeltern hielt 3o Jahre - dann starb meine Pflegemutter an einem Gehirntumor. Den Onkel habe ich noch einmal besucht. Bis zu seinem Tod haben wir uns geschrieben. Eine Verbindung, die bis heute in meinem Herzen lebt. Briefe dieser Zeit liegen als kleines Heiligtum der Kriegszeit in meinen Unterlagen.

Nach meiner Rückkehr habe ich nach der Zerstörung des Hauses in der Hinne-Rhode-Straße zusammen mit meinem Opa in einer Kittelschürze Steine geklopft, die wieder verwendet wurden für den Aufbau und heute immer noch im Behelfsheim vorhanden sind. Tante Leni stand unten und gab mir Ziegel an, die ich beim Bau weiter nach oben reichte. Wir Kinder hatten arbeiten gelernt.

Es ist überhaupt erstaunlich, was Kinder leisten mussten. Keiner fragte später: „Hattest du eine schwere Kindheit?" Und auch die tapferen Frauen, die ihre Männer im Krieg verloren haben, und als Alleinerziehende unter den Kriegs- und Nachkriegsbedingungen ihre Kinder großziehen und das Land wieder mit aufbauen mussten, wurden nicht bemitleidet. Sie beschwerten sich nie und arbeiteten fleißig ohne zu stöhnen, als ob es nichts Besonderes wäre. Heute können sich vor allem junge, gut versorgte Menschen hierzulande kaum vorstellen, was Menschen ertragen können.

Ich begann eine Lehre auf den Nordseewerken zur Verwaltungsangestellten und arbeitete acht Jahre auf der Werft, bis meine drei Kinder zur Welt kamen. Heute bin ich mit meinen 83 Jahren eine glückliche Großmutter mit neun Enkeltöchtern, die alle anständig und gut sind. Ich musste meine Kinder alleine erziehen, weil ich früh Witwe wurde. Urlaub gab es für mich nie. Wir radelten durch Ostfriesland oder spielten Federball. Ich habe gelernt, auch ohne Geld steinreich zu sein - steinreich an Erfahrungen, Begegnungen mit ehrenwerten Menschen und Werten, die mit Geld nicht zu bezahlen sind. Die Botschaft, auch ohne großen Konsum zufrieden zu sein, den folgenden Generationen mitzuteilen, liegt mir am Herzen.

Der Bereich um das Telegraphenamt hatte im Zweiten Weltkrieg massiven Schaden erlitten.

Schluchzen in den Morgenstunden

Judith Rosner
„geborene Müller, Jahrgang 1930"
hat am 27. August 1944 ihren kleinen Bruder bei einem Bombenangriff auf die Stadt Emden verloren. Für die Geschwister hatte es schon zuvor viele Verluste und Demütigungen gegeben. Die Mutter ging in jener Zeit voller Sorge um ihre Kinder an die Grenzen der Belastbarkeit.
Sie erinnert sich am 08. September 2018 an Folgendes:

Teil 1

Meine Geschichte nenne ich „Kriegs-Kinder-Herzen", denn sie handelt vom Krieg, von Kindern und von Herzensangelegenheiten.
Meine Eltern, Jan und Gertrud Erika Müller, geborene Spielmann, hätten beinahe angefangen zu streiten, nachdem mich meine Mutter 1930 nach drei Tagen und drei Nächten in den Wehen als Zangengeburt auf die Welt gebracht hatte. Sie hätte mich, ihr erstes Kind, lieber Hannelore genannt, doch mein Vater hatte mich als Judith beim Standesamt in Essen angemeldet.
1932 folgte unser Umzug nach Frankfurt/Oder, wo mein Bruder Helmut geboren wurde. Auch dort blieb die Familie nur wenige Jahre, denn im Juni 1939 zogen wir schließlich nach Emden. Kurz darauf, am 1. September, begann der Zweite Weltkrieg und mein Vater wurde zur Luftwaffe eingezogen.

Unser gesamtes Leben drehte sich in einem christlichen Elternhaus um den Gottesdienst. Am Sonntag war Morgengottesdienst mit anschließendem Kindergottesdienst. Das Mittagessen war zu Hause vorbereitet und um 16 Uhr gingen wir zum zweiten Kirchgang. Die Jugendstunde fand danach statt. Dienstags übten wir mit dem Chor und mittwochs war Bibelstunde.

Da die Freunde meiner Eltern und meine Freunde alle in diesem Rhythmus lebten, war es für uns selbstverständlich und wir dachten nicht darüber nach, dass es auch noch andere Formen des Zeitvertreibs geben könnte. Aber das änderte sich: 1936 wurde ich nach Ausheilung einer Lungenerkrankung erneut eingeschult. Wir standen alle auf dem großen Schulhof der Nikolaikirche in Frankfurt/Oder und sangen das Horst-Wessel-Lied. Es folgte „Deutschland, Deutschland über alles…" und sämtliche Lehrer und Schüler hielten ihren rechten Arm hoch. Ein Gruß zu „Ehren des Führers". Und das für die Dauer des gesamten Liedes. Mir tat mein kleiner Arm weh und ich legte ihn meinem Vordermann auf die Schulter.

Mein Vater war von Anfang an gegen dieses Regime und voll kritischer Sorge. Er sah voraus, dass dieser Mensch namens Adolf Hitler noch Elend über unser Land bringen würde. Dies offen auszusprechen war bereits mehr als gefährlich. Meine Mutter hatte alle Mühe, meinen Vater immer wieder zu beruhigen. Er war schockiert über diesen Wahnsinn, über all diejenigen, die nichts unternehmen wollten, weil sie immer noch glaubten, alles würde schon noch eine Wende nehmen. Doch er sah das Unglück kommen, und Mutter flehte immer wieder: „Du riskierst dein Leben! Wie sollen wir hier leben ohne dich, Jan? Wir brauchen dich doch!" Mein Vater wusste, dass sie recht hatte. Ohne Parteibuch wurde er ganz schnell arbeitslos als Mitarbeiter in der Ausbildung in einem Rechtsanwaltsbüro.

Eines Nachts, es war der 30. August 1939, hämmerten Soldaten laut und ungeduldig an unsere Wohnungstür in der Martin-Faber-Straße: „Sofort mitkommen, Herr Müller!" Diese Worte duldeten keinen Widerspruch. Eine feste Umarmung, ein Kuss auf die tränenfeuchten Wangen meiner Mutter, der Griff zum Mantel - das war alles.
Als er zur Luftwaffe eingezogen wurde, war mein Vater gerade 39 Jahre alt geworden, ich war neun Jahre alt und mein Bruder Helmut anderthalb Jahre jünger. Mutti mit 33 Jahren war im zweiten Monat schwanger. So blieben wir drei in unserem Hausflur zurück.
Meine Mutter weinte verzweifelt, auch, weil sie sich nur zu gut an den Ersten Weltkrieg erinnerte.

Schon bald darauf dröhnten die ersten Flugzeuge über Emden. Es hieß, es hätte nichts zu bedeuten, es wären nur Aufklärungsflugzeuge, die auskundschaften sollten, ob wir militärische Stützpunkte hätten. „Die gibt's doch bei uns gar nicht", dachten wir und erwarteten aus der Luft keine Gefahr. Doch Emden wurde bombardiert. Unsere Mutter gab uns kurze und knappe Anweisungen, als wir aus unserem Keller nach oben in die Wohnung kamen. Wir nagelten die zerstörten Fenster mit Holz oder Pappe wieder zu. Wenn Papa doch nur da gewesen wäre. Aber unser Vater kämpfte an der Front für „Führer, Volk und Vaterland". „Fegt als nächstes sofort die Scherben auf", befahl unsere Mutter in strengem Ton. Ihr ging es mit ihrer Schwangerschaft sehr schlecht.

Im April 1940 wurde unsere kleine Schwester Renate geboren. Ein Trost war für uns, dass unser Vater deswegen ein paar Tage Urlaub bekam. Es war so unglaublich schön, ihn wieder zu Hause zu haben. Als der Tag der Abreise kam, war uns allen schwer ums Herz. Mutti klammerte sich an ihn, als wolle sie ihn nie wieder loslassen.

Zwecks Evakuierung in sichere Gebiete wurden wir alle ins Erzgebirge und nach Sachsen gebracht. Meine Mutter und meine kleine Schwester Renate sollten an einem anderen Ort untergebracht werden als mein Bruder und ich. Wir wurden mit vielen anderen Kindern auf einem kleinen Bahnhof in Thalheim im Erzgebirge zusammengepfercht. Diese Unsicherheit, was mit uns geschehen sollte, wo Mutti und Renate waren, diese Angst lag wie Wackersteine in unseren Kindermägen.

Viele Erwachsene standen uns gegenüber, machten lange Hälse und guckten sich passende Kinder aus. Sie schienen, als hätten sie die Qual der Wahl. Wer ist besser zum Melken geeignet, mit wem haben wir eine gute Küchenhilfe? Die einen hatten sich auf ein Mädchen festgelegt, die anderen auf einen Jungen. Wir fühlten uns, als sollten wir verhökert werden. Ein Pärchen, wie uns zwei, schien keiner zu gebrauchen und ich hatte Angst, dass man uns trennen würde.

Der Kloß in meinem Hals fühlte sich groß wie ein Fußball an und selbst mein kleiner, tapferer Bruder, der immerzu beigebracht bekam, dass ein „großer Junge" nicht zu weinen hätte, schluchzte so fürchterlich, dass auch ich meinen Tränen freien Lauf ließ. Wir klammerten uns fest aneinander. Während viele Erwachsene bereits Kinder ausgesucht hatten und sich auf den Heimweg machten, kam ein Ehepaar auf uns zu. Sie nickten uns freundlich zu und meinten: „Wir nehmen euch alle beide."

Obwohl wir zusammenbleiben durften, war es eine schwere Zeit für uns. Alles war fremd und unsere Mutti war mit Renate für uns unerreichbar in der Nähe von Chemnitz in Sachsen untergebracht. Wir sahen uns für lange Zeit nicht und hatten immer wieder mit allerschlimmstem Heimweh zu kämpfen.

Unsere Pflegeeltern, sie hießen mit Nachnamen „Kinder", waren Küster und gute Menschen. Sie sorgten in der Kirche für Ordnung. Er war unter anderem dafür zuständig, Gräber auszuheben. Bei allen möglichen Gelegenheiten wurden die Glocken geläutet, die im Glockenturm noch mit dem Seil gezogen wurden. Das war künftig die Arbeit meines Bruders und mir. Pünktlich zu sein, war dabei ganz besonders wichtig und es fiel mir schwer, denn ich spielte so gern. Meinem kleinen Bruder ging es nicht anders und es kam nicht selten vor, dass wir streng zur Ordnung gerufen wurden.

Irgendwie war es auch ganz schön aufregend manchmal. Bei Beerdigungen zum Beispiel kletterte einer von uns in die oberste Spitze vom Turm und einer blieb bei den Glockenseilen. Man konnte den Friedhof und den Ort von oben gut überblicken. „Anfangen!" schrie uns der Küster zu, nachdem er aus dem Haus getreten war und vor einem Sarg herging. Wir mussten dann so lange läuten, bis sich alle Trauergäste am Grab versammelt hatten. Schrie er: „Aufhören!", hielten wir das Glockenseil fest und mussten uns selbst hoch- und runterziehen lassen, damit die Glocke bloß schnell still wurde. Bei unserem Kindergewicht war das nicht einfach.

Oft klangen die Glocken nach und wir konnten von oben erkennen, wie der Küster die Augen verdrehte und Stoßgebete zum Himmel schickte. Gnade uns Gott, wenn wir nur ein kleines bisschen zu spät waren oder die Glocken nicht richtig schlugen. Dann konnte es ungemütlich für uns werden. Wir hatten jedenfalls bald die Nase gestrichen voll und meinten inzwischen, dass die Bomben zu Hause auch nicht schlimmer sein könnten. Unsere Mutti fehlte uns sehr, wir hatten sie eine Ewigkeit nicht gesehen und das Heimweh war unermesslich.

Erst nach einigen sehr bangen Monaten kamen Mutti und unsere kleine Schwester Renate uns besuchen. Was für ein Gefühl, sie endlich wieder in die Arme zu schließen. Ich bettelte, bei ihr bleiben zu dürfen. Und tatsächlich: Sie nahm mich mit, doch Helmut blieb bei dem Küsterpaar, das ursprünglich sowieso nur einen Jungen wollte. Irgendwann kam Helmut später nach und endlich waren wir wieder vereint - bis auf unseren Vater.

Es zog uns sehnsüchtig nach Hause. Mutti versuchte, Fahrkarten zu kaufen und weil es keine Fahrkarten für Fahrten über 100 Kilometer gab, kaufte sie die weiteren an den anderen Bahnhöfen nach. So fuhren wir Richtung Emden. Unsere Wohnung war ziemlich kaputt und auch geplündert. Eine freundliche Nachbarin ließ uns in ihrer Wohnung auf dem Fußboden schlafen. Mutti organisierte einige Männer von der Straße - holländische Kriegsgefangene - , die uns helfen sollten. Sie gab ihnen natürlich auch zu essen, was immer sie irgendwie abzwacken konnte, auch wenn das natürlich unsere eigenen Rationen spürbar schmälerte.

Zwischen Bombenalarm und Zerstörung versuchten wir, wie viele andere auch, wieder ein Dach über dem Kopf zu bekommen. Dann kam das Jahr 1944. Noch heute höre ich die Schreie meiner Mutter und die der anderen Frauen aus unserem Haus. Renate war aus dem Toilettenfenster im zweiten Stock gestürzt. Sie lag reglos im Schacht der Kellertreppe. Sie wurde sofort in die einzige, noch existierende Klinik von Dr. Lüken gebracht. Mutti sagte unter Tränen, dass Renate querschnittsgelähmt sei. Mutti war viel in der Klinik und Helmut und ich waren allein verantwortlich für das „Kriegsmanagement". Wir mussten unter anderem Koffer mit den wichtigen Papieren und Sachen für den Bunker packen.

Eine Weile später gab es eine aufregende Neuigkeit: Ärzte hatten gesehen, dass Renate wieder ihre kleinen Zehen bewegen konnte. So ging es in winzigen Schritten bergauf. Viele Operationen später konnte sie laufen, aber nie mehr beschwerdefrei. Noch heute hat sie Probleme als Folge des Sturzes.

Inzwischen hatte man für die Bevölkerung Bunker gebaut und wir fühlten uns einigermaßen sicher. Die Betuchteren der Stadt hatten in den Bunkern kleine Zimmer gekauft oder gemietet. Viele kauften verschließbare Truhen und Bänke, sodass wir Bürger keine Koffer mehr in den Bunker schleppen mussten.

Wir Kinder vertrieben uns die Zeit mit Spielen - verstecken und fangen. Wie wir jemals zu einem Schulabschluss kamen, ist mir bis heute ein Rätsel. Waren wir mal wieder in einer noch nicht zerbombten Schule oder in einem provisorisch hergestellten Klassenzimmer, hatten wir nur eins: Angst vor dem nächsten Alarm. Die überwiegend alten Lehrer erzählten hauptsächlich vom Ersten Weltkrieg.

An einem schönen, warmen Augusttag - am 27. August 1944 - war es vormittags ziemlich ruhig. Am Nachmittag wollten wir ins Kino gehen. Es sollte den ersten Farbfilm geben: „Immensee". Ich sollte Renate und Helmut mitnehmen. Da es nur noch ein Kino in Emden gab - das Apollo-Theater -, stellten wir uns auf lange Warteschlangen ein. An der Straßenecke Martin-Faber-Straße/Faldernstraße war Blättermanns Café mit einer Treppe Richtung Delft. Auf dieser Treppe trafen sich oft die Jungen der Straße und hielten Palaver. Sie sammelten Splitter und konnten ziemlich genau den Typ Bombe oder Granate erkennen. Mein Bruder stand bei ihnen. Ich sagte: „Komm mit ins Kino, Mutti will das so." Aber er bettelte: „Lass mich doch hier. Auf dem Rückweg kommt ihr ja wieder vorbei, dann komme ich mit und Mutti merkt gar nichts". Ich willigte ein und nahm außer meiner Schwester Renate noch ein kleines Mädchen aus unserem Haus mit.

Am Kino angekommen, gab es schon eine lange Schlange und wir stellen uns hinten an. Da heulten die Sirenen los. Aber es war nur Voralarm, das kannten wir schon. Doch plötzlich hörte ich Flugzeuge brummen und blickte nach oben. Es krachte und donnerte. Ich sah, wie sich das Glas der Schaufenster des gegenüberliegenden Schuhgeschäftes, Schuh Ota, erst nach innen und dann nach außen wölbte und mit einem großen Knall in sich zusammenstürzte.

Mit den Mädchen an der Hand rannte ich so schnell uns unsere Beine trugen in den kleinen Bunker gegenüber vom Kino. Als wir raus durften, rannten wir zum Lienbahnbunker, wo Mutti Schutz gesucht hatte. Es war eine Katastrophe für mich, als Mutti sah, dass Helmut nicht bei uns war. Das Treppenhaus zu unserer Wohnung war kaum begehbar, die Wohnung ein Berg von Trümmern und die Türen aus den Angeln gedrückt. Meine Mutter hatte nach langem Suchen Helmut nicht gefunden. Wir gingen gemeinsam auf die Suche. Inzwischen durchforsteten Feuerwehr und Schiffe den Hafen mit Netzen. Es gab eine Chance, dass Menschen durch den Luftdruck der Bomben ins Wasser geschleudert worden waren. Helmut zum Beispiel. Wir wurden aufgefordert zur Wallschule zu gehen, dort würden die Toten aufgebahrt auf dem Boden liegend mit Decken zugedeckt. Wir Kinder durften nicht mit in den Raum.

Aber wir sahen von der Tür, dass jemand eine Decke hochhob und sagte, ein hübscher blonder Junge läge darunter. Meine Mutter sah hin und sank in sich zusammen. Ohnmacht war in dieser Situation eine Gnade. Nachdem sie zu sich gekommen war, brachte man sie in die Klinik. Man gab ihr Medikamente und versuchte, unseren Vater telefonisch zu erreichen. Er sollte in Jever auf dem Flughafen sein. Auch dort hatte ein Angriff stattgefunden und die Soldaten seien wie lebende Fackeln über den Landeplatz gelaufen, hieß es.
Wir gingen alle gebrochen heim. In den frühen Morgenstunden hörten wir lautes Schluchzen. Mein Vater war von Jever nach Hause gekommen. Er hatte seinen einzigen Sohn auf so tragische Weise ver-

loren. Oft habe ich später gedacht: Wenn ich nur darauf bestanden hätte, dass er mit ins Kino kommt. Alle Jungen, mit denen er dort gespielt hatte, waren tot. Bei der gemeinsamen Beisetzung auf dem Friedhof Bolardusstraße musste mein Vater auch noch den Arm zum Führergruß erheben. Blind vor Tränen fiel er fast ins Grab und meine Mutter wieder in eine gnadenvolle Ohnmacht. Es war eine grauenvolle Zeit. Der Name meines Bruders soll im Rathausbogen zusammen mit den Namen anderer Bombenopfer eingraviert sein, haben mir Bekannte erzählt.

Stadtgarten mit Blick in Richtung Delft.

„Wir wollten leben statt nur überleben"

Judith Rosner
"geborene Müller, Jahrgang 1930"
hatte den Tod ihres kleinen Bruders noch
nicht ganz begriffen, als zehn Tage
danach - am 6. September 1944 -
schon wieder Flugzeuge Bomben
über Emden abwarfen.
Es folgte für die Familie eine
Odyssee heraus aus der Gefahrenzone
und die Suche nach einem sicheren Ort.
Am 6. Oktober 2018 erinnert
sie sich an jene Zeit:

Teil 2

Vor einigen Wochen hatte ich in der Serie „Emder erzählen" von dem tragischen Tod meines jüngeren Bruders Helmut, der bei dem verheerenden Bombenangriff auf Emden am 27. August 1944 ums Leben kam, berichtet.

Mein Vater, der als Soldat von Jever nach der Schreckensnachricht nach Emden gekommen war, blieb noch einige Tage und wir versuchten, zwischen Alarm und Trauer unsere Wohnung wiederherzurichten, die auch von den Bomben nicht verschont geblieben war.

Ich gehörte damals zu den zehnjährigen Mädchen und Jungen des „Jungvolk", und zwar zur Theatergruppe. Am 6. September 1944 nachmittags fand wieder ein solches Treffen statt. Wir wollten den Sommernachtstraum von Shakespeare lesen und später mal spielen. Gerade hatten wir uns in einem Schulraum in der Emder Altstadt hingesetzt und begannen zu lesen, als die Sirene Vollalarm heulte. Die Gruppenführerin überredete uns, die Unterlagen mit in den Hochbunker in der Altstadt zu nehmen, heute Bunkermuseum, um dort weiterzulesen.

Kaum hatten sich die schweren Eisentüren hinter uns geschlossen, fielen schon die ersten Bomben. Das Licht im Bunker ging an und aus und der ganze Bunker vibrierte. Verschiedene Nachrichten kamen zu uns herein. Es hieß: die ganze Stadt brennt. Wir Mädchen saßen in der obersten der vier Etagen, um an dem Stück weiterzuarbeiten. Nach einigen Stunden schob mir jemand eine Decke unter den Kopf und zitternd und weinend schlief ich ein.

Was war mit meinen Eltern? Als ich nach kurzem Schlaf zu mir kam, hatte ich furchtbare Kopfschmerzen vom Sauerstoffmangel. Durch die Ventilatoren kam keine Frischluft mehr herein. Ich blickte nach oben und sah mit Entsetzen, dass die Decke braun wurde. Was musste das für ein Brand sein, dass eine Bunkerbetondecke braun wurde.

Inzwischen waren die Eisentüren geöffnet, aber es kam nur Qualm herein. Als der Bunkerwart abgelenkt war, schlüpfte ich hinaus, nur eines im Sinn: ich wollte in unseren heimischen Bunker in der Lienbahnstraße, nahe unserer Wohnung in der Martin-Faber-Straße, in der Hoffnung, meine Eltern zu finden. Überall brannte es in der Dunkelheit und dazwischen waren die Löschtruppen der Feuerwehr. Verkohlte Hausgerüste tauchten vor mir auf. Ich kletterte über die Trümmer bis zur Kettenbrücke und verbrannte mir Arme und Hände. Die ganze Brücke war zusammengebrochen und ins Wasser gerutscht. Man konnte in der Dunkelheit nur Gesteinsmassen erkennen. Ein Feuerwehrmann verbot mir weiterzugehen. Doch als er gerade woanders hinsah, sprang ich die Böschung hinunter, kletterte über die herabgefallenen Trümmer der Brücke auf die andere Seite ans Ufer. Der Feuerwehrmann schimpfte hinter mir her.

Als ich den Bunker in der Lienbahnstraße betrat, hörte ich laute Rufe und Schreie, denn keiner hatte damit gerechnet, dass ich noch am Leben war. Ich erfuhr, dass mein Vater in den frühen Morgenstunden vergeblich alle in Frage kommenden Bunker nach mir, einem kleinen blonden Mädchen, abgesucht hatte, auch den, in dem ich im vierten Stock war.

Stunden später, als wir wieder zusammen waren, verlor meine Mutter die Nerven. Sie schrie immer und immer wieder: „Ich will hier weg, bringt mich hier raus, ich halte das nicht mehr aus." Meine Schwester Renate hatte eine Rauchvergiftung und sah furchtbar aus.
Sie erbrach ständig und wimmerte nur noch. Später gingen wir zur Wohnung, die wieder völlig zerstört war. Wir wollten weg und suchten Kleidungsstücke zusammen. Ich zog drei Kleider übereinander, denn wir konnten nur einen Koffer und eine Tasche mitnehmen. Für meine Schwester suchten wir ein paar Zwiebäcke zusammen und gingen zum Bahnhof, um einen Zug zu finden. Die Frage war: wohin? Überall in diesem Land war Krieg.

Wir nahmen den erstbesten Zug. Nach ein paar Stationen mussten wir schon wieder aussteigen und durch einen Eisenbahntunnel gehen, denn es gab schon wieder Fliegeralarm.
Meine Schwester wimmerte leise, meine Mutter weinte, und ich zitterte vor Angst. Alle blickten wir auf meinen Vater. Es war einfach tröstlich, dass er bei uns war, doch er musste bald wieder zurück, organisierte aber noch, dass Mutter und wir Kinder wieder nach Thalheim im Erzgebirge fahren konnten, wo ich mit meinem Bruder Helmut zuvor bei einem Küster-Ehepaar einquartiert gewesen war. Dort erholten wir uns langsam, während wir zudem bei der Kirchenarbeit halfen.

Es war zunächst sehr ungewohnt, ohne Angst vor Bomben und Alarm in die Schule zu gehen, und im Anschluss an die Volksschule war ich in der Hauswirtschaftsschule gelandet. Dazu fuhr ich mit dem Rad von Thalheim nach Meindersdorf und es machte mir wirklich Spaß, doch die Freude dauerte nicht lange, denn alle Schüler dieser Schule sollten in der Munitionsfabrik arbeiten. Was wir genau herstellten, durften wir nicht wissen. Auch hier war die Ruhe bald vorbei, denn die Bomber waren inzwischen auch nach Sachsen und Thüringen vorgedrungen. Den Großangriff auf Dresden konnten wir von Thalheim aus sehen.

Irgendwann erfuhren wir, dass die Russen nur noch 30 Kilometer von Berlin entfernt waren. Wir wollten fliehen und kauften Karten am Bahnhof. In Stuttgart mussten wir den Zug wegen Bombenalarm verlassen. Irgendwann erreichten wir schließlich Emden. Als wir unser immer noch zerstörtes Zuhause vorfanden, mussten wir feststellen, dass vieles aus unserer Wohnung weggeschafft worden war. Nach einigen Behördengängen am nächsten Morgen bekamen wir einige Holländer zugewiesen, die uns helfen sollten, die Wände wieder aufzumauern.

Das waren arme Kerle. Sie erzählten uns, wie sie in Holland von der Straße weg in Lastwagen gedrängt und nach Deutschland abtransportiert worden waren. Sie hatten nicht einmal Zeit, Angehörige zu informieren. Diese Männer litten sehr. Wie sollten sie so in der Lage sein, uns zu helfen. Wir teilten unser weniges Essen mit ihnen und arbeiteten gemeinsam. Immer öfter wurde gemunkelt, dass der Krieg so gut wie vorüber sei und es gab Hoffnung.

Auf einmal gab es eine neue Nachricht: Alle Emder Bürger sollten die Stadt verlassen, denn die Polen seien auf dem Vormarsch. Man konnte Kanonenschüsse hören. In diesem ganzen Durcheinander bekamen wir Bescheid, dass wir Emden verlassen sollten. Wir wurden mit anderen Familien mit einem LKW nach Norden gebracht zu einem Hof Sassen. Meine Mutter hatte später die Gelegenheit, mit anderen aus Emden noch schnell einige Wäschestücke und einen Bratentopf zu holen. Auf dem Weg zurück ins Dorf gab es Fliegeralarm. Die Tiefflieger steuerten direkt auf den Lkw zu. Die Menschen sprangen aus dem Wagen: Meine Mutter griff sich vorher noch den Bratentopf, schmiss sich in den Straßengraben, den Topf über den Kopf gestülpt, und schon pfiffen die Schüsse an ihnen vorbei, zerschmetterten den Wagen, die Möbel, die Matratzen. Die Menschen schrien und weinten und der ohrenbetäubende Lärm des Angriffs ließ die Erde beben. Als die Flieger vorbei waren und meine Mutter fassungslos im Graben den Topf von ihrem Kopf nahm, bemerkte sie eine Kugel, die in dem Topf stecken geblieben war. Diesen Topf, der ihr das Leben gerettet hatte, bewahrten wir an einem Ehrenplatz bis zu ihrem Tod mit 86 Jahren auf.

Mit 15 Jahren und nach sechs Kriegsjahren konnte ich kaum fassen, dass endlich Frieden war.
Für Lebensmittelkarten gab es Käse, Zucker und vieles mehr. Alle fragten sich, wo das alles auf einmal herkam. Wir aßen Rhabarber roh oder gekocht mit Zucker und dazu ein Stück Käse. Welch ein Genuss!

Die Mütter erkundeten die Situation in Emden. Uns Kinder ließen sie vorsichtshalber in Norden zurück. Dort wussten sie uns gut aufgehoben. Es verging jedoch ein Tag nach dem anderen, ohne dass wir eine Nachricht erhielten. Die Ungewissheit machte mir schwer zu schaffen. So entschloss ich mich eines frühen Morgens an einem sommerlichen Tag, mit der kleinen Renate den Heimweg nach Emden anzutreten. Ich packte Renate in einen Sportkinderwagen, von dem ein Rad immerzu abfiel. Unser altes Radio packte ich auf ihren Schoß. Das gefiel ihr gar nicht, aber ich wusste genau, wie wichtig ein Radio war und so gab es keine Diskussion, obwohl es uns ohne Anschluss momentan nicht nützlich war.

Unterwegs bewegten sich Karawanen von Pferdewagen und Kutschen ebenfalls in Richtung Emden. Ich musste ihnen nur folgen. Es schlossen sich uns drei weitere Kinder an, die ebenfalls Sehnsucht nach ihrer Familie hatten. Der Weg war mühsam und als wir abends mit letzter Kraft unser Haus in Emden erreichten, kam meine Mutter uns von der zweiten Etage entgegengesaust. Wir weinten alle vor Erleichterung.

Die Zuversicht kehrte ganz langsam ein wenig zurück. Und der Alarm blieb tatsächlich aus. Frieden! Wir konnten es kaum fassen. Es gab noch immer viel Not und Elend, und als angekündigt wurde, dass es am nächsten Tag Fisch bei Fisch Klaassen zu kaufen gab, standen wir um vier Uhr morgens auf, um rechtzeitig in der Schlange zu stehen. Am Geschäft hing noch immer ein Zettel: „Morgen gibt es Fisch".

Wir hausten in einer Wohnung mit halben Wänden, ohne Fenster, und immer wieder kamen die wenigen noch vorhandenen Möbel oder Kleidungsstücke einfach abhanden.
Die Menschen hingen wie Trauben an den Zügen, um das wenige, was sie hatten, auf dem Land gegen ein paar Eier oder Kartoffeln zu verhökern. Schon ein kleines Stück Butter machte die Menschen aus der Stadt überglücklich. Gleich nach Beendigung der Schule 1946 begann ich im Atelier von Maria Kohl in Emden in der Faldernstraße eine

Ausbildung zur Putzmacherin und legte eine Prüfung ab.

Dann kam die Währungsreform. Die Reichsmark wurde abgeschafft und die Deutsche Mark eingeführt. Jeder erhielt 40 DM, und man höre und staune: Es gab sogar etwas für das Geld zu kaufen. Auf einmal lagen allerschönste Äpfel im Gemüseladen, das Pfund für 80 Pfennig. Äpfel waren das erste, was ich von der neuen Währung kaufte. Nur, wo kamen auf einmal all die Waren her? Die Schaufenster waren voll mit Lebensmitteln, Kleidung und Schuhen. Wo konnten die Kaufleute so schnell all die Dinge hergezaubert haben? Ich begriff es nicht. Jeder, der Arbeit hatte, bekam nun regelmäßig ein Gehalt und so begann das Wirtschaftswunder. Es war das Jahr 1948, ich war 18 Jahre alt und sehr gespannt auf das Leben. Nach den verheerenden Kriegsjahren, in denen es nur ums Überleben ging, wollten wir endlich leben.

Nach dem Krieg veränderte sich alles recht schnell. Wir hatten Zeit für Jugendarbeit in der Gemeinde, gingen tanzen und waren fast wieder wie ganz normale junge Menschen voller Neugier und Lebensfreude.

Es kamen immer wieder Aufrufe durch das Radio, dass in England 1948 junge deutsche Mädchen gesucht wurden, die dort in Fabriken, als Haushaltshilfen oder in Krankenhäusern arbeiten sollten. Ich war die Trümmerhaufen leid und wollte weg.

Über Hoek von Holland erreichte ich Großbritannien. Weitere etwa 50 Frauen suchten wie ich das Abenteuer in der Ferne. Doch wir mussten zunächst 14 Tage in einer Kaserne ausharren, bis ein Schiff bereitstand. Im Rumpf des Schiffes, wo es nach Öl und Benzin stank, war Hängematte neben Hängematte. Mir wurde speiübel, sodass ich lieber die kalte Nacht an Deck verbrachte. Am frühen Morgen erreichten wir den Hafen von Harwich und irgendwann ging die Reise weiter nach Schottland.

Zwei Jahre blieb ich in Schottland in einem vornehmen Haus als Haushaltshilfe. 1950 kehrte ich schließlich zurück nach Emden, wo ich zunächst in Lükens Klinik als Hilfsschwester arbeitete. Später machte ich eine Ausbildung zur Krankenschwester in Osnabrück, wo ich heute noch wohne. Mein Vater war 1947 aus der Kriegsgefangenschaft zurückgekehrt.

„Was wir erlebten, war die Hölle"

Margarete Janßen

„geborene Hermeling, Jahrgang 1933"
erinnert sich an ein Leben voller Entbehrungen und Angst, das aber auch geprägt ist von Liebe und Glück. Vor 75 Jahren - am 6. September 1944 - fiel Emden im Zweiten Weltkrieg den Bomben zum Opfer. Auch dieses Datum wird sie nie vergessen. Am 1. Juni 2019 berichtet sie über die damalige Zeit:

Teil 1

Immer, wenn ich nachts nicht schlafen kann, denke ich an Vorkommnisse von früher. In diesem Jahr ganz besonders an das letzte Kriegsjahr vor 75 Jahren, als meine Geburtsstadt Emden bei dem Bombenangriff am 6. September 1944 zerstört wurde.

Wir waren eine große Familie.
Ich bin mit neun Geschwistern aufgewachsen:

Wilma, Jahrgang 1930
Christof, Jahrgang 1936
Christine, Jahrgang 1938
Helene, Jahrgang 1939
Heinrich, Jahrgang 1941
Hermann, Jahrgang 1942
Wilhelm, Jahrgang 1944
Dieter, Jahrgang 1946
und Hans-Georg, Jahrgang 1948.

Ich bin 1933 als zweites Kind meiner Eltern zur Welt gekommen.

Als ich 1941 im zweiten Schuljahr war, lebte ich mehrere Monate in Wiesmoor-Voßbarg bei meiner Tante Christine, einer Schwester meiner Mutter. Trotz der Einfachheit und Enge dort waren wir froh, in Kriegszeiten nachts ruhig schlafen zu können. Unsere liebe Mutter kam gebürtig aus Wiesmoor. Dort ging ich auch zur Schule und bekam vom Krieg nicht viel mit. Wir sahen nur immer viele Flugzeuge am Himmel. Es hieß, die Flugzeuge seien auf dem Weg nach Emden. Einmal sahen wir ein Geschwader Bomber der Amerikaner und deutsche Jagdflugzeuge trieben sie auseinander. Ein Flugzeug wurde nicht weiter als zehn Kilometer von uns entfernt abgeschossen. Ich fuhr als damals neunjähriges Mädchen mit dem Fahrrad Richtung Absturzstelle. In dem kleinen Ort Fiebing war das Flugzeug auf einem Feld niedergegangen.

Als ich dort ankam, standen viele Menschen dort und die Unglücksstelle war bereits abgesperrt.
Ich wollte viel lieber als in Wiesmoor bei meinen Eltern, Wilhelm und Johanne Hermeling, geborene Oejen, und meinen Geschwistern in Emden sein. 1942 waren die Bunker in Emden im Bau, wo die Menschen Schutz finden sollten.

In Emden hatten wir eine kleine Landwirtschaft in unserer Straße Außer dem Beckhofstor am Stadtgraben hinter der heutigen Polizeiwache. Mein Vater war Gemüsebauer. Auch verdiente er Geld, indem er mit seinem Pferdegespann Eisstangen vom Schlachthof holte, die er zwecks Kühlung an die Schlachtereien in der Stadt verteilte. Unter anderem gehörten uns drei Pferde, zwei Kühe und Schweine sowie ein Grundstück für Ackerbau und Anbau von Kartoffeln oder Kohl. Als wir Kinder uns auch zeitweise für mehrere Wochen mit unserer Mutter in Wiesmoor aufhielten, musste mein Vater in Emden vor Ort bleiben und sich um die Tiere und das Haus kümmern. Besuchen konnte er uns nicht.

Zurück in Emden hieß es wieder mehrere Male Tag und Nacht „Vollalarm" und in den Bunker rennen. Wir Kinder gingen darauf vorbereitet angezogen mit unserer Kleidung ins Bett; nur die Schuhe zogen wir aus. Oft folgte der Vollalarm unmittelbar dem Voralarm, sodass wir keine Zeit gehabt hätten, die kleinen Geschwister anzuziehen. Einmal fielen schon bei Voralarm Bomben. Riesige brennende Teile kamen wie Tannenbäume vom Himmel, und wir hörten das Gebrumme der Flugzeuge.

Als Zehnjährige musste ich den Kinderwagen mit meinem erst wenige Monate alten Bruder Heinzi schieben. An mir vorbei rannte Ubbo, ein junger Matrose, den wir gut kannten. Ich schrie: „Ubbo, du musst mir helfen!" Er kam zurück, riss den Kleinen aus dem Wagen, und wir rannten in dem Strom von Menschen zum Bunker. Im Bunker sahen wir uns dann wieder. Mein Vater blieb sehr oft zu Hause beim Vieh. Er hatte manchmal eine Vorahnung, wann die Angriffe sehr schlimm

werden würden. Dann kam auch er mit in den Bunker.
Der Hafen war besonderes Angriffsziel, weil dort Kriegsschiffe lagen und auf den Nordseewerken U-Boote gebaut wurden. Einmal hatte ich große Angst. Mein Vetter, ein Marine-Soldat, war auf Heimaturlaub und hatte meinen kleinen Bruder Christof mit zum Hafen genommen. Dort fielen bei Voralarm Bomben. Gottseidank kamen beide nach Stunden gesund nach Hause.

Die Bombardierungen der Stadt nahmen immer mehr zu. Viele Schulen konnten wegen der Zerstörungen nicht mehr besucht werden. Türen und Fenster fehlten. Zeitweise bekamen wir im Bunker Unterricht. In Aurich-Sandhorst im Wald waren Baracken als Krankenhaus aufgebaut worden, wo es der Feind vom Flugzeug zwischen den Bäumen nicht leicht sehen konnte. Mein Bruder Hermann kam als Zweijähriger 1944 mit Scharlach in dieses Krankenhaus. Meine Mutter musste den Kleinen, der fürchterlich weinte, in Emden zu fremden Leuten in einen vollbesetzten Bulli geben. Sie selbst durfte nicht mit nach Aurich fahren. Uns allen hat es fast das Herz gebrochen.

Hermann kam auf die Isolierstation, und zwei Tage später erkrankte auch meine Schwester Christine an Scharlach. Sie wurde ebenfalls nach Sandhorst gebracht und kam mit ihrem Brüderchen zusammen. Als ich tags darauf mit meiner Mutter im Zug nach Aurich gefahren und von dort zu Fuß zum Krankenhaus in Sandhorst gelaufen war, um beide Kinder zu besuchen, durften wir nur auf dem Flur stehen und durch ein kleines Loch in der Tür in das Krankenzimmer schauen. Mutti und ich sprachen leise miteinander, doch der kleine Hermann hatte uns wohl bemerkt und rief plötzlich „Hör, Mama". Es war hart, nicht zu den Kindern zu dürfen. Wir gingen durch den Wald zurück zum Bahnhof und weinten bitterlich.

Sehr schlimme Erinnerungen habe ich an den September 1944. Meine Mutter war hochschwanger mit meinem Bruder Wilhelm. Wegen der vielen Angriffe mussten die Schwangeren die Stadt verlassen. Sie kamen bis zur Geburt in das Krankenhaus in Sandhorst. Dort wurde Wilhelm am 9. September 1944 geboren.

Doch vorher erlebten wir den schrecklichen 6. September 1944. Diesen Tag werde ich nie vergessen.

Mutti war in Sandhorst. Mein Vater war zwar für uns da, aber er musste sich um das Vieh und die Landwirtschaft kümmern. Für die Beaufsichtigung der Kleinen, Essen vorbereiten und schulische Angelegenheiten waren wir größeren Geschwister eingeteilt.

Am Nachmittag des 6. September musste ich mit dem Fahrrad zum Kohlenhändler und 50 Pfund Kohlen holen. Ich war gerade in der Nähe des Bahnhofs, als es Voralarm gab und gleich danach Vollalarm. Ich raste wie der Blitz zurück, schnappte meine Geschwister und rannte mit ihnen zum Bunker. Vater war auf der Weide, um die Kühe zu melken. Er kam ebenfalls schnell gelaufen, stellte die große Milchkanne vor dem Haus ab und schaffte es gerade noch in den Bunker, bevor die Türen verschlossen wurden.

Wir waren froh, als wir unseren Vater im Bunker am Bahnhof entdeckten. Er ging ja nur in den Bunker, wenn sein siebter Sinn ihm sagte, dass es heftig wird. Um 18 Uhr saßen wir alle im Bunker.

Was wir dann erlebten, war die Hölle. Der Bunker schwankte. Wir alle schrien und weinten. In der Nacht wurde es ruhig. Als wir drei älteren Kinder - Wilma, Christof und ich - den Bunker mit Papa am Tag danach morgens in aller Herrgottsfrühe verlassen konnten, sahen wir, dass alles nahezu dem Erdboden gleich war und überall brannten Häuser. Feuer, wohin man sah. Unsere schöne Stadt war total zerstört. Von Emden war 80 Prozent ausradiert. Emden gab es nicht mehr. Später las ich, dass am 6. September 1944 innerhalb einer halben Stunde etwa 10 000 Brandbomben, 1500 Sprengbomben und 30 000 Phosphorbomben von den Alliierten abgeworfen worden waren.

Papa ging mit uns nach Hause, beziehungsweise zu dem, was einmal unser Zuhause gewesen war. Wir standen davor und konnten nur noch weinen. Ich glaube, es gibt nichts Schlimmeres für ein Kind, Eltern hilflos weinen zu sehen. Unser Vater - ein großer Mann und weinend …

Wir wohnten nicht weit vom Bunker entfernt am Beckhofstor beim Wasserturm am Kanal. In unserer Nähe waren drei Baufirmen ansässig: gleich vorne am Wasserturm stand das große Haus der Firma Heits. Wir konnten die Schweine quieken hören, die den Bombenangriff überlebt hatten. Papa konnte die Schweine unter dem Schutt nicht erreichen und sie von ihren Qualen erlösen. Das hat ihm schwer zu schaffen gemacht. Gestorbene Tiere konnte man nicht essen, obwohl wir sie zum Überleben dringend gebraucht hätten.

Eine Luftmine - so erzählte Papa uns - hätte unser Haus hochgerissen und wieder zusammenfallen lassen. Vor uns lag nur ein Trümmerfeld. Was wir retten konnten, war die Kanne Milch, die Papa um 17.30 Uhr am Abend jenes verhängnisvollen 6. September vor dem Haus abgestellt hatte. Nur der Deckel war weggeflogen. Wir waren selig, die Milch zu haben, auch wenn sie voller Dreck war. Seit dem Mittagessen vor der Flucht in den Bunker hatten wir nichts mehr bekommen. Hier hat der liebe Gott seine Hand im Spiel gehabt.

Die Milch nahmen wir mit zu einer befreundeten Familie, Familie Francescon. Ihr Haus stand in der Nähe des Bunkers. Hier waren alle Türen und Fenster herausgeflogen, aber das Gebäude stand noch. Die Familie besaß sogar einen Gasofen, der benutzbar war. Francescons waren inzwischen auch selbst in ihrem Haus angekommen, um zu sehen, was geschehen war. Auch ihr Haus war nicht mehr bewohnbar.

Gemeinsam haben wir die Milch durch mehrere Geschirrtücher gegossen und dann in einem großen Topf zum Kochen gebracht. Die Hausherrin fand noch etwas Mehl, das wir in die Milch rührten.

Dann nahmen wir den großen Topf mit in den Bunker, in eine Abteilung im unteren Bereich für Mütter und Kinder. Soweit wir konnten, verteilten wir die angebrannte Milchsuppe unter uns auf. Die wenigen Teller und Löffel wurden immer weitergereicht. Bis heute weiß ich, wie dankbar ich in diesem Moment war. Wir sieben Geschwister lebten, waren zusammen und bekamen etwas warme Suppe. Später versorgte uns das Rote Kreuz.

Da wir kein Zuhause mehr hatten, wollten wir nach Wiesmoor zu unseren Verwandten. Wo sollten wir sieben Kinder sonst hingehen? Eine junge Frau von der Fürsorge begleitete uns. Von Aurich fuhren Bus oder Kleinbahn. Doch wir mussten zuerst irgendwie nach Aurich kommen. In Emden lagen überall Trümmerberge, die es zunächst zu überwinden galt und Straßen lagen aufgerissen als Hürden vor uns. Am Vormittag gingen wir los über den Wall. Aber auch hier war bald kein Weiterkommen. Wir mussten den Kinderwagen mit unserem kleinen Bruder Hermann über riesige umgestürzte Bäume heben. Heinrich mit seinen drei Jahren kam auch kaum über diese Barrieren und brauchte Hilfe von uns größeren Kindern. Bis zur Auricher Straße überquerten wir schätzungsweise hundert oder sogar mehr umgestürzte Bäume.

In Harsweg angekommen, hielt uns ein Lastwagen des Militärs an und man fragte uns, wohin wir wollen. Wir durften hinten auf dem Lastwagen bis zum Bahnhof in Aurich mitfahren. Ein Segen nach all den Strapazen. Bei der Kleinbahn angekommen, fragte ich einen Bediensteten, ob ich meine Mutter in Sandhorst anrufen dürfe, um ihr ein Lebenszeichen von uns zukommen zu lassen. Ich durfte. Wir konnten dann mit der Kleinbahn bis nach Bagband fahren. Bagband liegt etwa auf halber Strecke zwischen Aurich und Leer. Von dort mussten wir zu Fuß Richtung Wiesmoor-Voßbarg zu unserer Tante Gesche und Onkel Hannes Köster.
In Strackholt spürten wir schrecklichen Durst und baten bei einem Bauernhof um etwas zu trinken. Den Kinderwagen mit unserem

Bruder hatten wir am Straßenrand stehen lassen. Der jüngste Bruder meiner Mutter, mein Onkel, war wegen Verwundung vorzeitig aus dem Krieg nach Hause entlassen worden und fuhr mit dem Pferdegespann gerade in dem Moment die Straße entlang, um die Milch von den Bauern zur Molkerei nach Bagband zu bringen. Er sah das blonde Kind im Kinderwagen, stellte vertraute familiäre Züge fest und dachte, es könne eines der Kinder seiner Schwester sein. Während er immer auf- und absteigen musste, um die Milchkannen der Bauern vom Wegesrand einzusammeln und auf den Wagen zu stellen, behielt er den Kinderwagen im Blick.

Als mein Onkel uns wiederkommen sah, rief er uns. Wir waren furchtbar erschöpft, aber überglücklich und fuhren auf dem Wagen die restliche Strecke mit. Onkel und Tante nahmen uns liebevoll in die Arme. Wir kamen nur mit dem an, was wir am Leib trugen.

Eine Woche nach der Geburt am 9. September kam auch unsere Mutter mit dem neugeborenen Wilhelm zu uns. Als zehnjähriges Mädchen hätte ich selbst Schutz nötig gehabt, musste mich aber immer um meine geliebten Geschwister sorgen. Auch wollte ich meine Mutter in allem unterstützen und half, wo ich nur konnte.

In Emden musste mein Vater den Schutt unseres Hauses wegräumen und für neuen Wohnraum für die Familie sorgen. Zu jener Zeit sollten von der Stadt Behelfsheime für Ausgebombte gebaut werden. Unsere Nachbarn und wir bekamen die ersten Behelfsheime gebaut: je zwei Schlafräume und Küche. Wir hatten nicht mehr als etwa 60 Quadratmeter für elf Personen. Wir brauchten auch nicht mehr und waren froh über diese Unterkunft, in der wir einen Schlafplatz hatten, Essen kochen und uns waschen konnten. Möbel bekamen wir aus einer Art Fundgrube. Noch vor Weihnachten 1944 hatten wir wieder ein Dach über dem Kopf. Trotz der Bombardierungen wollten wir wieder nach Hause nach Emden. Die Behelfsheime wurden aus Betonplatten gebaut. Der Innenraum war im Winter feucht und kalt.

Irgendwann wurde das Behelfsheim zu klein für unsere wachsende Familie. Wir bauten einige Meter vom Haus entfernt einen Stall für Kühe und Pferde, die auf der Weide weit entfernt von der Stadt überlebt hatten. Dann wurde die Baulücke geschlossen, und wir hatten noch eine große Küche. Im Stall war die Toilette. Wäsche konnte meine Mutter nur auf dem Herd oder draußen kochen.

An ein Vorkommnis im Bunker irgendwann während des Krieges kann ich mich noch erinnern. Es war früh an einem Morgen, als wir wieder mal im Bunker saßen. Ein kleines Mädchen aus der Ubbo-Emmius-Straße hatte Geburtstag und eine kleine Mundharmonika bekommen. Das Kind hielt sich die ganze Zeit in unserer Nähe auf und ging uns ziemlich auf die Nerven mit diesen Tönen. Später hätte ich mir gewünscht, diese Töne noch hören zu können, denn das Mädchen ist bei einem anderen Alarm von Bombensplittern tödlich verletzt worden.

Nach dem 6. September 1944 war in Emden keine Straße mehr passierbar. Man legte Schienen, um mit Loren den Schutt abzutransportieren - zum Delft, wo der Schutt auf Kähne gekippt wurde.

Mein Vater wurde nach dem Großangriff noch zum Militär eingezogen. Er war an der Flak in der Nähe von Emden. Das Leben zu meistern, ging nur mit der Unterstützung von Bekannten und Freunden. Meine Mutter hat ein sehr schweres Leben gehabt. Bei jedem Angriff gingen die meisten Fensterscheiben zu Bruch und die Fenster wurden mit Holz zugenagelt. Es durfte unter Androhung von Strafe niemals ein Lichtschein nach draußen fallen, damit die Flugzeuge die Wohngebiete nicht ausmachen konnten. Wir hatten nur Petroleum- oder Carbid-Lampen. Einmal hatten wir einen großen Schaden durch eine Phosphorbombe, die durch das Dach, dann durch das auf dem Dachboden gelagerte Heu, durch die Schlafzimmerdecke und schließlich durch den Kleiderschrank geschossen war. Die Bombe ist explodiert,

aber nicht in Brand geraten, jedoch alles, aber wirklich alles, war unter einer weißen Masse und musste entsorgt werden. Die gesamte Bettwäsche, Leibwäsche und Betten waren hin. Von der Wohlfahrt oder vom Roten Kreuz bekamen wir neue Sachen.
Die Winter waren immer sehr streng und die Kanäle zugefroren. So ging auch das Jahr 1944 nach vielen Angriffen zu Ende. Was weit in der Welt sonst noch geschah, bekamen wir nicht mit, weil wir genug mit uns zu tun hatten – immer mit der großen Hoffnung, der Krieg möge bald aufhören.

Wir haben im Krieg, besonders bei dem Bombenangriff am 6. September 1944, alles verloren und lebten mit unserer zwölfköpfigen Familie in einem Behelfsheim. Die Enge störte uns nicht. Wir waren einfach nur glücklich zusammen zu sein und dass wir die schlimmen Jahre überlebt haben.

Jedes Jahr gehe ich zu der Gedenkveranstaltung anlässlich des 6. Septembers 1944. Ich höre mir die Reden an und würde mich freuen, wenn auch Menschen zu Wort kämen, die leibhaftig die Schrecken jenes Tages miterlebt haben.

Auf dem Land der Familie Am Beckhofstor: die Geschwister Wilma, Christine, Margarete und Christof Hermeling kurz vor Ausbruch des Krieges. Im Hintergrund sind Stadtgraben und Wallanlagen zu sehen.

Sie hat ein schweres Leben: Mutter Hermeling kommt vom Kartoffelacker. Die Aufnahme entstand um 1957/58 Am Beckhofstor. Rechts ist das Behelfsheim der Familie zu sehen.

„Odyssee von Angst und Erschöpfung"

Margarete Janßen
„geborene Hermeling, Jahrgang 1933"
hat mit ihrer Familie den Zweiten Weltkrieg und die Bombardierungen ihrer Heimatstadt Emden überstanden. Für ihre neun Geschwister und ihre Eltern begann nach Kriegsende eine weitere Phase von Entbehrungen und Unsicherheiten. Darüber berichtete sie am 20. Juli 2019:

Teil 2

Unsere Familie hatte von einer kleinen Landwirtschaft in der Straße Außer dem Beckhofstor gelebt. Aber auch das Haus war von den Bomben nicht verschont geblieben.
Das Jahr 1945 begann. Wie wird es weitergehen? Diese Frage stand allgegenwärtig im Raum. Die Angst vor Russen und Amerikanern wuchs. Der Krieg war doch verloren. Auch davon bekamen wir Kinder etwas mit. Im April 1945 wurde dazu aufgerufen, wir sollten uns in Sicherheit bringen und die Stadt verlassen. Für uns gab es nur eines: nach Wiesmoor, wo Verwandte wohnten. Aber wie sollten wir dorthin kommen? Meine Mutter, Johanne Hermeling, geborene Oejen, stammte von dort.
Mein Vater, Wilhelm Hermeling, der nach dem großen Bombenangriff am 6. September 1944 zum Militär eingezogen worden war und an der Flak in der Nähe von Emden eingesetzt wurde, bekam keinen Urlaub, um uns wegzubringen. Meine Mutter quälte zu jener Zeit eine schwere Grippe, aber dennoch wurde der gummibereifte Pferdewagen mit dem Nötigsten bepackt. Alle Kinder - Wilhelm war mit sieben Monaten das jüngste - und eine Tante nahmen wir mit. Das Pferd war hochtragend. Meine kranke Mutter, die sich kaum auf den Beinen halten konnte, setzte sich auf den Kutschbock und wir Kinder hockten auf dem Boden.
Dann kam ein Freund meines Vaters, Seeben Schröder, aus der Nachtschicht aus dem Hafen. Ohne Worte band er sein Fahrrad hinten an die Wagenklappe, stieg auf und fuhr mit uns los. Meine Mutter war Onkel Seeben dankbar für seine spontane Hilfe. Ohne Worte ging die Fahrt los, aber es ging nur langsam voran. Unterwegs gen Aurich mussten wir oft vom Wagen steigen, um uns unter Bäumen oder in trockenen Gräben vor den Tiefliegern zu verstecken.
Kurz vor Aurich verlor ein Reifen Luft. Wir konnten gerade noch bis zu Nachbarn unserer Verwandten kommen. Onkel Seeben nahm das Rad ab und es wurde in einer Werkstatt repariert. Das war unser Glück, denn in der Zeit des Wartens beschossen Tiefflieger die Stra-

ße Aurich-Leer ganz fürchterlich. Wir wären bestimmt nicht alle am Leben geblieben.
So kamen wir abends um 22.30 Uhr im Dunkeln endlich bei Tante Gesche in Wiesmoor-Voßbarg an. Meine Mutter nahm sich ein Fahrrad und fuhr zu einem Bauern mit der Bitte, unser Pferd dort unterzubringen. Alles klappte wunderbar. Das Pferd wurde ausgespannt und auf dem Bauernhof untergebracht. Zwei Tage später kam das Fohlen zur Welt.
Meine Tante machte nach unserer Ankunft Seeben Schröder schnell ein warmes Abendessen. Dann musste er nachts mit dem Fahrrad zurück nach Emden, um morgens wieder auf der Arbeit im Hafen sein zu können.
Meine Tante wusste nicht, dass wir kommen würden. Wir alle waren froh, etwas zum Essen zu bekommen und schlafen zu dürfen - egal wie. Am nächsten Tag ging es los, einen sogenannten Bunker zu bauen. Sehr weit vom Haus entfernt am Ende eines Feldes war ein breiter, tiefer und absolut ausgetrockneter Graben. Zu beiden Seiten gab es viel Busch- und Strauchwerk. Wir schichteten Stroh in diesen Graben und trugen Betten und Verpflegung dorthin. Viele Nachbarn beteiligten sich. Das Grollen von Geschossen und Panzern in der Ferne konnten wir hören. Wir versammelten uns alle in dem großen, selbst errichteten Unterschlupf mit einem Dach aus vielen Ästen und Stroh. Wir Kinder lagen in unseren Betten in diesem Graben.
Am nächsten Tag kam von der zwei Kilometer entfernten Hauptstraße eine Gastwirtin mit dem Fahrrad und rief von weitem, wir sollten zurückkommen. Sie hätte den Amerikanern schon Pfannkuchen gebacken.
Gegen Mittag hörten wir viel Motorengeräusch. Etwa 200 Meter vom Haus meiner Tante entfernt verlief der breite Weg von der Hauptstraße ins Moor. Auf diesem Weg, der heute eine Straße ist, fuhr ein Panzer vorweg und viele Fahrzeuge hinterher. Früher waren dort Baracken mit Ausländern, wo heute der „Blaue Fasan", ein Hotel, ist und ein großer Tennisplatz. Die Fahrzeuge waren auf dem Weg zu den Baracken, denn es hieß, dort seien Gefangene, die allerdings auch

rausgekommen waren, um zu betteln. Onkel und Tante hatten ihnen auch öfter etwas gegeben. Wir konnten die Menschen aber nicht verstehen und hatten deshalb Angst.

Einmal war eine ältere Frau zum Haus meiner Tante gekommen, sah meinen kleinen, damals zwei Jahre alten Bruder Hermann, hob ihn auf den Arm und sprach in sehr lauter Sprache, die ich nicht verstand. Ich bekam schreckliche Angst, weinte und schrie: „Mutti, die will Hermann klauen!" Meine Mutter erklärte mir, die Frau denke vielleicht an ihre eigenen Kinder und Enkel.

Am 8. Mai war Waffenstillstand und der Krieg damit zu Ende. Das musste man erst einmal realisieren. Doch nach der Freude kam die Ernüchterung schnell. Es begann eine schlimme Zeit mit sehr viel Hunger und Entbehrungen.

Der lange Konvoi der Amerikaner stand nun dort auf dem Weg zu den Baracken mitsamt Verpflegungswagen. Schätzungsweise waren es 20 bis 25 Lastwagen. Plötzlich kam ein Amerikaner in Uniform auf uns zu. Ich stand hinter dem Haus allein mit meinem Onkel, der ein weißes Tuch an einem langen Stiel hochhielt. Der Amerikaner fragte uns freundlich nach Eiern. Nachdem er welche bekommen hatte, nahm er mich mit zu den Fahrzeugen und gab mir für meinen Onkel Zigaretten.

Einige Tage danach wurde mein Vater entlassen und kam mit dem Fahrrad nach Wiesmoor, um uns nach Hause zu holen. Wir hatten weniger Platz auf dem Wagen als bei der Hinfahrt, denn unser kleines Fohlen musste auch mit. Hauptsache, es ging ohne Krieg wieder nach Hause.

Die Rückfahrt über Aurich erwies sich als Problem, denn die Brücken waren gesprengt worden. Die Amerikaner hatten sie mit dicken Holzbohlen provisorisch repariert. Vor jeder Überquerung mussten wir vom Wagen runter, bis Papa Pferd und Wagen sicher rübergebracht hatte. Das war manchmal nicht einfach. Das Fohlen wieherte ununterbrochen, und auch die Stute war sehr aufgeregt. Am Abend kamen wir in Aurich-Kirchdorf an, bei einer Tante und einem Onkel, Bruder meines Vaters. Dort übernachteten wir.

In einer Reihe lagen wir alle auf dem Fußboden. In der Nacht gab es große Aufregung. Ein betrunkener Amerikaner wollte unbedingt ins Haus und trat unentwegt gegen die Tür. Er hatte wohl gesehen, dass meine Cousine im Haus lebte und rief immer: „Junge Frau!" Wir hatten große Angst, aber die Tür gab nicht nach.
Am nächsten Nachmittag kamen wir überglücklich zu Hause in Emden an. Unsere wenigen Habseligkeiten waren schnell eingeräumt in die Baracke, die wir nach der Bombardierung bekommen hatten. Eine Odyssee von Angst und Erschöpfung war zu Ende.
Es gab keinen Alarm mehr, keine Bomben mehr auf Emden. Unser Leben war ständig bedroht gewesen, und nun: das Ende des Krieges. Wir mussten unser Leben wieder in geordnete Bahnen lenken. Die Stadt war noch immer ein Trümmerfeld. Uns Emder Kinder brachte man in noch bestehenden Schulen in den verschiedenen Stadtteilen in den Randgebieten unter. Ich wurde für die Schule Nesserland eingeteilt, konnte aber mit einem Mädchen tauschen und kam dann nach Wolthusen. Trotz des langen Schulweges vom Wasserturm bis Wolthusen empfand ich diese Jahre als etwas ganz Besonderes. Wir Mädchen schwärmten alle für unseren Lehrer Fokko Pannenborg. Nach schrecklichen Jahren genossen wir tollen Unterricht mit viel Gesang, und der Lehrer spielte Klavier. Es war so beglückend für meine Freundin Annelore und mich, bei weit geöffnetem Fenster mit unserem Lehrer singen zu können. Wir konnten besonders gut singen.
Wegen der großen Hungersnot wurden wir in der Schule von den Amerikanern mit Essen versorgt. Wir nahmen jeder einen Blechnapf mit, der am Ranzel hing und nicht zerbrechen konnte, und einen Löffel. Es gab immer Kekssuppe, die wunderbar schmeckte.
Von 1945 bis März 1948 ging ich in Wolthusen zur Schule. Ein Fahrrad besaß ich nicht. Noch immer wohnten wir am Beckhofstor. Wegen des langen Schulweges, auf dem ich viel beobachtete, konnte ich wunderbare Aufsätze über die Natur schreiben. Einmal machten wir mit der Klasse einen Ausflug nach Borkum. Von zu Hause musste ich zu Fuß zum Außenhafen gehen. Nachdem ich abends nach der Rückfahrt von Borkum den Weg vom Außenhafen zurückgehen musste,

kam ich sehr müde zu Hause an. Es war aber ein schöner Tag gewesen. Die Schulzeit nach dem Krieg empfand ich als wunderschön. Als ich 13 Jahre alt war, erkrankte meine Mutter sehr, sehr schlimm an Herzmuskelschwäche. Die Krankheit zog sich über viele Jahre hin. Meine Schwester und ich mussten von einem Tag auf den anderen den ganzen Haushalt sowie die Geschwister versorgen.
Im März 1948 war meine Konfirmation. Stoff für das Kleid hatte mein Vater für viel Geld, Speck und Wurst bekommen. Eine Bekannte nähte das Kleid. Es war aus echter Spitze. Schuhe hatte ich keine, nur geliehene Stiefel, die mir zu klein waren. Am Samstag hatten wir das Haus geputzt und ich hatte Kuchen für die Konfirmation gebacken. Meine Oma aus Wiesmoor war angereist, um mit Vater und mir zur Kirche zu gehen. Meine Mutter konnte das Bett nicht verlassen. Nachmittags kamen zwei Freunde und hatten Schuhe für Geld, Speck und Fleisch zu verkaufen. So bekam ich Schuhe und mein Vater auch. Ich war glücklich. Der Sonntag konnte kommen …
In einer Baracke, einer Notkirche, wurden wir konfirmiert. Ein großes Fest, feierlich und schön. Zu Hause musste dann alles leise sein, denn meine Mutter konnte keine Aufregung vertragen. Wegen ihrer schweren Erkrankung herrschte bei uns immer eine traurige Stimmung. Abends bei einer Freundin, einer Mitkonfirmandin, ging es lustig zu.
Im Alter von 14 Jahren musste ich mich um eine Lehrstelle kümmern, bekam aber keine. Ich wollte Schneiderin werden. Mein Vater freute sich, dass ich vorerst zu Hause blieb. Während meine Schwester Wilma ihm auf dem Feld half, lastete alle Arbeit wie kochen, putzen, Mutti waschen und pflegen, den Geschwistern Frühstück bereiten und sie in die Schule schicken auf meinen Schultern.
Im September 1948 fing ich bei der Firma Wegner im Haushalt an. Frau Wegner hatte oft beobachtet, wie gut ich beim Einkauf mit Lebensmittelkarten und Geld umgehen konnte. Nachmittags war ich wieder für Mutter und Geschwister da. Der Gedanke an eine Lehre als Schneiderin blieb immer in meinem Hinterkopf, erfüllte sich aber nicht. Ich war aber gerne bei Familie Wegner und lernte sehr viel im Umgang mit den Geschäftsleuten. Es war immer viel Bewegung im

Haus. So blieb ich siebeneinhalb Jahre - bis zu meiner Heirat.
Als ich 16 Jahre alt war, habe ich meinen späteren Ehemann das erste Mal gesehen. Ich wusste sofort: den will ich heiraten. Ich ging gerne am Sonntagnachmittag zum Teetanz. Da sahen wir uns und unterhielten uns. Später sahen wir uns beim Tanzen in Larrelt, wo er wohnte. Wir wussten gleich: wir gehören zusammen. Als ich 19 Jahre alt war, haben wir uns verlobt. Wir sahen uns zwei- bis dreimal die Woche zu Hause bei meinen Eltern. Am Wochenende gingen wir immer tanzen. Eintritt kostete 50 Pfennig, ebenso ein Glas Apfelsaft. Im Kino kostete die erste Reihe 75 Pfennig. Wenn die ausverkauft war, gingen wir wieder nach Hause, denn wir konnten uns die teureren Sitze für eine Mark nicht leisten. Von unserem wenigen Geld sparten wir für den späteren Hausstand. Als ich 21 Jahre alt war - 1954 - , heirateten wir und bemühten uns um eine Neubauwohnung bei Barghoorn in der Boltentorstraße. Die Zusage bekamen wir sofort und die Freude war groß. Bis wir die 46 Quadratmetergroße Wohnung beziehen konnten, wohnten wir bei meinen Eltern in ihrem kleinen Wohnzimmer. Meine Eltern wollten uns am liebsten nicht ausziehen lassen, weil wir uns so gut verstanden. 1955 wurde unsere Tochter Margret geboren und ich war froh, dass ich meine Mutter als Unterstützerin hatte. Im Januar 1956 zogen wir in unsere neue Wohnung. 1959 wurde unser Sohn Gert geboren und wir bekamen eine neue, größere Wohnung in der Seumestraße. Eine neue Zeit war angebrochen ….

An ihrem ersten Schultag im März 1940: Margarete Janßen, geborene Hermeling.

Vor der Zerstörung durch Bomben, die am 6. September 1944 auf die Stadt prasselten: das alte Emder Rathaus in der Innenstadt am Delft

Fenster des alten Emder Rathauses, das 1574 fertiggestellt wurde.

Auf einem Torfkahn im Kanal vor ihrem Elternhaus: die jüngeren Geschwister der Erzählerin, Christof, Christine, Heinrich, Helene und Baby Hermann. Die Aufnahme entstand 1943.

Zerstörungen im Krieg: Die Rückseite der Neutorstraße vom Rathausplatz aus gesehen. Links ist der Eingang in den Stadtgarten.

Auch hier hat der Krieg getobt: die ehemalige Wolthuser Landstraße mit Blick auf das Hotel „Prinz Heinrich".

Beim Spielen am Rande des Stadtgrabens mit Nachbarssohn Arthur vor dem Heim der Familie: die Erzählerin, 1937.

„Schutz durch meterdicke Wände und spätere Abenteuer in der Trümmerlandschaft"

Prof. Dr. Andreas Visser
„Jahrgang 1934"

Er hat im Juli 2019 von Begebenheiten der Kriegs- und ersten Nachkriegsjahre berichtet, die er im Kindesalter erlebt hat. Von seinem Elternhaus in der Hindenburgstraße, der späteren Ringstraße, erkundete er bei Streifzügen seine Heimatstadt Emden. Das Rathaus beeindruckte ihn besonders. Doch das gab es nach dem 6. September 1944 nicht mehr.

Von den fünf Kindern, drei Jungs und zwei Mädchen, meiner Eltern Christian und Veuke bin ich das älteste, geboren 1934 im November. Ungefähr im Alter von vier bis fünf Jahren setzt mein bewusstes Erinnerungsvermögen ein. Allerdings wurden die Gedächtnislücken größer je älter ich wurde. Deshalb habe ich bereits vor Jahren damit begonnen, auch auf Bitten meiner Kinder und Enkel, meine Erinnerungen aus Kindestagen, und die fallen in die Kriegs- und Nachkriegszeit, zu Papier zu bringen.
Meine Eltern folgten bei meiner Namensgebung ostfriesischen Gepflogenheiten. Vom Doppelvornamen „Andreas - Jan" erhielt ich den vorangestellten nach dem Großvater mütterlicherseits und den nachgestellten nach dem Großvater väterlicherseits.
Großvater Jan Eildert Visser hatte es beruflich bis zum Kreisbahndirektor gebracht. Er war Initiator und Mitbegründer der Emder Kleinbahn, mit der die Krummhörn, also das Hinterland Emdens, verkehrstechnisch erschlossen wurde. Sie führte vom Kopfbahnhof Emden-Larrelt über Pewsum bis nach Greetsiel an der Leybucht. Ihr Betrieb wurde erst im Jahr 1963 eingestellt. In Anspielung auf den Vornamen meines Großvaters wurde sie im Volksmund auch "Jan-Klein" genannt. Er wohnte mit seiner vielköpfigen Familie im Obergeschoss des nach seinen Plänen erbauten, großen Bahnhofsgebäudes. Seine Frau, meine Großmutter Deddina, war die Tochter des sehr vermögenden Emder Getreidemaklers und vormaligen Segelschiffskapitäns Heyo Pool. Der Grabpylon meines Urgroßvaters steht bis heute an der Friedhofsmauer der Großen Kirche in Emden. Jan und Deddina wohnten bis zu ihrem schnell aufeinander folgenden Tod im Jahr 1937 in der Hindenburgstraße 20 (nach dem Krieg umbenannt in Ringstraße). In diesem Haus, das mein Vater aus der Erbengemeinschaft Visser übernahm, wuchs ich auf, und zwar in der 1. Etage, die auch mein Großvater Jan bewohnt hatte.

Sehr häufig war ich in meinen Kinderjahren zu Besuch in Emden bei Opa Andreas und Oma Detje Schröder, den Eltern meiner Mutter. Sie waren Gemüsebauern, von denen es im Boltentorsviertel, wo die beiden wohnten, viele gab. Ihre Äcker lagen in den aufgeschlickten Poldern vor der Stadt in Richtung Larrelt und Wybelsum. Im Meister-Geerds-Zwinger am Wall gehörte ihnen das Haus Nr. 8, das Opa Andreas von seinen Eltern geerbt hatte. Getrennt vom Wohnhaus gab es im Zwinger einen Garten für Frühgemüse sowie Stallungen für Schweine, Kühe und Pferde und einen großen offenen Heu- und Strohschober. Letzterer war ein Spielparadies für uns Kinder. Als Kind beeindruckten mich an Opa Andreas besonders seine große imposante Gestalt, sein schwarzer, gezwirbelter Schnurrbart und der Geruch seiner unabdingbaren Tabakpfeife. Er war Fahnenträger des Emder Kyffhäuserbundes der Weltkrieg-I-Veteranen. Als einziger von uns Kindern durfte ich seine Kaiser-Wilhelm-Pickelhaube, die er als ehemaliger Gardesoldat sorgsam verwahrte, aufsetzen und damit im Hof umherstolzieren. Später hat er sie mir geschenkt, dazu noch seine silberne Tabakdose und eine große silberne Taschenuhr mit Klappdeckel. Ich war damit unverkennbar sein Lieblingsenkel.

Im Herbst 1940 konstatierte mein Kinderarzt bei mir eine schwere Lungenentzündung und empfahl zur Heilbehandlung sofortige Luftveränderung, eine damals probate Methode; denn Penicillin und Antibiotika gab es noch nicht. Meinem Vater gelang es, für mich im renommierten Allgäuer Höhenluftkurort Scheidegg einen Platz zu bekommen. Wahrscheinlich war das meine Rettung. Aber damit endete für mich die Episode einer zwar nicht unbeschwerten aber wohlbehüteten Kindheit. Zusätzlich entdeckte man bei mir eine Knochen-Tb im linken Knie. Auch hierfür gab es in der damaligen Zeit nur eine Heilmethode: Ruhigstellen durch Eingipsen des ganzen Beines vom Fußgelenk bis zur Hüfte. Zwei lange Jahre fesselte mich diese heimtückische Krankheit ans Bett. Für ein Kind in meinem Alter unbegreiflich, denn es tat ja nichts weh.

Auch ohne Zutun der Schwestern wurden wir Heimkinder durch die Kriegspropaganda indoktriniert und waren glühende Verehrer von Adolf Hitler. Das bekannte Profilbild „unseres" Führers hing selbstverständlich in jedem Schlafsaal, allerdings auch das christliche Kruzifix. Ansonsten bekamen wir Kinder vom wirklichen Gräuel des Krieges in Deutschland und an den Fronten wenig mit.

Mama und Papa besuchten mich, so oft es die Kriegsumstände zuließen, das heißt recht selten. Ich verstand ohne viele Worte, dass sie mich nicht mit zurücknehmen konnten und habe auch nie darum gebeten. Mir blieb durch meinen Heimaufenthalt ungewollt Schlimmeres erspart.
Meine Genesung machte nur langsam Fortschritte. Die Lungenentzündung war endlich nach zwei Jahren abgeklungen. Zurückbehalten habe ich davon bis heute Abschattungen auf dem rechten Lungenflügel. Mein linkes Bein und Knie waren durch die fast zweijährige Ruhigstellung völlig versteift und bis auf die Knochen abgemagert. Immerhin hatten sich die Tuberkelbazillen verkapselt, sodass der Gips gegen ein Schutzkorsett aus Leder und Stahlschienen ausgetauscht werden konnte. Meiner Entlassung aus dem Sanatorium stand also nichts mehr im Wege.

Meine Mutter wohnte inzwischen mit meinen beiden Schwestern Deddine und Künna auch in Scheidegg. Sie war meinem Vater, der in Neapel zur Absicherung des Rommel-Nachschubs für den Afrika-Feldzug stationiert war, bis an die deutsche Landesgrenze gefolgt. Weiter südlich wollte sie nicht, was mein Vater akzeptierte. Nach einer schweren Typhuserkrankung wurde er aus Neapel abkommandiert und zur U-Boot-Bauaufsicht nach Emden versetzt, so dass der Umzug meiner Mutter eigentlich nicht notwendig gewesen wäre.

Anfang 1944 muss mein Vater, der ja bei der Marinewerft festsaß, meiner Mutter telefonisch oder postalisch zu verstehen gegeben haben, dass, wenn sie sich noch vor Kriegsende wiedersehen wollten, sie sich mit allen Kindern per Zug nach Emden auf den Weg machen solle. Ich weiß, dass mein Vater hinsichtlich des Kriegsgeschehens immer genau im Bilde war. Wie ich später gesehen habe, hatte er im Keller auf einer großen Landkarte die Frontverläufe im Osten und Westen abgesteckt. Vermutlich hat er die Informationen über „Feindsender" empfangen. In Bezug auf Rundfunkempfang kannte er sich als Elektroingenieur bestens aus und hatte nach seiner Studienzeit selber Rundfunkgeräte gebastelt. Für ihn war der Krieg trotz aller Wunderwaffen längst verloren.

So packte meine Mutter getreulich ihre wenigen Habseligkeiten in zwei Koffer und begab sich dann zusammen mit ihren drei Kindern zum Zug. Es gab keinen großen Abschied von Scheidegg. Lediglich Witwe Späth, unsere fromme Hauswirtin, machte sich große Sorgen und bestand darauf, dass wir alle die von ihr selbst beschrifteten Fürbitt-Briefchen an einer Schnur um den Hals trugen. Leider ging dieses Amulett in den Nachkriegswirren verloren, und ich kann den Inhalt nicht mehr rekapitulieren. Geholfen hat es; denn wir haben die wahrhaft turbulente Rückreise überlebt.

Zunächst begann die Fahrt mit einem Bummelzug zum Eisenbahnknotenpunkt Kempten normal. Dort stiegen wir in einen schnelleren Fronturlauberzug, der uns über Würzburg nordwärts führen sollte. Die Abteile waren mit Soldaten und ihren Waffen und Tornistern überfüllt. Dennoch wurde für eine junge Frau mit drei kleinen Kindern bereitwillig Platz gemacht. So näherten wir uns der Stadt am Main und fuhren in den südlichen Hauptbahnhof ein. In dem Moment, als der Zug zum Stehen kam, erklangen Flieger-Alarmsirenen mit ihrem, mir bis dahin völlig unbekannten schrillen Heulton. Das bedeutete: feindliche Flugzeuge sind in den Luftraum über uns eingedrungen und nähern sich schnell.

Im Handumdrehen waren die Zugabteile menschenleer. Die laut fluchenden Landser suchten blitzschnell den aus ihrem Wissen einzigen Schutz in unmittelbarer Nähe, also unter den Radachsen der Waggons. Sie haderten vor allem mit dem Schicksal, dass dieses ausgerechnet auf der Fahrt in den lang ersehnten Heimaturlaub geschah. Uns - Mama,

Deddine, Künna und mir - blieb nichts anderes, als im Abteil auszuharren. Ich blickte mich um und entdeckte auf einem Tornister einen Stahlhelm. Mit Helmen kannte ich mich dank Opa Schröders Pickelhaube ja schon aus. Den schnallte ich ab und setzte ihn auf. Ich bildete mir ein, jetzt sei ich geschützt. Mama hatte ihren Töchtern befohlen, sich auf den Abteilboden zu legen und warf sich selbst über sie.

Auf dem Nachbargleis stand ein eigentümlicher Zug. Vor und hinter einem großen Pullmann-Luxuswaggon waren viele Eisenbahnlafetten gespannt, jede bestückt mit einer Vierlingsflak. Vielleicht handelte es sich um den Salonwagen eines hochrangigen NS-Führers. Wie aus dem Nichts besetzten junge Flakhelfer die Geschütze und begannen aus allen Rohren zu feuern. Der Himmel über dem Sonderzug verfärbte sich rot, verursacht durch platzende Schrapnellmunition. Dies war unsere Rettung, denn die britischen „Jabos" (Jagdbomber) - erkennbar am Hoheitszeichen unter den Tragflächen -, die quer zum Bahnhof anflogen, konnten nicht tief genug abtauchen, um die Gleise und unseren Zug zu erwischen. Ein Pilot riskierte es dennoch. Seine Spitfire wurde von einer Geschossgarbe erwischt und schmierte brennend hinter den Weinbergen ab. Aus dem linken Abteilfenster sah ich einen anderen direkt im Anflug auf unseren Waggon. Schattenhaft löste sich etwas von seiner Rumpfunterseite und flog über unseren Zug hinweg.
Als ich den Kopf wandte und durch das rechte Abteilfenster blickte, sah ich auf der anderen Straßenseite vom Bahnhof ein mehrstöckiges Gebäude wie ein Kartenhaus in sich zusammenstürzen. Die Explosion der Sprengbombe war wegen des ohrenbetäubenden Krachs der Flakgeschütze nicht zu hören. Das ganze wirkte irgendwie gespenstisch. Der ganze Bombenangriff hatte nur kurz gedauert. Als erstes tauchten die Soldaten wieder auf, erleichtert, dass der gefährliche Spuk vorbei war. Sie lachten über meine „Behelmung" und fragten, ob ich denn keine Todesangst gehabt hätte. Ich weiß es nicht mehr. Vielleicht nicht, denn das Geschehene ging weit über mein damaliges Begreifen hinaus.

Bis heute bin ich der Meinung, dass sich die Flakhelfertruppe aus Frauen rekrutierte. In meiner Erinnerung sehe ich noch die langen Haare. Meine Nachforschungen erbrachten aber nichts, obwohl ich einmal gehört habe, dass sich SS-Führer Heinrich Himmler eine weibliche Schutztruppe hielt.

Meine Mutter versuchte herauszufinden, wann die Fahrt fortgesetzt würde. Nach längerem Zuwarten kam dann die Nachricht: überhaupt nicht, die Gleise in der Stadt wären zerstört. Dort hätte es außerdem eine Lokomotive erwischt, ihr Führer sei dabei ums Leben gekommen. Die Reparatur würde die ganze Nacht dauern. Wir mussten alle aussteigen. Wir Zivilisten wurden wegen erwarteter weiterer Fliegeralarme zu nahe gelegenen Weinkellern beordert. Nach einer Weile hieß es dann, am Nordbahnhof, am anderen Ende der Stadt, stünde ein anderer Zug zur Weiterfahrt bereit.
Mama machte sich trotz dreier halbwüchsiger beziehungsweise kleiner Kinder und mit zwei Koffern auf den Weg. Eigentlich ein aussichtsloses Unterfangen. Wir müssen einen bedauernswerten und hilfsbedürftigen Eindruck gemacht haben, denn plötzlich hielt ein offener Kübelwagen neben uns an. Ein Wehrmachtsoffizier in voller Montur stieg aus und fragte meine Mutter, wohin sie mit uns wolle. Daraufhin befahl er allen im Wagen sitzenden Kameraden auszusteigen und bat uns Platz zu nehmen, Mama, Deddine und Künna sowie Koffer auf der hinteren Sitzbank. Mich nahm er auf den Schoß, mein steifes Bein konnte ich in den vorderen Fußraum strecken. Dann befahl er seinem Fahrer, uns zum Nordbahnhof zu fahren. Das war die zweite, unverhoffte Rettung an diesem Tag. Ohne diese spontane und großherzige Hilfe hätten wir den dort wartenden Zug niemals rechtzeitig erreicht.

Der Zug, von einer fauchenden Dampflok gezogen, setzte sich in Bewegung, und weiter ging unsere Reise Richtung Nord, in der Hoffnung, keine weiteren bösen Überraschungen zu erleben. Ich genoss diese Fahrt und konnte mich an der vorbeiziehenden Landschaft kaum satt sehen. Plötzlich, nach Einfahrt in einen Eisenbahntunnel, verlangsamte sich der Zug und kam dann zum Stehen. Es war stockfinster und unheimlich. Einige Mitreisende rissen Streichhölzer an, und einer hatte sogar eine Kerze griffbereit. Bald darauf klärte sich die Frage nach dem Warum: Tieffliegeralarm! Mit zunehmender Dauer wurde es unerträglich. Der Qualm von der mit Kohle beheizten Dampflok verdichtete sich im Tunnel, und man hatte das Gefühl zu ersticken. Wir stiegen aus und liefen neben den Gleisen zum hinteren Tunneleingang. Dort füllten wir unsere Lungen mit frischer Luft. Nach etwa einer Stunde gab es endlich Entwarnung. Der Zug setzte zurück, und wir konnten wieder einsteigen und unsere Heimreise fortsetzen. Der Rest verlief in der Nacht ohne weitere Zwischenfälle, und wir erreichten gegen Morgen den Bahnhof West in Emden, wo uns mein Vater empfing.

Die Heimkehr in meine Heimatstadt Emden war für mich nicht so einfach. Aber ich wurde von Oma und Opa Schröder sowie von Onkel und Tanten aufgenommen wie der verlorene Sohn. Sprachlich hatte die Emder Verwandtschaft Probleme mit meiner, vom Allgäu geprägten, etwas gutturalen Sprechweise, wo sich immer wieder das „gell" einschlich, und ich meinerseits tat mich schwer mit der ostfriesischen Landessprache. Wenn die Erwachsenen sich miteinander unterhielten, was natürlich auf Plattdeutsch geschah, verstand ich nur „Bahnhof". Sobald wir Kinder dazukamen, schaltete man sofort auf Hochdeutsch um. Meine Eltern taten dies, um uns den Start in die Schule zu erleichtern. Aber beim jahrelangen Zuhören erlernte ich passiv das Emder Platt doch und beherrsche es heute wie die Einheimischen, wenn auch die Aussprache etwas eingefärbt blieb.

Auch Schulbesuch war jetzt für mich angesagt, erstmalig mit neun Jahren. Meine Eltern meldeten mich in der alten Volksschule an der Emsmauerstraße an, wo ein Verwandter als Rektor tätig war. Sie beantragten das Überspringen von zwei Schuljahren. Nach einer Vorleseprobe, die ich Dank der Schulung durch die Nonnen im Sanatorium mit Glanz und Gloria bestand, wurde dies genehmigt, mit der Auflage, die Lücken im Rechnen aufzuholen und auszugleichen. Dies unter Beweis zu stellen, blieb mir erspart, weil der Schulbetrieb in Emden nach dem schweren Bombenangriff bereits im September 1944 bis Kriegsende eingestellt werden musste.

Trotz Gehbehinderung machte ich mich an die Erkundung der näheren Stadtumgebung. Im Vergleich zu Scheidegg war Emden natürlich riesig. Alles bis auf die Werft und Hafenanlagen sowie einige kleinere Wohnsiedlungen wie Conrebbersweg und Port-Arthur-Transvaal lag innerhalb der alten Wallanlagen, die seit dem Dreißigjährigen Krieg mit ihren Zwingern die Stadt fast ringförmig umschlossen. Mein Weg führte mich dann oft von unserem Haus, das in der Hindenburgstraße (nachmalige Ringstraße) vor der Weißen Wallbrücke lag, über den Kattewall, auf dem das ehemalige Armenhaus und eine Mühle standen, zum Neuen und Alten Markt und von dort durch den Stadtgarten, vorbei am Großen Kurfürsten, am Alten Fritz und Kaiser Wilhelm, den drei Bronzestatuen am Ratsdelft, bis vor das Emder Rathaus. Ich konnte mich einfach nicht satt sehen an dessen phantastischer, filigraner Renaissancefassade. Mehrfach habe ich zu Hause anhand von Fotovorlagen versucht, diesen Prachtbau nachzuzeichnen, mit mehr oder weniger Erfolg.
Auch die Altstadt mit der Klunderburg, den Patrizierhäusern und der berühmten Großen Kirche, zu deren Füßen sich das Grab meines Urgroßvaters, des stadtbekannten Getreidemaklers und vormaligen Segelschiffkapitäns Hayo Pool befand, durchstreifte ich, denn sie lagen in unmittelbarer Nachbarschaft meiner Emsschule.

Die historische Innenstadt war bis zu diesem Zeitpunkt weitgehend von Kriegseinwirkungen verschont geblieben. Ansonsten hatte aber Emden unter den vielen Bombenangriffen schon sehr gelitten. Bereits Anfang 1940, also bald nach Kriegsbeginn, erfolgte der erste Angriff mit sieben Toten. Bis 1944 gab es weitere 80 Fliegerangriffe. Nur dank der vielen Luftschutzbunker blieb die Zahl der Opfer mit circa 330 vergleichsweise gering. Bei Kriegsende standen im Stadtgebiet insgesamt 30 größere Bunker mit einem Gesamtfassungsvermögen von 29 000 Menschen, die bei Fliegeralarm zu Fuß in maximal zehn Minuten erreicht werden konnten.

Diese mächtigen Betonbunker hielten die Moral der Bevölkerung aufrecht. Wir hatten unbedingtes Vertrauen zu ihnen. Die Vorwarnung bei Eindringen von Feindflugzeugen in den deutschen Luftraum funktionierte bis zur Kapitulation hervorragend. Zu verdanken hatten die Emder diesen guten Rundumschutz mit Bunkern und Flakstellungen ihrem damaligen Oberbürgermeister Renken, der über beste Beziehungen zu den Bauministerien in Berlin verfügte und als Argument immer wieder die besonders kriegswichtigen U-Boot-Werften und Hafenanlagen ins Feld geführt hatte.

Der bis dahin schwerste Luftangriff geschah im Dezember 1943. Bei diesem wurde die Große Kirche schwer beschädigt und mehrere Stadtteile stark mitgenommen, unter anderem der Neue Markt mit seiner historischen Stadtwaage und das Boltentor-Viertel, wo meine Großeltern Schröder wohnten und als Gemüsebauern im Meister-Geerds-Zwinger ihre Viehstallungen und Heuschober hatten. Sie brannten komplett aus und bekamen umgehend als Kriegssachentschädigung eine Holzbaracke. Auch unser Haus, in der Hindenburgstraße an der Weißen Wallbrücke gelegen, wurde wegen erheblicher Beschädigung von der zuständigen städtischen Feststellungsbehörde als völlig zerstört deklariert. Mein Vater bekam darüber einen schriftlichen Bescheid, obwohl die Außenmauern, bis auf etliche Risse, und die Geschoßdecken noch intakt waren. Die Bedachung allerdings war irreparabel kaputt.

Dabei hatte mein Vater, wie er mir später einmal erzählte, Schlimmeres verhindern können, weil er noch vor der Entwarnung vom Bunker zum Haus gerannt war, um auf dem Dachboden die durchgeschlagenen Stabbrandbomben mit dem Sand, den er dort vorher bereits vorsorglich deponiert hatte, zu löschen. Mit einigem Stolz zeigte er

mir die Bombenüberreste. Diese haben wir nach dem Krieg bei Osterfeuern verbrannt. Nach Einsetzen von Ersatzscheiben in die reparierten Fensterrahmen und einer Dachbedeckung aus Wellblech konnten er und sein Untermieter, der Bauunternehmer Benjamin, provisorisch wieder einziehen. Letzterer hatte den Luftangriff in seinem kleinen Privatbunker, den er sich im Keller unseres Hauses auf eigene Kosten hatte einbauen lassen, heil überstanden. Nach einer Wiederholung solcher Heldentat stand ihm danach aber nicht mehr der Sinn.
In etwa bei diesem Stand der Dinge stießen meine Mutter, meine Geschwister Deddine und Künna und ich wieder zur Familie. Meinen Eltern schien die Unterbringung von uns Kindern im Hause zu gefährlich, außerdem war der Weg zum Boltentorsbunker, der uns als Schutzraum zugewiesen war, recht lang. Deshalb quartierten sie uns kurzerhand auch über Nacht dort ein. Wir trafen dort auf sehr viele Kinder, deren Eltern ähnlich gedacht hatten. Viele Räume waren deshalb mit doppelstöckigen Stahlbetten ausgestattet, belegt mit dünnen Matratzen und Wolldecken. Trotz der vielen munteren Kinder ging es recht diszipliniert zu. Dafür sorgten schon der grimmige Bunkerwart und einige Aufpasser. Die Fensterlosigkeit der Bunkerräume fiel uns nicht weiter auf. Wir waren ja des Nachts nur zum Schlafen dort, und elektrisches Licht gab es auch. Bedingt durch die permanenten Fliegerwarnungen verbrachten wir jetzt aber auch tagsüber meistens mehrere Stunden im Schutz der meterdicken Betonwände und -decken des Bunkers.

Viele Angriffe galten nicht Emden, sondern anderen Städten an der Küste und im Hinterland. Aber die Anflugkorridore der feindlichen Bomber führten über Emden hinweg und lösten jedesmal Alarm aus. Man wusste ja nie, galt es diesmal uns oder anderen. So begaben sich alle immer aufs Schnellste in den Bunkerschutz, wenn die Sirenen aufheulten.

Am 6. September 1944 erfolgte dann gegen 18 Uhr der schwerste Terrorangriff auf Emden. Wie den Protokollen des alliierten Bomberkommandos nach dem Krieg zu entnehmen, waren daran 181 viermotorige Halifax- und Lancaster-Bomber, sogenannte „Fliegende Festungen", beteiligt.

Sie warfen insgesamt 1 500 schwere Sprengbomben, 3 000 Phosphor- und 10 000 Stabbrandbomben ab, mit dem alleinigen Ziel, die Stadt und ihre Einwohner auszuradieren. Das eine gelang, das andere dank der vielen Bunker nicht. In nur 25 Minuten wurde die historische Innenstadt zu 80 Prozent zerstört, darunter alle wertvollen Baudenkmäler aus Emdens großer Vergangenheit mitsamt meinem heißgeliebten Rathaus in der Stadtmitte. Die ganze Altstadt war wie weggefegt. Einzig die Luftschutzbunker, denen wir unser Überleben verdankten, ragten unversehrt aus der Ruinenlandschaft hervor. „Nur" 33 Einwohner verloren ihr Leben, aber Tausende hatten kein Dach mehr über dem Kopf.

Das alles ging über mein kindliches Begreifen weit hinaus, und noch heute kommen mir die Tränen, wenn ich an den unersetzlichen Verlust denke. Wut auf die Alliierten und im Besonderen auf die Engländer empfinde ich dabei nicht, denn sie haben ja nur mit aller Härte das vergolten, was ihnen Hitler und seine Luftwaffe an ihren Städten vorgemacht hatten. Allerdings habe ich keinerlei Sympathien für den britischen Luftmarschall Harris, der als Hauptinitiator dieser Terrorangriffe gegen zivile Ziele in Deutschland gilt und ob dieser zweifelhaften Verdienste von der britischen Königin sogar geadelt und mit einem überdimensionalen Denkmal in London geehrt wurde.

Meine Familie und ich gehörten auch zu den Überlebenden. Wir saßen zur Zeit des Luftangriffs im Boltentorsbunker. Alle hatten ihn rechtzeitig erreicht. Besonders unheimlich war die Wirkung der Sprengbomben, wenn sie in unmittelbarer Nachbarschaft einschlugen und explodierten. Sie brachten den ganzen Bunker zum Schwanken, sodass man sich kaum auf den Stühlen halten konnte. Trotzdem brach keine Panik aus. Wir hatten großes Vertrauen in diese Schutzräume, etwas anderes hatten wir ja auch nicht. Obwohl das höllische Bombardement nur eine halbe Stunde dauerte, schien es uns eine Ewigkeit, bis endlich wieder Ruhe war und Entwarnung durch die Sirenen gegeben wurde.

Mein Vater war einer der ersten, die aus dem Bunker stürzten. Ich folgte ihm so schnell ich konnte und hastete über den Wall zur Weißen Wallbrücke, die über den Stadtkanal direkt auf unser Haus zuführte. Die Luft war voller Qualm und Rauch, der bis hoch in die Wallbäume hinauf stieg. Das Atmen fiel einem schwer, und die Augen tränten. Die Brücke hatte es nicht erwischt, sie war noch intakt. Ich suchte nach unserem Haus. Das vorgelagerte, zweistöckige Haus unseres Nachbarn Dr. Adler war nicht mehr da. Lediglich ein paar Überreste der Außenwände ragten aus dem rauchenden Schutthaufen. Hier hatte eine Sprengbombe ganze Arbeit verrichtet. Auch auf der gegenüberliegenden Straßenseite sah es nicht besser aus - nur noch Ruinen. Was war mit unserem Haus? Das war die bange Frage. Plötzlich teilten sich die dichten Rauchschwaden etwas, und über uns tauchte wie eine Fata Morgana das runde Giebelfenster unseres Hauses auf. Was für ein Wunder!

Unser altes, bereits einmal für völlig zerstört deklariertes Wohngebäude stand noch als einziges und hatte die Druckwellen überstanden. Vielleicht lag es an der soliden Pfahlgründung von 1906 mit ihrer größeren Elastizität. Ansonsten war es stark lädiert, kein Fenster mehr heil und das Dach wieder größtenteils abgedeckt. Als erstes mussten Strom- und Wasseranschlüsse aktiviert werden. Nach provisorischer Reparatur der zerstörten Fensterscheiben durch Sperrholz- und Pappblenden war das Haus einigermaßen bewohnbar, und meine Eltern und ausgebombte Verwandte zogen ein, letztere schliefen teils auf den Holzdielen.

Circa. 20 000 Emder, die plötzlich obdachlos geworden waren, mussten notgedrungen die Stadt verlassen und Unterschlupf bei Verwandten und Bekannten in der Umgebung und anderen Orten suchen. Auch die Eltern meiner zukünftigen Frau Gerda waren betroffen und zogen zum Bruder meines späteren Schwiegervaters nach Norden, wo sie mit ihren beiden Kindern im Hinterhaus eine kleine Wohnung bekamen. Insofern herrschte noch viel Solidarität unter den Ostfriesen. Später, als nach dem Krieg die Flüchtlingswellen auf uns zurollten, war es damit zunächst nicht so gut bestellt.

Wir Kinder hatten unser nächtliches Quartier bis auf weiteres im Bunker und akzeptierten das ohne Widerrede. Außerhalb des Bunkers trieben wir verschiedene Spiele, die man heute kaum noch kennt. Unter anderem war Knickern groß angesagt. Dabei musste man Murmeln, das sind kleine bunte Glaskugeln, mit dem gekrümmten Zeigefinger in eine Vertiefung im Boden schnippen. Noch absonderlicher aus heutiger Sicht war Bombensplittersuchen. Wer die meisten und größten fand, war Sieger. Ballspiele fanden mangels Spielgerät kaum noch statt. Aber mit Trümmersteinen ließ sich auch trefflich *schmeißen*, wie wir statt *werfen* sagten, und von Trümmersteinen gab es ja mehr als genug. Hierbei ging es vor allem um Weite und Genauigkeit. Darin war ich besonders gut und glich damit mein Handicap beim Laufen und Rennen, infolge des steifen Beines, wieder aus. Die Mädchen dagegen waren uns Jungs überlegen beim Turnen. Handstand aus dem Stand an der Wand war ihre Spezialität.

Die Geschenke zu Weihnachten fielen im letzten Kriegswinter 1944 kleiner aus als sonst. Die Stimmung unter den Erwachsenen war, das merkten wir Kinder, irgendwie bedrückt. Zu viele Schicksale, vor allem der Frontsoldaten, waren ungewiss, und von manchen, zum Beispiel von Onkel Kobi, Schwager meiner Mutter, und Onkel Karli, Bruder meines Vaters, wusste man nur, dass sie in russische Kriegsgefangenschaft geraten waren, aber nicht, ob sie noch lebten. Onkel Lüppo, ein weiterer Bruder väterlicherseits, hatte kurz vor Weihnachten noch geheiratet und uns bei einem Kurzbesuch seine Braut vorgestellt. Gleich danach musste er an die Westfront nach Frankreich. Es war sein allerletzter Besuch. Er fiel wenige Tage vor der Kapitulation.

Onkel Lüppo haben wir eine überraschende Nachkriegsepisode zu verdanken. Wir Emder fielen aus allen Wolken, als fast sechzig Jahre nach Kriegsende eine Frau aus Malchin mit uns Kontakt aufnahm, die ihren leiblichen Vater suchte, dessen uneheliches Kind sie war. Dies ging eindeutig aus den Papieren hervor, die sie recherchiert hatte. So kamen wir als spätes Nachkriegsgeschenk zu unserer neuen/alten Cousine Adelheid, und haben sie sogleich herzlich in unseren Familienkreis aufgenommen.

Ich vermute, trotz aller gegenteiligen Propaganda, die immer noch den Endsieg vorhersagte, glaubte niemand mehr - abgesehen von uns Kindern - an einen guten Ausgang des Krieges.
Vielleicht breitete sich ja schon eine gewisse Furcht aus vor dem, was die alliierten Sieger uns Deutschen danach antun würden. Aber niemand sprach offen darüber, wohl wissend, dass auf Defätismus die Todesstrafe stand.

Erschwerend kam hinzu, dass Emden nicht zur Offenen Stadt, sondern zur Festung erklärt wurde, die bis zum letzten Mann verteidigt werden sollte. Als Vorbereitung auf diesen Endkampf wurden auf dem Emder Wallzwinger, in unmittelbarer Nachbarschaft zum Hof meiner Großeltern, von russischen Kriegsgefangenen - lauter ausgemergelte, bis auf die Knochen abgemagerte Gestalten - unter strenger Bewachung Schützengräben ausgehoben. Als ich in diesen Tagen mit einer dicken Butterstulle von Oma Schröder über den Wall zu unserem nahe gelegenen Haus zurückging, lag plötzlich ein junger Russe im Schnee vor meinen Füßen und blickte mich mit aufgerissenen Augen so hungrig an, dass ich ihm erschrocken das Brot gab oder es fallen ließ. Er riss es an sich und verschlang es, bevor ein nahe stehender Wachsoldat eingreifen konnte. Ich habe am nächsten Tag Opa Schröder davon berichtet, der mir daraufhin erzählte, er selber sei bereits in große Schwierigkeiten geraten, weil, als er sah, in welch bedauernswerter Verfassungen die Gefangenen waren, sich nicht abhalten ließ und gewagt hatte, diesen einen ganzen Brotlaib zu geben. Nur seine Verdienste als

Weltkrieg-I-Veteran bewahrten ihn vor schlimmster Bestrafung durch die deutsche Kommandantur.

Mag sein, dass die drohende Endphase meine Eltern und Großeltern dazu bewogen hat, uns Kinder in Sicherheit zu bringen, denn diese schien ihnen in Emden nicht mehr gewährleistet.
Es wurde beschlossen, uns aufs Land zu evakuieren, weit weg von Emden und zwar nach Siegelsum. Dieses kleine Dorf liegt sehr abgelegen. Dort wohnte Tante Mina allein in einem winzigen Häuschen. Ich hatte sie früher schon mal mit meinem Vater besucht. Sie war schon uralt, aber sehr lieb zu Kindern und hatte sich sofort bereit erklärt, uns aufzunehmen. Die Frage war nur, wie dort hinkommen, denn Bahn- oder Busverbindungen gab es nicht. Deshalb beschloss Opa Schröder, uns selber mit Pferd und Wagen hinzubringen. Wir wurden mitsamt unserer wenigen Habseligkeiten und Bettzeug auf seinen Ackerwagen verladen, und los ging die abenteuerliche Reise. Als Doppelgespann zogen uns der alte Schimmel Alma und die braune Oldenburger Stute Lina, erfahrene und kaum schreckhafte Pferde, beides wichtige Eigenschaften, wie sich wenig später noch zeigen sollte.

Wir kamen über die kopfsteingepflasterten und baumbesäumten Landstraßen gut voran.
Mitte April waren in diesem Jahr die Ulmen-Alleen bereits dicht belaubt, was unser Glück sein sollte. Man hatte uns vor den britischen Tieffliegern gewarnt, die auf ihren Patrouillenflügen - unbehindert von der nicht mehr existenten deutschen Luftabwehr - Jagd auf alles machten, was sich bewegte. Ungefähr die Hälfte unseres Weges hatten wir geschafft, als wir plötzlich Flugmotorengeräusche vernahmen. Und dann donnerte ein Jagdbomber in Baumwipfelhöhe über uns hinweg. Hatte er uns entdeckt? Das war die bange Frage. Opa Schröder befahl uns, vom Wagen zu springen und in den Straßengraben zu ducken. Er selbst packte die Pferde vorn an der Trense, um sie zu beruhigen, wenn nötig. Aber die scheuten nicht, sondern standen ruhig wie alte Schlachtrösser und machten keinerlei Anstalt auszubrechen oder

durchzugehen. Die Spitfire flog nochmals auf die Landstraße zu und folgte dieser eine Strecke lang, bog dann aber ab und verschwand in Richtung Holland. Der Pilot hatte uns offensichtlich im Schatten der Straßenbäume nicht ausgemacht.

Den restlichen Weg legten wir ohne unliebsame Zwischenfälle zurück und wurden von Tante Mina herzlich mit einem Kopke Tee für Opa und Apfelsaft für uns Kinder empfangen. Als wir ihr von unserem Erlebnis berichteten, sagte sie uns, dass der Aufenthalt im Freien auch in Siegelsum nicht ungefährlich sei. Erst vor ein paar Tagen hätte ein Tiefflieger mit seiner Bordkanone Jagd auf ein freilaufendes Hausschwein ihres Nachbarn gemacht. Das unschuldige Tier hat den Angriff nicht überlebt. Wir bekamen die strikte Anweisung, tagsüber dicht beim Haus zu bleiben.

Ansonsten war es bei Tante Mina sehr gemütlich. Die besondere Attraktion kam abends, wenn es zu Bett ging. Die Nacht verbrachten wir nämlich in so genannten Butzen, altertümlichen Schrankbetten, die in die Wand eingelassen und mit Türen verschließbar waren. Dies waren recht kurze Liegestätten, in denen Erwachsene quasi nur im Sitzen schlafen konnten. Zusammen mit den dicken Federbetten fühlten wir uns wie in Abrahams Schoß. Und noch eines beherrschte Tante Mina wie sonst niemand: die Herstellung von „Schkapskeske". Ein langwieriger Prozess, bei dem letztendlich aus Schafsmilch - nach langer Reife- und Trockenzeit des daraus gewonnenen Quarks - ein etwa faustgroßer, fast steinharter Rundling entstand. Bedingt durch die Zutaten wie Pfeffer, und ich weiß nicht was sonst noch, bekam dieser Reibekäse einen köstlichen Geschmack.

Das dunkle Kapitel der Naziherrschaft und des Krieges näherte sich unabdingbar seinem bitteren Ende. Am 1. Mai 1945 verbreitete sich die Nachricht, dass der Führer gefallen sei, angeblich nach heldenhaftem Kampf in seiner Berliner Reichskanzlei, in Wirklichkeit durch feigen Selbstmord. Admiral Dönitz wurde sein Nachfolger. Am 2.

Mai überschritten britisch-kanadische Bodentruppen bei Tergast die ostfriesische Landesgrenze. Im Raum Jever-Leer wurde noch erbittert gekämpft. Am 4. Mai wurde für die Festung Emden der Ausnahmezustand erklärt. Gleichzeitig eroberten die Briten kampflos die ebenfalls als Festung deklarierte Stadt Aurich. Die dort ausgehandelte bedingungslose Kapitulation wurde von der Emder Garnison anerkannt, so dass meiner Heimatstadt weitere Kampfhandlungen erspart blieben. Am 5. Mai wurde für ganz Deutschland die Waffenruhe ausgerufen. Am 6. Mai rückten kanadische Truppen in Emden ein und verhinderten die seitens der Bevölkerung befürchteten Racheakte durch die befreiten Kriegsgefangenen und KZ-Häftlinge.

Mir ist der 5. Mai im abgeschiedenen Siegelsum als ein sonniger, warmer und windstiller Tag in Erinnerung geblieben, an dem zum ersten Mal seit langer, langer Zeit eine himmlische Ruhe, ja fast Stille herrschte. Den Erwachsenen war zwar eine große Erleichterung anzumerken, aber so etwas wie Fröhlichkeit kam nicht auf, dafür war die Zukunft zu ungewiss. Was würden die Siegermächte mit uns machen? Uns Kinder belasteten solche Probleme noch am wenigsten. Bald darauf wurden wir von Opa Schröder wiederum mit Pferd und Wagen abgeholt und nach Emden zurückgebracht, wo für mich ein neuer, turbulenter Abschnitt meines Lebens begann.

Bei Kriegsende war ich zehn Jahre alt und bis auf das steife Bein gesund, schulisch allerdings noch ziemlich unbeleckt. Auch nach der Kapitulation dauerte es noch lange, bis der Schulbetrieb wieder in einigermaßen geordneten Bahnen verlief. Um so mehr suchten wir nach Betätigungsfeldern. Die fanden wir auf der Straße. Ich schloss mich einer Gruppe von Jungen aus der Nachbarschaft an. Unser Anführer wurde Arthur, einmal wegen seines Alters, er war schon 17, und zum anderen wegen seines Auftretens. Was er sagte, wurde meistens gemacht. Arthur hatte als Hitlerjunge noch eine Kurzausbildung für den Fronteinsatz erhalten und sollte als letztes Aufgebot zusammen mit Volkssturmveteranen bei Tergast den Vormarsch der Kanadier stoppen.

Dazu kam es Gott sei Dank nicht mehr. Ein paar altgediente Soldaten befahlen: Jungs, zieht die Uniformen aus und seht zu, dass ihr nach Hause kommt, ihr seid hier doch nur Kanonenfutter. Arthur hatte begriffen und desertierte. So blieb ihm eine Kriegsgefangenschaft, falls er überlebt hätte, erspart. Aber er konnte mit Waffen umgehen, mit Gewehren und Panzerfäusten, auch Geschütze hatte er bedienen gelernt.

An die Kapitulation schloss sich ein Interregnum an. Die kanadischen Besatzer hatten scheinbar keine Militärpolizei oder genug zu tun mit der Bewachung der Hafenanlagen und Umschlageinrichtungen. Die deutsche Zivilpolizei war nicht mehr existent oder hatte sich versteckt. Auf jeden Fall konnten wir zunächst tun und lassen, was wir oder Arthur wollten.
Er schlug vor, in die Kasematten der um die Stadt herum liegenden Flakstellungen einzubrechen und nach Verwertbarem zu schauen. Unser Trupp von sieben oder acht Jungs schlich sich an wie die Indianer. Unnötig, denn die Anlage war unbewacht. Irgendwie hatte Arthur mit seinem gleichaltrigen Freund Enno die Stahltür zu den Unterständen aufgehebelt. Wir staunten, das Geschütz war scheinbar voll funktionsfähig, und Munition gab es jede Menge. Unsere beiden Häuptlinge ritt der Teufel. Sie drehten und richteten das Geschütz, bis sie den Turm der Großen Kirche im Visier hatten. „De haln wi runner!", schrien sie, nachdem sie ein Artilleriegeschoss geladen hatten, und hantierten an allen möglichen Hebeln. Aber da endete ihre Kunst. Es geschah nichts. Gott sei Dank!

Dafür entdeckten die beiden Leuchtspurmunition und wollten unbedingt an das darin enthaltene Pulver. Arthur wusste eine probate Methode und zeigte sie uns. Er fasste das schlanke Geschoss am Schaft und schlug dann mit aller Kraft mit der Spitze auf eine Betonkante. Dabei löste sich diese von der Hülse. Das Pulver schütteten wir dann in Behälter von Gasmasken, die wir in den Schränken fanden. Über die Gefährlichkeit dieser brutalen Methode hat sich keiner von uns Gedanken gemacht. Mit der Beute machten wir uns auf den Heimweg.

Unterwegs mussten wir einen Teil ausschütten, denn für die Jüngeren unter uns waren die gefüllten Gasmaskenbehälter zu schwer. Wir bastelten mit Hilfe des gestohlenen Sprengstoffs keine Bomben. Niemand von uns wäre in der Lage gewesen, einen geeigneten Zündmechanismus zu konstruieren geschweige denn zu bauen. Nein, stattdessen benutzten wir das Pulver hin und wieder für Mutproben. Dafür wurde es in mäanderförmigen Bahnen ausgestreut. Nach dem Anzünden musste man dann über die emporschießende Stichflamme springen. Dies gelang selbst mir, trotz meines steifen Beins.

Ein andermal fanden wir in der Scheinwerferstellung der Flak ein brauchbares Spielzeug. Aus dem riesigen Scheinwerferdeckel machten wir ein schnelles, gleitfähiges Wasserfahrzeug. Die Tragfähigkeit war dank seines hochgebördelten Randes recht groß. Man konnte es deshalb mit mehreren von uns leichtgewichtigen Knaben besetzen. Gepaddelt wurde mit Holzbrettern. So gut wie möglich verbargen wir den Deckel im Gestrüpp am Kanalrand in der Nachbarschaft. Wir benutzten dieses Gefährt, um beispielsweise von hinten an Obstgärten, die an den Kanalseiten gelegen waren, heranzukommen, wo sie nicht durch Zäune gesichert waren. Hungrig wie wir meistens waren, klauten wir vor allem Obst, selbst wenn es noch unreif war.

Eines Tages gab uns jemand den Tipp, im Kanalgarten von Doktor Wildfang hinter dem Apollotheater gäbe es bereits Süßkirschen. Wir beschlossen nachzuschauen und machten unser Deckelfloß einsatzbereit, wohl wissend, dass in der Wildfang-Villa, die als einzige in der Innenstadt den Bombenhagel überstanden hatte, die britische Kommandantur einquartiert war. Wir legten am Kanalrand an und schickten unseren leichtesten und verwegensten Kumpel, Christoph, vor. Der schlich sich an und stieg in den Kirschbaum. In diesem Moment trat der britische Stadtkommandant auf die Veranda, eine Jagdflinte im Arm. Christoph ließ sich mit dem Schrei „He schkütt mi dod!" (Er schießt mich tot) aus dem Baum fallen. Mit Müh und Not pickten wir ihn auf und brausten von dannen. Ob der Kommandant ihn überhaupt entdeckt hatte, wissen wir nicht. Kurz darauf stahlen uns Altmetalldiebe unser „Schnellboot". Als Ersatz bauten wir uns ein Floß aus Holzstämmen und Kanistern. Das war allerdings wesentlich langsamer und kostete uns erheblich mehr Kraft beim Paddeln. Deshalb verloren wir bald den Spaß daran und verbrannten es.

Ein anderes Objekt unserer Neugierde war der mächtige Wasserturm in unserer unmittelbaren Nachbarschaft. Er blieb bei dem Großangriff der Bomber wundersamerweise unzerstört bis auf die von den Luftdruckwellen der explodierenden Sprengbomben eingedrückten Fensterscheiben. Man konnte ihn bald darauf wieder in Betrieb nehmen. Er war nicht besonders abgesichert oder umzäunt. Lediglich ein kräftiges Vorhängeschloss verriegelte das Eingangstor. Kein Problem für unsere Spezialisten, Arthur und Enno, sich während des Interregnums nach der Kapitulation Zugang zu verschaffen. Für mich Beinbehinderten war der Aufstieg über die endlose Wendeltreppe, 184 Stufen bis zum oberen Umlauf am Beckenrand, eine echte Herausforderung. Ehrfürchtig, ja fast ängstlich blickte ich in den riesigen, gut 1000 Kubikmeter fassenden, riesigen Wasserbehälter. Hineingespuckt oder noch Schlimmeres hat keiner von uns.
Erst viel später war ich in der Lage, die ingenieurmäßige Leistung dieser ersten Stahlbeton-Konstruktion wirklich würdigen zu können. Zum Zeitpunkt der Errichtung 1910 war das in Deutschland noch Neuland für Bauingenieure. Seine Standfestigkeit hat der auf 260 Eichenpfählen gegründete 42 Meter hohe Turm im Bombenkrieg eindrücklich unter Beweis gestellt.
Heute steht er, immer noch voll funktionsfähig, zurecht unter Denkmalschutz.

Damals bot er uns ein herrliches Terrain zum Verstecksspielen. Ich stieg allerdings wegen meiner Behinderung nicht wieder mit ein, sondern blieb als Wachposten draußen, um bei Gefahr im Verzuge Warnsignal durch lautes Fingerpfeifen zu geben. Irgendwer musste unser verwerfliches Treiben angezeigt haben, denn am dritten Tag erschienen plötzlich zwei Männer im blauen Overall und stiegen in den Turm ein. Ich gab das vereinbarte Pfeifsignal. Inzwischen kannten sich meine Spielgenossen mit den örtlichen Gegebenheiten bestens aus und versteckten sich auf den diversen Steigleitern am Behälterrand. Als die beiden Männer über die innere Wendeltreppe weiter nach oben stiegen, entwischten sie diesen. Umfragen in der Nachbarschaft nach unseren Namen erbrachten nichts. Soweit reichte die Solidarität also noch. Aber der Warnschuss hatte ausgereicht und bewirkte, dass wir uns nach anderen Spielmöglichkeiten umsahen.

Wie viele meiner Altersgenossen hatte mich die Fußballleidenschaft ergriffen, obwohl es uns an geeignetem Spielgerät, sprich Bällen, fehlte. Das konnte uns nicht abhalten, mit allem zu kicken, was uns vor die Füße kam, Blechdosen, Kieselsteine, Äpfel, Kartoffeln oder straff mit Band umwickelte Papierbälle. Leider bekam das unserem Schuhwerk überhaupt nicht. Wenn nötig, spielten wir auch barfuß. Ich trug zu der Zeit noch ein steifes Korsett aus Stahlschienen und Leder, das mein linkes Bein auf ganzer Länge ummantelte und schützte. Meine Eltern befürchteten, dass diesem intensives Fußballspielen nicht gut tun würde, und verboten es mir, das heißt, sie versuchten es, aber vergeblich. Und so kam, was kommen musste, der orthopädische Apparat zerlegte sich. Mein Vater hat ihn zwar einige Male notdürftig repariert, aber irgendwann ging das nicht mehr, und ein neuer war nicht zu bekommen und geeignete Ersatzteile auch nicht.

Von heute aus betrachtet, war das für mich ein Glücksfall. Unter der Dauerbelastung des jetzt ungeschützten Knies stellte sich wie durch Zauberhand eine erst fast unmerkliche und dann zunehmende Beweglichkeit ein. Die durch den Knochenkalk während der langen Immobilität „einzementierten" Tuberkelbazillen gaben nach und nach das Gelenk wieder frei. Die Tatsache, dass das linke Bein circa drei Zentimeter länger war als das gesunde rechte, störte mich überhaupt nicht. Allmählich baute sich, wenn auch zögerlich, um das spindeldürre Bein wieder Muskulatur auf, erreichte aber nie die Stärke des gesunden, das deshalb zukünftig immer mein Standbein bleiben sollte. Meine Lauffähigkeit machte große Fortschritte. Die Schnelligkeit ließ zwar zu wünschen übrig, dagegen nahm die Ausdauer schnell zu. Dies blieb auch später so. Aus mir wurde nie ein großer Sprinter, aber ein guter Dauerläufer.

Letzteres war auch nötig, denn unser Trupp bewegte sich unter Anführung von Arthur meistens im „Indianertrab", und das manchmal über weite Strecken. Das eine Mal führte uns der Weg bis zum Kleinen Meer, einem flachen Gewässer etwa sieben Kilometer nordöstlich von Emden gelegen. Von dort wollten wir Rohrkolben holen als Tabakersatz für unsere Meetings. Wer da unterwegs schlapp machte, wurde zurückgelassen. Der Rauch der Rohrkolben duftete zwar verlockend, fast so wie echter Tabak, aber der Genuss war doch sehr zweifelhaft, ja sogar giftig, wie mir mein Vater später erklärte. Um besser inhalieren zu können, umwickelten wir den Kolbenschaft mit Zeitungspapier. Den meisten von uns wurde davon speiübel und ich regelrecht krank. Damit waren wir um eine wichtige Erfahrung reicher.

Die britischen Besatzer hatten inzwischen Wachposten an allen militärischen Anlagen und an einigen Straßen- und Eisenbahnknotenpunkten installiert, zum Beispiel an der Eisenbahnbrücke über das Larrelter Tief. Dort hatten sie eine richtige Stellung mit Sandsäcken und Schießscharten errichtet. Das Überqueren der Bahngleise war Deutschen strengstens untersagt. Es wurde Schusswaffengebrauch angedroht. Ein schockierender Vorfall, der sich während eines „Kinderbesuches" abspielte, ist mir noch gut in Erinnerung. Einer der Wachposten griff plötzlich nach seinem Gewehr und legte auf eine Gestalt an, die in größerer Entfernung sich anschickte, das Gleis zu überqueren. Bevor er abdrücken konnte, schrie sein Kamerad, der gleichzeitig die Situation mit seinem Fernglas beobachtet hatte: „Stopp! That's only an old man!"

Uns Kindern und Jugendlichen gegenüber waren die Soldaten dagegen sehr freundlich gesonnen. Dies nutzten unsere Eltern, denn sie waren erpicht auf die Rauchwaren, also Tabak und Zigaretten. Noch höher im Kurs stand bei den Ostfriesen allerdings der britische Tee. Da es kein Zahlungsmittel gab, blieb nur der Tausch. Die Engländer brauchten Milch für ihre täglichen „teatimes" sowie frische Eier und Schinken für ihr gewohntes „ham and egg". Wir Kinder waren die Überbringer und mussten quasi die Wachen anbetteln. Dürr und ausgehungert, wie wir daherkamen, fiel es den Soldaten sichtlich schwer, uns einfach wegzuscheuchen. Als ich es wieder einmal probierte, nahm mich der Engländer mit ins Zelt und zeigte auf die gestapelten Vorräte an Eiern. Es war ein ansehnlicher Haufen. Manchmal gab es für uns Kinder, wenn kein Tausch zustande kam, ein Stück oder sogar eine ganze Tafel Schokolade, was uns nur recht war.

Die Trümmerwüste um uns herum wurde von mir und meinen Nachbarskindern zum Abenteuerspielplatz umfunktioniert, wo man sich herrlich verstecken oder Räuber und Gendarme spielen konnte. Einen fast schon bösen Schabernack trieben wir mit dem Bau von flachen Fallgruben durch Unterhöhlen des Bürgersteigs auf der gegenüberliegenden Straßenseite. Anstelle des weggeräumten Sandkoffers wurden die Gehwegplatten mittels Stöckchen unterstützt und auf die normale Höhe gebracht. Dann versteckten wir uns hinter den Mauern der Ruinen und warteten ohne jegliches Mitleid auf Opfer. Das erste war ein älterer Herr, der mit seinem Gehstock neugierig zu stochern begann, als er die schwankenden Platten betrat. Diese gaben nach und brachen ein, worauf das Opfer vor unseren Augen in der Grube verschwand. Wir fanden das irrsinnig komisch und krümmten uns vor Lachen. Das böse Spiel wiederholten wir mehrfach, bis uns der Wiederaufbau zu mühsam wurde. Gott sei Dank kam dabei niemand ernsthaft zu Schaden.

Arthur, unser Anführer, befand, dass unsere Gruppe sich rüsten müsse, um gegen Angriffe von feindlich gesonnenen Jungs aus anderen Stadtteilen gewappnet zu sein. Zwillen, bei uns hießen sie Flippse, schienen uns die geeigneten Waffen zu sein, denn diese hatten eine große Reichweite, die unsere Wurfweite um ein Mehrfaches übertraf, und waren nach entsprechendem Einüben auch relativ treffsicher. Wir suchten und fanden dafür V-förmig gewachsene Astgabeln aus belastungsfähigem Holz. Die nötigen Gummiriemen wurden mit der Schere aus einem ausgemusterten Schlauch eines Autoreifens geschnitten, den uns mein Vater überlassen hatte. Die Steinbeutel aus Leder lieferte unser Kamerad Hermann. Diese Schleudern kamen schneller zum Einsatz als erwartet.

Schon seit Längerem gab es Reibereien zwischen Jugendlichen der Ortsteile Port Arthur/Transvaal einerseits und Boltentor andererseits. Letzterer war durch die Wallanlagen und den vorgelagerten Kanal von der übrigen Stadt getrennt. Nur über die Weiße Wallbrücke vor dem Haus meiner Eltern konnte man in das Boltentorsviertel gelangen. Obwohl keiner von unserer Bande dort wohnte, sympathisierten wir mit den sogenannten Boltentortjes und unterstützten sie, zum Beispiel mit Munition aus Trümmersteinen, über die wir ja in beliebiger Menge verfügten. Davon wurden größere Depots jenseits der Brücke angelegt. Die Streitigkeiten kamen zum Ausbruch, und die Banden erklärten sich regelrecht den Krieg. Der erste Ansturm der Transvaaler scheiterte im Steinhagel, der ihnen entgegenschlug. Sie zogen sich zurück und drohten, am nächsten Tag mit entsprechender Verstärkung wiederzukommen. So geschah es. Aber die Brücke, die mit ihren breiten Pfeilern guten Schutz bot, erwies sich als nahezu uneinnehmbares Bollwerk. Man blieb auf Abstand und wich geschickt den Wurf- und Schleudergeschossen aus, sodass es zu keinen gröberen Verletzungen kam.

Wer weiß, wie lange dieser Krawall noch angedauert hätte, wenn es am Nachmittag des zweiten Tages nicht zu einem bösen Zwischenfall gekommen wäre. Eine junge Frau näherte sich mit ihrem Kinderwagen der Brücke und ließ sich von den aus ihrer Sicht dummen und verrückten Jungs nicht stoppen, sondern schritt unbeirrt auf die Brücke, obwohl die Steinwürfe nicht aufhörten. Ein kleinerer Brocken traf sie so unglücklich an der Stirn, dass sie zusammenbrach. Das hatte niemand gewollt. Augenblicklich erstarben alle Kampfhandlungen. Mit stark blutender Kopfwunde rappelte sich die junge Mutter wieder auf und setzte ihren Weg laut schimpfend und mit der Polizei drohend fort. Alle Beteiligten auf beiden Seiten verdrückten sich betroffen und feige so schnell sie konnten, einschließlich unserer Truppe. Zu diesem unsinnigen Bandenkrieg kam es gleich nach Kriegsende, als die deutschen Behörden eine wirksame Polizeigewalt noch nicht wieder etabliert hatten.

Für meine Eltern und alle Erwachsenen in Emden gestaltete sich die unmittelbare Nachkriegs-Epoche in der völlig zerstörten Stadt ungleich problematischer als für uns Kinder und Jugendliche. Im Vordergrund stand natürlich die Nahrungsversorgung. Dabei hatte meine Familie noch Glück im Unglück durch die bäuerliche Verwandtschaft. Mein Großvater, Andreas Schröder, konnte als Gemüsebauer im Boltentorviertel seinen landwirtschaftlichen Betrieb weiterführen. Die britische Militärverwaltung prolongierte die alten Pachtverträge für die vor der Stadt liegenden Polderflächen. In manchen Familien fehlten die männlichen Arbeitskräfte, da entweder gefallen oder noch in Gefangenschaft, und die russischen Gefangenen, die als billige Hilfskräfte während des Krieges eingesetzt wurden, traten verständlicherweise bis auf wenige Ausnahmen die sofortige Heimreise an. Mein Onkel Jakob, genannt „Kobi", ebenfalls Gemüsebauer, kehrte erst nach Jahren aus der Sowjetunion zurück. Für ihn führte meine Tante Künni, seine starke und resolute Frau, die ich wegen ihrer ungezwungenen Fröhlichkeit und Zugewandtheit uns Kindern gegenüber besonders schätzte, den Betrieb, unterstützt von meinem Großvater.

Aber die Familie war groß und zahlreich. Deshalb musste jeder dazu beitragen, die Ernährung sicherzustellen. Mein Vater Christian baute auf dem zerstörten Nachbargrundstück von Dr. Adler einen provisorischen Stall für Kleinvieh. Das Baumaterial bestand aus geputzten Trümmersteinen und Zement, den uns unser Untermieter, der Bauunternehmen Benjamin, natürlich für Gegenleistung, lieferte. Als erstes bekamen wir winzige Küken, aus denen sich bald fünf Legehennen und ein Hahn entwickelten. Korn zum Füttern besorgten wir uns von Opa Schröder. Dazu gesellte sich bald ein kleines Schwein, das wir mit unseren Speiseresten mästeten, und als letztes Tier ein ostfriesisches Milchschaf, welches wir tagsüber auf dem nahen Wall anpflockten. Für das Säubern und Ausmisten war ich zuständig, die Betreuung des Schafes oblag meinen Schwestern Deddine und Künna. Das Melken übernahm meine Mutter.

Abgesichert gegen Einbruch wurde das Ganze durch ein starkes Holztor mit Vorhängeschloss.
Menschliche Diebe hatten es vor allem auf die Hühner abgesehen. Und eines Morgens waren sie verschwunden. Der Schlossbügel wurde wahrscheinlich mittels Seitenschneider geknackt. Mein Vater war außer sich und entschloss sich zu einer drastischen Gegenmaßnahme. Er führte von unserer Wohnung im ersten Stock ein Stromkabel in den Stall. So konnten wir diesen endlich morgens und nachts elektrisch beleuchten. Vorher waren wir auf Petroleum- und Karbidlampen angewiesen. Zugleich legte er die Verriegelung des Hühnerverschlages im Stall an 220 Volt, sodass nach Aktivierung dieser Schaltung, was immer nächtens geschah, ein unbefugter Zugriff unweigerlich mit einem Stromschlag bestraft wurde. Meine Mutter war übrigens gegen diese „Vorsichtsmaßnahme", aus Angst vor einem tödlichen Ausgang. Mein Vater spielte diese Gefahr herunter.
Als Elektroingenieur kannte er sich damit aus. Der „Erfolg" gab ihm recht. Eines Morgens fanden wir die Stalltür aufgebrochen, aber alle Hühner waren noch vorhanden.
Nur ein Paar Handschuhe, einer davon an den Fingerkuppen angesengt, lag auf dem Fußboden. Vom Täter ansonsten keine Spur. Meine Mutter war zu Tode erschrocken und insistierte nun so lange, bis mein Vater diese aus ihrer Sicht mörderische Falle wieder entfernte. Scheinbar hat sich dieser Vorfall aber doch in einschlägigen Kreisen herumgesprochen; denn weitere Versuche, unsere Hühner zu stehlen, unterblieben zukünftig.

Schon bald nach Kriegsende begannen erste Aktivitäten zur Wiederherstellung und Aufbau von Wohnraum. Allenthalben fehlte es aber an Material und Baustoffen. Mein Vater als Elektroingenieur brauchte vor allem Elektrokabel, Steckdosen, Schalter etc. Da man nichts dergleichen kaufen konnte, musste man es also irgendwie besorgen oder „organisieren", wie man damals sagte. Vor der Stadt gab es etliche Holzbaracken; an deren Innereien wollten wir heran. Der Zutritt war strengstens verboten, und Schusswaffengebrauch wurde bei Zuwiderhandlung angedroht. Nachdem wir sondiert hatten, dass die Bewachung aus nur einem Soldaten bestand, der mit aufgepflanzten Bajonett vor dem Lager patrouillierte, schlichen wir uns von hinten ran und stiegen ein. Die Installationen waren alle „auf Putz" verlegt, wie man das nennt, und ließen sich deshalb leicht demontieren. Schalter und Steckdosen kamen in einen Rucksack, das ging lautlos. Für die Demontage der Kabel musste ich Schmiere stehen und meinem Vater ein Zeichen geben, wenn die Wache hinter den Baracken verschwand. Dann zog er mit aller Kraft an einem Ende des Kabels und riss es mit einem Ruck zusammen mit den Kabelschellen von der Decke und den Wänden. Das machte natürlich Lärm. Die Kabel rollten wir auf und luden sie auf unser Fahrrad, das wir als „Packesel" mitgebracht hatten. Diese Art der Materialbeschaffung fand ich damals äußerst spannend. Das einzige Manko war, dass diese Kabel nicht aus Kupfer-, sondern aus Aluminiumdraht waren, der natürlich eine wesentlich schlechtere Leitfähigkeit hat. Immerhin reichte es für Notinstallationen oder andere Tauschgeschäfte.

Bei dieser Gelegenheit besuchten wir auch noch einmal die Batteriestellungen und „organisierten" von einem Flakgeschütz ein großes, voll funktionsfähiges, binokulares Fernrohr, das mein Vater, der ein begeisterter Hobbyastronom war, noch viele Jahre für Mond- und Sternbeobachtungen eingesetzt hat. Es war auf unserer Veranda in der Ringstraße fest installiert. Außerdem ließen wir noch ein großes Tuchzelt mitgehen, dessen grober Stoff später zur Rumpfbespannung eines Paddelbootes verwendet wurde.

Persönlich profitierte auch ich von diesem ersten Nachkriegsboom. Sehr nachgefragt waren zum Beispiel Altmaterial wie Eisen, Kupfer und Blei sowie Baustoffe, hier vor allem Ziegelsteine.
Und diese Dinge steckten quasi vor der Haustür in den herrenlosen Ruinen. Das Grundstück vor unserem, das einer Familie Adler gehörte, war eine wahre Fundgrube, die ich systematisch „durchkämmt" habe. Zunächst barg ich Kupferkabel und Bleirohre und schachtete dabei die Räume bis auf den Kellerboden aus. Die einträglichste Einnahmequelle aber waren für mich die Ziegelsteine. Die nach 1900 erbauten Häuser in unserer Ringstraße waren bereits doppelwandig, das heißt mit einem Hohlraum zwischen Außen- und Innenwand. Gemauert wurde ausschließlich mit den aus Klei gebrannten roten Ziegelsteinen. Der verwendete Mörtel war feinsandig und ziemlich locker und ließ sich ohne große Anstrengung mit Stecheisen oder Malerspachtel ablösen. Nur die Außenwände waren mit hartem, wasserfesten Muschelzement verfugt, der sehr stark haftete und vorsichtig mit scharfen Meißeln abgetrennt werden musste, um die Kanten nicht zu beschädigen. Mancher Stein platzte bei dieser Prozedur und war dann Ausschuss. Das musste möglichst verhindert werden, denn nur heile Ziegel brachten Geld. Ich war auf diese Einnahmequelle angewiesen, weil ich in den ersten Nachkriegsjahren kein Taschengeld von meinen Eltern bekam.

Wann ich mit dem „Steineklopfen" angefangen habe, weiß ich nicht mehr genau. Aber es zog sich über mehrere Jahre hin, denn das Steinreservoir des ehemals mehrstöckigen Nachbarhauses war riesig, und ich hatte dafür nur Zeit nach der Schule und wenn ich nicht bei meinem Großvater als Erntehelfer oder bei meinem Vater als Handlanger benötigt wurde.

Zu meiner gesundheitlichen Stabilisierung und körperlichen Ertüchtigung haben neben Feldarbeit bei Großvater Schröder, Trümmerräumarbeit auf dem Nachbargrundstück und Arbeitsdienste im väterlichen Elektroinstallationsbetrieb vor allem häufige Inselaufenthalte auf

Norderney beigetragen, wo wir mit der ganzen Familie in der Pension der Bäckerei Jakobs bei einer Tante meines Vaters wohnten.

Meine Eltern waren der Meinung, dass ihre Kinder, drei an der Zahl, - außer mir meine beiden Schwestern Deddine und Künna - intelligent genug seien, eine höhere Schule zu besuchen, um dort mindestens das „Einjährige" zu machen, wie man den Abgang nach der 10. Klasse damals bezeichnete. Auf Anordnung der angloamerikanischen Besatzungsmacht nahmen die Schulen bereits im September 1945 den Unterrichtsbetrieb wieder auf unter der Ägide der im Potsdamer Abkommen fixierten Demokratisierung des Bildungswesens. Die Ausgangssituation war gekennzeichnet durch Mangel an geeigneten Lehrkräften und große Raumnot.

Für mich begann der neue Lebens- und Schulbildungsabschnitt im April 1946 mit einer halbtägigen Aufnahmeprüfung an der Herrentorschule in Emden, einer Oberschule nur für Jungen. Koedukation war damals in Emden noch nicht angesagt. Erst viele Jahre später wurde sie eingeführt. Vielleicht fürchtete man einen verrohenden Einfluss der Jungen meiner Nachkriegsgeneration auf die Mädchen.

Trümmerwüste am Schreyers Hoek 1946. Im Hintergrund sind die Neue Kirche und der Spitzbunker an der Kettenbrücke zu sehen.

Hier erfuhr der Erzähler die kurzzeitige Einschulung bei Kriegsende: die alte Volksschule an der Emsmauerstraße.

Wasserturm an der Larrelter Straße

Das 1906 erbaute Elternhaus des Erzählers heute.

Sie wecken das Interesse von Kindern in der Nachbarschaft: Landschaftsmaler am Tief vor der Weißen Wallbrücke.

Das Visser'sche Wohnhaus an der Ringstraße 20 vor der Weißen Wallbrücke um 1950.

Vor dem Grabpylon seines Urgroßvaters Heyo Pool: Andreas Visser an der Friedhofsmauer der Großen Kirche.

Mit seinem gutmütigen Schimmel Alma: Andreas Visser 1945.

Als das Kinderlachen erstummte

Karl de Haan
„Jahrgang 1928"

Er wurde in der Zeit zwischen den Weltkriegen geboren und war vier Jahre alt, als Adolf Hitler an die Macht kam.
Als der Zweite Weltkrieg begann, war er elf Jahre alt und hat bis heute die Zerstörungen seiner Heimatstadt in Erinnerung.
Er berichtet in plattdeutscher Sprache über das Geschehene:

Vertellsel up Platt un Düütsch over de Stadt, wortau man fröher ok seggen de: „Venedig des Nordens".

Butten regen 't und so sachtens word dat düster. Ik sitt in 't Wohnstuuv und heb de Post dörkeken, de güstern tau mien rund Geburtstag intrutelte. Paar Kaarten, und dorbi een Breef van mien Fründ, de na sien Studium in 't Pfalz heirat har. He schreev immer so moie Brefen; so klauk. Ditmal schloot sien Breef mit een Vers van Jean Paul, de mal schreven har:

Die Erinnerung ist das einzige Paradies, aus dem wir nicht vertrieben werden können.

Dadör kom ik in 't Nadenken, in't Erinnern - un seh mien Fründ vör mi. Sien Ollenshuus in't Faldernstraat was een paar Tree van uns Huus weg. Tausamen gungen wie Dag für Dag na't Schkaul un freiten uns, wenn wi Lehrer Thomsen in Heimatkunde harn. He kunn immer so smakelt vertelln. Dat dat Emder Rathuus von 1574 bit tau 1576 van de Stadtbaumeester Laurens van Steenwinkel na 't Utsehn van't Antwerpener Rathuus baut was. Oder de moie „Nee Kark" an 't Een van Falderndelft. De har Martin Faber van 1645 bit tau 1651 baut. Up de torn van de stockreformeerte Kark har man later de Huuskroon van de katoolsche Habsbörger Kaiserhuus sett. Worum dat passert is, het keen verklart.

Kolle Huut kregen wi, as uns Lehrer van dat grötste Unglück an de Waterkant ut dat Jahr 1651 vertellte. Bi een Stapelloopfier up de Werft in Falderndelft is dat vulle Schipp in't Water umkippt. Dabi sünd 255 Minsken verdrunken.

In't 16. Jahrhunnert was Emden de calvinistische Hochbörg in Ostfreesland, Flamen, Brabanter un Hollander, gautsituierte Kooplüü, flietige Handwarkers, darunner ok Lüü van't Hochadel flüchteten ut Land, weil man hör um de anner Glöv na 't Leven trachten de. In Emden gavt dat nödige Unnerkomen, wat „Gräfin Anna van Ostfreesland" stark bedreev. Riek wur Emden dör de handelnden und arbeitenden Minsken. Mehr as 6.000 wassen komen, un man kann nalesen, dat Emden tau de Tied rieker was as dat groote Hambörg. De „Groote Kark" wur um hooge Sietenflögels utbaut. Un vörn an't Portal was in de harte Steen inmeisselt: „Godts Kerck verfolgt verdreven heft Godt hyr Rust gegeven." Se wur nu Moderkerk nömt. Un dat Prunkstück in't Kark was dat Grabmal van Gräfin Annas Mann Enno; dat „Graf-Enno-Denkmal" ut Marmor un Allabaster.

Up anner Siet van 't Rathuus führ de elektrische Straatenbahn bimmelnd na 't Butenhafen. Leep man de Straat andaal, sach man an linker Hand van't Binnenhafen Loggers, de van 't Doggerbank Kantjes vull Heringen mitbrocht harn. Mit vööl Tamtam wurden de Kantjes van de Arbeiters mit een Stock, an de vörn een dicke Dorn was, Kantje vör Kantje van 't Logger up Lager rullt.

Midden in't Stadt, in't Naberskup van Kettenbrück, was mien Olens Huus. Mennig Stratennamen fallen mi dabi in: Strohstraat, Hoofstraat, Lütje und Groote Faldern-Straat, Osterbut- und Westerbutvenne, Achter de Haal. Straaten mit Wohn- und Geschäftshusen, in de Minsken je na Stand un Fasson levten.

Stuv vör mi in de Faldernstraat wassen de Geschäften Sanitätshuus Schmager und Bakker Sikken. In de urige Laden van Bakker Sikken stunn een Tresen ut ruge Holt. Wenn de Ladenklingel gung, dürst dat immer een Tied, bist Frau Sikken ut hör Köken kwamm. Dat lohn sük aber, denn de Puderschnecken van Bakker Sikken wassen de Besten in't Stadt.

Immer in een grööne Kittel was Gemüsehändler Herzberg een Original in de Straat. Mit vööl Worden bood he sien Waren an. Dann was da Frisör Wenzel, Gardinen Fiebelmann un Schlachter Theesen, de uns bi 't Martinisingen immer een Stück Wurst in de Büütel smeet, wa dann later Bonbons oder de in't Papiergeschäft Wilken besungen Pentjes klevten. An't anner Siet van't Straat was dat Fahrradgeschäft Conradi, Ledderwaren Arends, Klaviermaker Friebe. Dann was da Hautmaker Kohl, die Lebensmiddelladens Klingenberg und Hassert, und net tau vergeten de Zigarrenladen Götte, war ik för Vader immer de ‚Schwarte Kruse" halen musste.

Mien Blick geiht wieder, in de Hofstraat. Hier levte de bekannte Koopmannsfamilie „Heinz de Wall" mit sess Kinner. Ok een Staal vull Kinner harn de Familien Gieselmann und Ibeling. Kohlenhändler Poets, de hör Jung Meini uns Kinner of und tau na sien Huus halen de. Mit vööl Tamtam kun he Kasperltheater spöln. Backer Oortgiese, de de „beste Teekauk" van' Stadt backte. Dann wassen da noch 3 Klempners: Abbing, Block un Heinrich Ludwig, de mien Unkel was.

Dör de Straaten fuhr of un tau mal een Perdwagen. Mestens Spediteur „Puntje Campen" mit sien groote „Brunen" vör Wagens, de mit Isen beslagen Raden pulternd over de Koppsteen klöterten. Oder „Dienstmann" Dirks mit sien Handkaar. Beladen mit Kuffers und Kartons för Geschäftslüü, worbi hum fakens de Puust wegbleev, wenn' besünners heet was. Radfahrer und Lüü mit een Koppel Kinner an't Hand sümten de Straaten. Leben was in't Stadt.

Alleen in uns Straat wohnden mehr als twüntig Kinner. Buten hörte man bit na't Abend hen dat Lachen und groote Hallo bi' Ballspölen. Die Jungs rennten mit Haupeln, dat wassen olle Fahrradfelgen, de mit een Stock andreven wurden, dör de Straaten. De Kinnerwelt spölte sük tau de Tied buten of.

In't Strohstraat wohnde Joke Dirks. Man seh, dat he Antiquitätenhändler was. In sien lütje Fenster wassen bloot orle Saken utstellt. Ik weet noch, dat hum eenmal een Glasvaas ut Hand full. De Splitters legte he in't Fenster mit een Schrieven: „Dit was een Vaas, nu is se in de Maas". Oder anners - he was Meerfahrer: „Bi dit moi Weer, bin ik na't Lütje Meer." Unvergeten ok de Tied, wenn een Gendarm, mit Tschako up Kopp, saterdags Stapp för Stapp döör de Straten gung un bi de Lüü ankloppte, de't Straat neet fegt harn. Oder Melkmann Bakker, immertau in laang Stefels fuhr he klingelnd mit sien Melkwagen dör de Straaten un gav na jede Liter Melk noch een Schkööt Melk tau. Groot Begeven was freedags in't Stadt, wenn de Fischfraun mit de Kleinbahn van Greetsiel in Emden intrudelten. Over de Skuller groote Juchten mit Körben vull Granat. Man sach hör de schwaar Last an. Van Straat tau Straat lopend repen se „Granat, Granat, Granat" un wassen immertau bestens luunt. Mit vööl Spaaß wur Pund för Pund, statt overt Waag, knapphannig mit een Litersmaas verköfft.

Taumal aber änner sük dee moie Tied - de unselige Krieg was anfangen

Dat was Nacht, as de Himmel daaghell wur. Kört drupp bevte uns Huus, denn de schware Flak um Emden skoot een Salve na de anner de engelsche Fliegers entegen. Tegenan in de Kranstraat fallt een Bombe in dat Huus van't Schmedebaas Eilers. De hör Dochter van fieftein Jahr is dat erste „Bombenopfer" in Emden.
Nu geiht dat bold Nacht vör Nacht, dat ik zitternd vör Angst neben mien Vader in't Flur van uns Hus stah un sien Hand söök. Mien blinde Mauder, de up een Staul sitt, drückt mien lütje Broer fast an sük. As ik hör Arm anpack, mark ik, dat se an't beden is un Tranen over hör Gesicht lopen. Hör Verstand seggt hör, dat se hilflos is, wenn't tau Huus of in't Naberskupp wat passeeren sull.

Ik bin man knapp 16 Jahr old, as dat Regime mi in de letzten Maanten van't Krieg ut Sckaul na't Militär halt. Knapp verstahn, wau een Gewehr tau bedeenen is, geit an de Oderbruch, waar de Russen intüschen sünd. Ohne Sinn un Verstand scheten wi uns tegensietig doot. Na dree Dag leven van uns Kompanie van dartig Mann noch acht Lüü. Mit de letzte Verwundetentransport koom ik ut dat brannende Berlin.
De Amis packen mi und stürn mi 1945 knapphannig na Huus.
Na disse Odyssee stah ik vör de Straat, waar mien Ollenshuus was. Aber mien Gott, wat seh ik? Waar is denn mien Ollenshuus? Waar sünd uns Möbel, waar mien moie Saken, de Unkel Enno as Kaptein

up een van de Nübels-Dampers mi immertau mitbroggt het? Mi schwind de Gloov an 't leeve Gott. Warum hett he dat denn taulaten:

de 06. September 1944 ???

75 Jahre sind vorbei. Wie stellt sich diese Stadt heute nun dar? Asphaltierte Straßen mit glatten Häuserfronten. Dahinter neue Betriebe, die sich im Laufe der Zeit etablierten. Nicht zu übersehen der Leerstand an Verkaufsräumen. Erkennbar als Zeiterscheinung ein ständiger Betriebs- und Fimenwechsel. Dann Filialisten, die lediglich abschöpfen und sonst der Stadt wenig dienlich sind. Auf den Straßen bewegen sich heutzutage Lkws, Autos und Busse, schnell oder langsam fahrend, zielorientiert der Ampelschaltung folgend durch die Stadt. Kein Kind, welches auf der Straße spielt. Wie sollte es auch? Kein Kinderlachen. Venehmbar bleibt ein ständig schwankender Geräuschpegel aus Straßenlärm und schnellen Schritten.

Gedanklich blicke ich zurück und sehe den alten Geschäftsmann mit Kittel, die Bäckersfrau im Laden mit mehlverstaubter Schürze, den Gemüsehändler, der am frühen Morgen vor seinem Haus Stellagen für gefüllte Kisten aufbaut, oder den Klempner in seiner Werkstatt, der im „Blaumann" meinem Vater eine Dichtung für einen Wasserhahn verkauft und stets Zeit für ein privates Wort findet. „Vergiss das endlich alles", sagen meine Kinder. Jetzt ist eine neue Zeit. Finde dich damit ab! Du holst die alte Zeit nicht zurück. Supermarkt und Center sind heute „in" und nicht mehr an dem Ort, wo früher deine Eltern und Großeltern eingekauft haben. Du musst dich anpassen." „Ein Sprichwort des deutschen Schriftstellers Otto Heuschele, der 1996 im Alter von 96 Jahren starb, sagt es dir klar und zeitnah: Nirgends bist du verlorener, verlassener, einsamer als in den Straßen der Städte." Ich sehe ein, dass ich mich an die neue Zeit und an das moderne Gesicht der Stadt immer wieder aufs Neue gewöhnen muss. Ich werde mich fügen; mir bleibt keine Wahl.

baut wurde. Heute ist die Johannes a Lasco Bibliothek dort angesiedelt. Das Foto hat der Erzähler Karl de Haan aufgenommen.

Ruine des Emder Rathauses, von Erzähler Karl de Haan fotografiert. Im Hintergrund ist der Eingang zur Großen Straße.